한국
농어촌공사

직업기초능력평가, 직무수행능력평가

KB189246

한국농어촌공사

직업기초능력평가 + 직무수행능력평가

초판 발행	2020년 9월 4일
개정판 발행	2024년 10월 25일

편 저 자 | 취업적성연구소

발 행 처 | ㈜서원각

등록번호 | 1999-1A-107호

주　　소 | 경기도 고양시 일산서구 덕산로 88-45(가좌동)

교재주문 | 031-923-2051

팩　　스 | 031-923-3815

교재문의 | 카카오톡 플러스 친구[서원각]

홈페이지 | goseowon.com

우리나라 기업들은 1960년대 이후 현재까지 비약적인 발전을 이루었다. 이렇게 급속한 성장을 이룰 수 있었던 배경에는 우리나라 국민들의 근면성 및 도전정신이 있었다. 그러나 빠르게 변화하는 세계 경제의 환경에 적응하기 위해서는 근면성과 도전정신 이외에 또 다른 성장 요인이 필요하다.

최근 많은 공사·공단에서는 기존의 직무 관련성에 대한 고려 없이 인·적성, 지식 중심으로 치러지던 필기전형을 탈피하고, 산업현장에서 직무를 수행하기 위해 요구되는 능력을 산업부문별·수준별로 체계화 및 표준화한 NCS를 기반으로 하여 채용공고 단계에서 제시되는 '직무 설명자료'상의 직업기초능력과 직무수행능력을 측정하기 위한 직업기초능력평가, 직무수행능력평가 등을 도입하고 있다.

한국농어촌공사에서도 업무에 필요한 역량 및 책임감과 적응력 등을 구비한 인재를 선발하기 위하여 고유의 직업기초능력평가와 직무수행능력평가를 치르고 있다. 본서는 한국농어촌공사 신입사원 채용에 대비하기 위한 필독서로 한국농어촌공사 직업기초능력평가 및 직무수행능력평가의 출제경향을 철저히 분석하여 응시자들이 보다 쉽게 시험유형을 파악하고 효율적으로 대비할 수 있도록 구성하였다.

신념을 가지고 도전하는 사람은 반드시 그 꿈을 이룰 수 있습니다. 처음에 품은 신념과 열정이 취업 성공의 그 날까지 빛바래지 않도록 서원각이 수험생 여러분을 응원합니다.

STRUCTURE

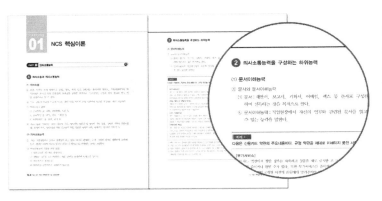

NCS 핵심이론

NCS 직업기초능력 핵심이론을 체계적으로 정리하여 단기간에 학습할 수 있도록 하였습니다.

직업기초 · 직무수행 예상문제

적중률 높은 영역별 출제예상문제를 수록하여 학습효율을 확실하게 높였습니다.

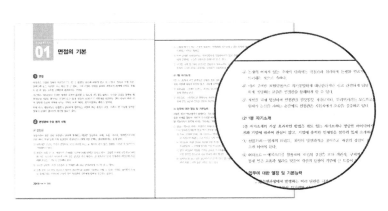

인성검사 및 면접

여러 유형의 인성검사와 면접기출 질문을 수록하여 취업의 마무리까지 대비할 수 있습니다.

CONTENTS

PART 01

기업소개
및 채용안내

한국농어촌공사 소개

(1) 비전 및 전략체계

① 미션 … 우리는 농어촌자원의 효율적 이용·관리와 가치증진을 통해 농어업의 경쟁력 강화와 농어촌의 경제·사회·환경적 발전에 기여한다.

② 비전 … 행복한 농어촌, 함께하는 KRC

③ 핵심가치 … 안전, 신뢰, 혁신

④ 전략목표

    ㉠ 튼튼한 식량주권 기반강화

    ㉡ 풍요로운 물복지 실현

    ㉢ 고객중심 농지플랫폼 구축

    ㉣ 활기찬 농어촌 공간 조성

    ㉤ 지속가능 경영실현

(2) 윤리경영

① 목표 … 참여와 공감으로 신뢰받는 청렴 KRC

② 실현전략

    ㉠ 윤리의식 확립

      • 최고경영진 윤리리더십 강화

      • 임직원 윤리 공감대 확산

      • 대상별 맞춤형 교육 실시

    ㉡ 관리체계 구축

      • 윤리경영 추진조직 정비

      • 윤리경영 체계·규범 고도화 및 실행력 제고

ⓒ 윤리위험 파악
- 윤리위험 식별
- 윤리위험 평가

ⓓ 윤리위험 통제
- 교유 윤리위험 통제활동
- 공통 윤리위험 통제활동

ⓜ 내·외부 신고제도
- 비밀이 보장된 신고제도 운영
- 신고제도 활성화 노력
- 외부견제시스템 운영

ⓗ 윤리경영 모니터링
- 모니터링 체계 구축·운영
- 사후관리 견고화

(3) 농산어촌 행복충전활동

① **개요** : 기존의 일시적, 산발적 사회공헌활동을 통합하여 수요자 중심의 맞춤형 사회공헌 서비스를 제공하기 위해 전략적으로 체계화한 공사만의 특화된 사회공헌 브랜드

② **행복충전활동 추진체계**
  ㉠ **행복충전 비전** : 공사핵심역량 기반의 맞춤형 농산어촌 행복충전활동 'KRC행복충전 봉사단' 추진
  ㉡ **성과목표** : 농어촌 복지수요 맞춤형, 수혜자 만족형 사회공헌 추진을 통한 농산어촌 행복증진

③ **활동분야**
  ㉠ **행복키움** : 공사핵심역량을 활용한 농어촌 가치증진
  - KRC 영농도우미(영농지원) : 농어촌 인구감소 및 고령화 추세에 따른 노동력 부족과 자연재해로 어려움을 겪고 있는 일손 부족 농가를 지원하여 안정적인 영농활동에 기여하고 있다.
  - 맞춤형 지역특화활동(지역특화) : 지역 여건에 대한 이해를 바탕으로 수요자 맞춤형 사회공헌활동을 발굴하여 실시하고 있다.
  - 농어촌마을 컨설팅(지역개발) : 공사 지역개발 노하우를 활용하여 소외지역 마을에 대해 마을수준에 따른 단계별 지원체계를 구축하여 지역밀착형 사업 컨설팅을 지원하고 있다.

ⓒ **행복가꿈** : 공사 자원을 활용하여 쾌적한 농어촌 환경조성

- 농어촌 집 고쳐주기(주거환경) : 농산어촌 독거노인, 장애인 등 복지사각지대 가구의 열악한 주거환경 개선으로 주거 안정과 삶의 질 향상에 기여하고 있다.(다솜둥지복지재단 협력)
- 마을가꾸기(경관개선) : 지역주민 및 학교 등 연계하여 마을 경관개선을 위한 꽃·묘목 식재, 벽화 그리기 등의 활동을 실시하고 있다.
- 깨끗한 농어촌 만들기(환경보전) : 지역주민 및 지자체 등과 연계한 마을 환경정화 활동을 통해 아름답고 쾌적한 농어촌 만들기에 기여하고 있다.

ⓒ **행복나눔** : 나눔을 통한 농어촌 소외계층 삶의 질 향상

- 브라이트(의료/건강) : 농산어촌 어르신을 대상으로 지역 안경사와 협력하여 농어민 시력 검진 및 맞춤 돋보기안경을 증정하고 있다.
- 행복한 진짓상 차려드리기(주민복지) : 농어촌 인구 고령화와 독거노인 급증에 따라, 농어촌 독거노인의 영향상태 개선 및 고독감 해소를 위한 도시락 정기배달 및 안부확인 서비스를 제공하고 있다.
- 사회복지시설 지원(사회복지) : 아동/노인/장애인 등 소외이웃(시설)을 방문하여 청소·급식 등 수혜자가 요청하는 다양한 활동을 지원하고 있다.
- 사랑의 계절김치 나누기(사회복지) : 인근 복지시설과 연계하여 독거노인 등 소외계층에 정기적으로 계절 김치를 제공하여 지역 사회공헌에 앞장서고 있다.
- 문화예술 및 재능기부(문화예술·재능기부) : 경제적 제약 등으로 문화·교육 체험 기회가 적은 농어촌지역에 문화예술 또는 교육 기회를 제공하여 문화양극화를 해소하고 있다.

CHAPTER 02

채용안내

(1) 인재상

① 공사 인재육성비전 … 유연한 혁신인재, 함께 성장하는 농어촌

② 인재요소

 ㉠ 열린사고 융합인

 ㉡ 소통협력 공감인

 ㉢ 미래지향 기획인

 ㉣ 유연대응 변화인

(2) 채용안내

① 채용조건

 ㉠ 채용신분 : 5급 정규직(일반직)

 ㉡ 급여수준 : 공사 내규에 따름

 ㉢ 수습기간 : 12개월 이내(사정에 따라 기간 단축 가능)

 ㉣ 정년 : 만 60세

 ㉤ 근무지 : 경영여건 및 희망근무지 고려하여 모집권역 내 근무지로 배치(5급·6급 본인이 지원한 모집권역 내에서 5년간 의무근무)

② 응시자격

　　㉠ 공통
　　　• 학력 · 전공 · 성별 · 연령 제한 없으며, 임용일 즉시 근무가능한 자
　　　• 입사지원 마감일 기준 공사 정년(만60세)에 해당하지 아니한 자

　　㉡ 병역 : 병역법 제76조에서 정한 병역의무 불이행 사실이 없는 자

　　㉢ 기타
　　　• 당사 인사규정 제9조(결격사유)의 임용 결격사유가 없는 자
　　　• 아래 모집권역 지원자는 권역 내 소재학교 졸업(예정)자 또는 해당권역에서 공고일 현재 계속하여 1년 이상 거주 중인 자(주민등록기준)
　　　– 대상 모집권역 : 경기, 강원, 충북, 충남, 전북, 전남, 경북, 경남, 제주
　　　– 소재학교는 최종학력 기준이 아니며, 지원한 모집권역 내 고등학교 또는 대학교 졸업(예정)자면 가능. 단, 대학원 이상 제외

③ 채용절차

　　㉠ 서류전형 : 지원서 작성불량 지원자는 득점과 관계없이 불합격 처리

　　㉡ 필기전형
　　　• 직무수행능력(200점), 직업기초능력(100점), 인성검사(적/부 판단)
　　　• 필기전형 합격자 결정
　　　– 채용분야별 채용예정인원의 각 2배수 인원을 합산점수의 고득점 순으로 선발(동점자 전원 선발)
　　　– 단, 전형별 세부 채용예정인원이 5명 이하인 경우에는 5배수 적용
　　　– 인성검사결과 부적격에 해당되는 경우 성적에 관계없이 탈락
　　　– 각 과목별(직무수행능력, 직업기초능력) 득점이 40% 미만인 과목이 있거나 전 과목 총 득점이 60% 미만인 경우 합격자에서 제외
　　　※ 단, 필기전형에 조정점수를 사용하는 경우, 원점수 또는 조정점수 중 어느 하나라도 과락기준 이상이면 제외하지 않음

　　㉢ 면접전형
　　　• 심사방법 : 직무수행능력 면접과 직업기초능력 면접 등 평가진행(블라인드 면접으로 시행하며, 면접방식 및 일정은 별도 안내 예정)
　　　• 평가내용
　　　– 직무수행능력 면접 : 실무지식, 직무역량 등
　　　– 직업기초능력 면접 : 직업윤리, 조직이해능력, 대인관계능력 등

- 최종 합격자 결정
- 면접전형 각 과목별(직무수행능력, 직업기초능력) 40%이상 득점하고 전 과목 총 득점을 60%이상 득점한 자 중 고득점자 순으로 선발
- 최종 합격자 결정단계에서 동점자 발생 시 다음 순서에 따라 결정

※ (1순위) 취업지원 대상자, (2순위) 필기전형 중 직무수행능력평가(전공과목) 고득점자, (3순위) 서류전형 고득점자

NCS 핵심이론

NCS 대표유형

PART

02

NCS
핵심이론 및 대표유형

CHAPTER

01 NCS 핵심이론

PART ❶ 의사소통능력

1 의사소통과 의사소통능력

(1) 의사소통

① 개념 : 사람들 간에 생각이나 감정, 정보, 의견 등을 교환하는 총체적인 행위로, 직장생활에서의 의사소통은 조직과 팀의 효율성과 효과성을 성취할 목적으로 이루어지는 구성원 간의 정보와 지식 전달 과정이라고 할 수 있다.

② 기능 : 공동의 목표를 추구해 나가는 집단 내의 기본적 존재 기반이며 성과를 결정하는 핵심 기능이다.

③ 의사소통의 종류

  ㉠ 언어적인 것 : 대화, 전화통화, 토론 등

  ㉡ 문서적인 것 : 메모, 편지, 기획안 등

  ㉢ 비언어적인 것 : 몸짓, 표정 등

④ 의사소통을 저해하는 요인 : 정보의 과다, 메시지의 복잡성 및 메시지 간의 경쟁, 상이한 직위와 과업지향형, 신뢰의 부족, 의사소통을 위한 구조상의 권한, 잘못된 매체의 선택, 폐쇄적인 의사소통 분위기 등

(2) 의사소통능력

① 개념 : 직장생활에서 문서나 상대방이 하는 말의 의미를 파악하는 능력, 자신의 의사를 정확하게 표현하는 능력, 간단한 외국어 자료를 읽거나 외국인의 의사표시를 이해하는 능력을 포함한다.

② 의사소통능력 개발을 위한 방법

  ㉠ 사후검토와 피드백을 활용한다.

  ㉡ 명확한 의미를 가진 이해하기 쉬운 단어를 선택하여 이해도를 높인다.

  ㉢ 적극적으로 경청한다.

  ㉣ 메시지를 감정적으로 곡해하지 않는다.

② 의사소통능력을 구성하는 하위능력

(1) 문서이해능력

① 문서와 문서이해능력

    ㉠ 문서 : 제안서, 보고서, 기획서, 이메일, 팩스 등 문자로 구성된 것으로 상대방에게 의사를 전달하여 설득하는 것을 목적으로 한다.

    ㉡ 문서이해능력 : 직업현장에서 자신의 업무와 관련된 문서를 읽고, 내용을 이해하고 요점을 파악할 수 있는 능력을 말한다.

예제 1

다음은 신용카드 약관의 주요내용이다. 규정 약관을 제대로 이해하지 못한 사람은?

> **[부가서비스]**
> 카드사는 법령에서 정한 경우를 제외하고 상품을 새로 출시한 후 1년 이내에 부가서비스를 줄이거나 없앨 수가 없다. 또한 부가서비스를 줄이거나 없앨 경우에는 그 세부내용을 변경일 6개월 이전에 회원에게 알려주어야 한다.
>
> **[중도 해지 시 연회비 반환]**
> 연회비 부과기간이 끝나기 이전에 카드를 중도해지하는 경우 남은 기간에 해당하는 연회비를 계산하여 10 영업일 이내에 돌려줘야 한다. 다만, 카드 발급 및 부가서비스 제공에 이미 지출된 비용은 제외된다.
>
> **[카드 이용한도]**
> 카드 이용한도는 카드 발급을 신청할 때에 회원이 신청한 금액과 카드사의 심사기준을 종합적으로 반영하여 회원이 신청한 금액 범위 이내에서 책정되며 회원의 신용도가 변동되었을 때에는 카드사는 회원의 이용한도를 조정할 수 있다.
>
> **[부정사용 책임]**
> 카드 위조 및 변조로 인하여 발생된 부정사용 금액에 대해서는 카드사가 책임을 진다. 다만, 회원이 비밀번호를 다른 사람에게 알려주거나 카드를 다른 사람에게 빌려주는 등의 중대한 과실로 인해 부정사용이 발생하는 경우에는 회원이 그 책임의 전부 또는 일부를 부담할 수 있다.

① 혜수 : 카드사는 법령에서 정한 경우를 제외하고는 1년 이내에 부가서비스를 줄일 수 없어

② 진성 : 카드 위조 및 변조로 인하여 발생된 부정사용 금액은 일괄 카드사가 책임을 지게 돼

③ 영훈 : 회원의 신용도가 변경되었을 때 카드사가 이용한도를 조정할 수 있어

④ 영호 : 연회비 부과기간이 끝나기 이전에 카드를 중도해지하는 경우에는 남은 기간에 해당하는 연회비를 카드사는 돌려줘야 해

출제의도

주어진 약관의 내용을 읽고 그에 대한 상세 내용의 정보를 이해하는 능력을 측정하는 문항이다.

해 설

② 부정사용에 대해 고객의 과실이 있으면 회원이 그 책임의 전부 또는 일부를 부담할 수 있다.

답 ②

② 문서의 종류
    ㉠ 공문서 : 정부기관에서 공무를 집행하기 위해 작성하는 문서로, 단체 또는 일반회사에서 정부기관을 상대로 사업을 진행할 때 작성하는 문서도 포함된다. 엄격한 규격과 양식이 특징이다.
    ㉡ 기획서 : 아이디어를 바탕으로 기획한 프로젝트에 대해 상대방에게 전달하여 시행하도록 설득하는 문서이다.
    ㉢ 기안서 : 업무에 대한 협조를 구하거나 의견을 전달할 때 작성하는 사내 공문서이다.
    ㉣ 보고서 : 특정한 업무에 관한 현황이나 진행 상황, 연구·검토 결과 등을 보고하고자 할 때 작성하는 문서이다.
    ㉤ 설명서 : 상품의 특성이나 작동 방법 등을 소비자에게 설명하기 위해 작성하는 문서이다.
    ㉥ 보도자료 : 정부기관이나 기업체 등이 언론을 상대로 자신들의 정보를 기사화 되도록 하기 위해 보내는 자료이다.
    ㉦ 자기소개서 : 개인이 자신의 성장과정이나, 입사 동기, 포부 등에 대해 구체적으로 기술하여 자신을 소개하는 문서이다.
    ㉧ 비즈니스 레터(E-mail) : 사업상의 이유로 고객에게 보내는 편지다.
    ㉨ 비즈니스 메모 : 업무상 확인해야 할 일을 메모형식으로 작성하여 전달하는 글이다.
③ 문서이해의 절차 : 문서의 목적 이해 → 문서 작성 배경·주제 파악 → 정보 확인 및 현안문제 파악 → 문서 작성자의 의도 파악 및 자신에게 요구되는 행동 분석 → 목적 달성을 위해 취해야 할 행동 고려 → 문서 작성자의 의도를 도표나 그림 등으로 요약·정리

(2) 문서작성능력

① 작성되는 문서에는 대상과 목적, 시기, 기대효과 등이 포함되어야 한다.
② 문서작성의 구성요소
    ㉠ 짜임새 있는 골격, 이해하기 쉬운 구조
    ㉡ 객관적이고 논리적인 내용
    ㉢ 명료하고 설득력 있는 문장
    ㉣ 세련되고 인상적인 레이아웃

예제 2

다음은 들은 내용을 구조적으로 정리하는 방법이다. 순서에 맞게 배열하면?

ㄱ 관련 있는 내용끼리 묶는다.
ㄴ 묶은 내용에 적절한 이름을 붙인다.
ㄷ 전체 내용을 이해하기 쉽게 구조화한다.
ㄹ 중복된 내용이나 덜 중요한 내용을 삭제한다.

---

① ㄱㄴㄷㄹ
② ㄱㄴㄹㄷ
③ ㄴㄱㄷㄹ
④ ㄴㄱㄹㄷ

출제의도

음성정보는 문자정보와는 달리 쉽게 잊혀지기 때문에 음성정보를 구조화 시키는 방법을 묻는 문항이다.

해 설

내용을 구조적으로 정리하는 방법은 'ㄱ 관련 있는 내용끼리 묶는다. → ㄴ 묶은 내용에 적절한 이름을 붙인다. → ㄹ 중복된 내용이나 덜 중요한 내용을 삭제한다. → ㄷ 전체 내용을 이해하기 쉽게 구조화 한다.'가 적절하다.

답 ②

③ 문서의 종류에 따른 작성방법

ㄱ 공문서

• 육하원칙이 드러나도록 써야 한다.
• 날짜는 반드시 연도와 월, 일을 함께 언급하며, 날짜 다음에 괄호를 사용할 때는 마침표를 찍지 않는다.
• 대외문서이며, 장기간 보관되기 때문에 정확하게 기술해야 한다.
• 내용이 복잡할 경우 '−다음−', '−아래−'와 같은 항목을 만들어 구분한다.
• 한 장에 담아내는 것을 원칙으로 하며, 마지막엔 반드시 '끝'자로 마무리 한다.

ㄴ 설명서

• 정확하고 간결하게 작성한다.
• 이해하기 어려운 전문용어의 사용은 삼가고, 복잡한 내용은 도표화 한다.
• 명령문보다는 평서문을 사용하고, 동어 반복보다는 다양한 표현을 구사하는 것이 바람직하다.

ㄷ 기획서

• 상대를 설득하여 기획서가 채택되는 것이 목적이므로 상대가 요구하는 것이 무엇인지 고려하여 작성하며, 기획의 핵심을 잘 전달하였는지 확인한다.
• 분량이 많을 경우 전체 내용을 한눈에 파악할 수 있도록 목차구성을 신중히 한다.
• 효과적인 내용 전달을 위한 표나 그래프를 적절히 활용하고 산뜻한 느낌을 줄 수 있도록 한다.
• 인용한 자료의 출처 및 내용이 정확해야 하며 제출 전 충분히 검토한다.

ㄹ 보고서

• 도출하고자 하는 핵심내용을 구체적이고 간결하게 작성한다.
• 내용이 복잡할 경우 도표나 그림을 활용하고, 참고자료는 정확하게 제시한다.
• 제출하기 전에 최종점검을 하며 질의를 받을 것에 대비한다.

다음 중 공문서 작성에 대한 설명으로 가장 적절하지 못한 것은?

① 공문서나 유가증권 등에 금액을 표시할 때에는 한글로 기재하고 그 옆에 괄호를 넣어 숫자로 표기한다.

② 날짜는 숫자로 표기하되 년, 월, 일의 글자는 생략하고 그 자리에 온점(.)을 찍어 표시한다.

③ 첨부물이 있는 경우에는 붙임 표시문 끝에 1자 띄우고 "끝."이라고 표시한다.

④ 공문서의 본문이 끝났을 경우에는 1자를 띄우고 "끝."이라고 표시한다.

출제의도

업무를 할 때 필요한 공문서 작성법을 잘 알고 있는지를 측정하는 문항이다.

해 설

공문서 금액 표시

아라비아 숫자로 쓰고, 숫자 다음에 괄호를 하여 한글로 기재한다.
예) 123,456원의 표시 : 금 123,456(금 일십이만삼천사백오십육원)

답 ①

---

④ 문서작성의 원칙

　㉠ 문장은 짧고 간결하게 작성한다.(간결체 사용)

　㉡ 상대방이 이해하기 쉽게 쓴다.

　㉢ 불필요한 한자의 사용을 자제한다.

　㉣ 문장은 긍정문의 형식을 사용한다.

　㉤ 간단한 표제를 붙인다.

　㉥ 문서의 핵심내용을 먼저 쓰도록 한다.(두괄식 구성)

⑤ 문서작성 시 주의사항

　㉠ 육하원칙에 의해 작성한다.

　㉡ 문서 작성시기가 중요하다.

　㉢ 한 사안은 한 장의 용지에 작성한다.

　㉣ 반드시 필요한 자료만 첨부한다.

　㉤ 금액, 수량, 일자 등은 기재에 정확성을 기한다.

　㉥ 경어나 단어사용 등 표현에 신경 쓴다.

　㉦ 문서작성 후 반드시 최종적으로 검토한다.

⑥ 효과적인 문서작성 요령

    ㉠ 내용이해 : 전달하고자 하는 내용과 핵심을 정확하게 이해해야 한다.

    ㉡ 목표설정 : 전달하고자 하는 목표를 분명하게 설정한다.

    ㉢ 구성 : 내용 전달 및 설득에 효과적인 구성과 형식을 고려한다.

    ㉣ 자료수집 : 목표를 뒷받침할 자료를 수집한다.

    ㉤ 핵심전달 : 단락별 핵심을 하위목차로 요약한다.

    ㉥ 대상파악 : 대상에 대한 이해와 분석을 통해 철저히 파악한다.

    ㉦ 보충설명 : 예상되는 질문을 정리하여 구체적인 답변을 준비한다.

    ㉧ 문서표현의 시각화 : 그래프, 그림, 사진 등을 적절히 사용하여 이해를 돕는다.

(3) 경청능력

① 경청의 중요성 : 경청은 다른 사람의 말을 주의 깊게 들으며 공감하는 능력으로 경청을 통해 상대방을 한 개인으로 존중하고 성실한 마음으로 대하게 되며, 상대방의 입장에 공감하고 이해하게 된다.

② 경청을 방해하는 습관 : 짐작하기, 대답할 말 준비하기, 걸러내기, 판단하기, 다른 생각하기, 조언하기, 언쟁하기, 옳아야만 하기, 슬쩍 넘어가기, 비위 맞추기 등

③ 효과적인 경청방법

    ㉠ 준비하기 : 강연이나 프레젠테이션 이전에 나누어주는 자료를 읽어 미리 주제를 파악하고 등장하는 용어를 익혀둔다.

    ㉡ 주의 집중 : 말하는 사람의 모든 것에 집중해서 적극적으로 듣는다.

    ㉢ 예측하기 : 다음에 무엇을 말할 것인가를 추측하려고 노력한다.

    ㉣ 나와 관련짓기 : 상대방이 전달하고자 하는 메시지를 나의 경험과 관련지어 생각해 본다.

    ㉤ 질문하기 : 질문은 듣는 행위를 적극적으로 하게 만들고 집중력을 높인다.

    ㉥ 요약하기 : 주기적으로 상대방이 전달하려는 내용을 요약한다.

    ㉦ 반응하기 : 피드백을 통해 의사소통을 점검한다.

예제 4

다음은 면접스터디 중 일어난 대화이다. 민아의 고민을 해소하기 위한 조언으로 가장 적절한 것은?

> 지섭 : 민아씨, 어디 아파요? 표정이 안 좋아 보여요.
> 민아 : 제가 원서 넣은 공단이 내일 면접이어서요. 그동안 스터디를 통해서 면접 연습을 많이 했는데도 벌써부터 긴장이 되네요.
> 지섭 : 민아씨는 자기 의견도 명확히 피력할 줄 알고 조리 있게 설명을 잘 하시니 걱정 안하셔도 될 것 같아요. 아, 손에 꽉 쥐고 계신 건 뭔가요?
> 민아 : 아, 제가 예상 답변을 정리해서 모아둔거에요. 내용은 거의 외웠는데 이렇게 쥐고 있지 않으면 불안해서..
> 지섭 : 그 정도로 준비를 철저히 하셨으면 걱정할 이유 없을 것 같아요.
> 민아 : 그래도 압박면접이거나 예상치 못한 질문이 들어오면 어떻게 하죠?
> 지섭 : ________________________________

① 시선을 적절히 처리하면서 부드러운 어투로 말하는 연습을 해보는 건 어때요?
② 공식적인 자리인 만큼 옷차림을 신경 쓰는 게 좋을 것 같아요.
③ 당황하지 말고 질문자의 의도를 잘 파악해서 침착하게 대답하면 되지 않을까요?
④ 예상 질문에 대한 답변을 좀 더 정확하게 외워보는 건 어떨까요?

출제의도

상대방이 하는 말을 듣고 질문 의도에 따라 올바르게 답하는 능력을 측정하는 문항이다.

해 설

민아는 압박질문이나 예상치 못한 질문에 대해 걱정을 하고 있으므로 침착하게 대응하라고 조언을 해주는 것이 좋다.

답 ③

(4) 의사표현능력

① 의사표현의 개념과 종류

㉠ 개념 : 화자가 자신의 생각과 감정을 청자에게 음성언어나 신체언어로 표현하는 행위이다.

㉡ 종류
- 공식적 말하기 : 사전에 준비된 내용을 대중을 대상으로 말하는 것으로 연설, 토의, 토론 등이 있다.
- 의례적 말하기 : 사회 · 문화적 행사에서와 같이 절차에 따라 하는 말하기로 식사, 주례, 회의 등이 있다.
- 친교적 말하기 : 친근한 사람들 사이에서 자연스럽게 주고받는 대화 등을 말한다.

② 의사표현의 방해요인

㉠ 연단공포증 : 연단에 섰을 때 가슴이 두근거리거나 땀이 나고 얼굴이 달아오르는 등의 현상으로 충분한 분석과 준비, 더 많은 말하기 기회 등을 통해 극복할 수 있다.

㉡ 말 : 말의 장단, 고저, 발음, 속도, 쉼 등을 포함한다.

㉢ 음성 : 목소리와 관련된 것으로 음색, 고저, 명료도, 완급 등을 의미한다.

㉣ 몸짓 : 비언어적 요소로 화자의 외모, 표정, 동작 등이다.

㉤ 유머 : 말하기 상황에 따른 적절한 유머를 구사할 수 있어야 한다.

③ 상황과 대상에 따른 의사표현법

    ㉠ 잘못을 지적할 때 : 모호한 표현을 삼가고 확실하게 지적하며, 당장 꾸짖고 있는 내용에만 한정한다.

    ㉡ 칭찬할 때 : 자칫 아부로 여겨질 수 있으므로 센스 있는 칭찬이 필요하다.

    ㉢ 부탁할 때 : 먼저 상대방의 사정을 듣고 응하기 쉽게 구체적으로 부탁하며 거절을 당해도 싫은 내색을 하지 않는다.

    ㉣ 요구를 거절할 때 : 먼저 사과하고 응해줄 수 없는 이유를 설명한다.

    ㉤ 명령할 때 : 강압적인 말투보다는 '○○을 이렇게 해주는 것이 어떻겠습니까?'와 같은 식으로 부드럽게 표현하는 것이 효과적이다.

    ㉥ 설득할 때 : 일방적으로 강요하기보다는 먼저 양보해서 이익을 공유하겠다는 의지를 보여주는 것이 좋다.

    ㉦ 충고할 때 : 충고는 가장 최후의 방법이다. 반드시 충고가 필요한 상황이라면 예화를 들어 비유적으로 깨우쳐주는 것이 바람직하다.

    ㉧ 질책할 때 : 샌드위치 화법(칭찬의 말 + 질책의 말 + 격려의 말)을 사용하여 청자의 반발을 최소화 한다.

예제 5

당신은 팀장님께 업무 지시내용을 수행하고 결과물을 보고 드렸다. 하지만 팀장님께서는 "최대리 업무를 이렇게 처리하면 어떡하나? 누락된 부분이 있지 않은가."라고 말하였다. 이에 대해 당신이 행할 수 있는 가장 부적절한 대처 자세는?

① "죄송합니다. 제가 잘 모르는 부분이라 이수혁 과장님께 부탁을 했는데 과장님께서 실수를 하신 것 같습니다."

② "주의를 기울이지 못해 죄송합니다. 어느 부분을 수정보완하면 될까요?"

③ "지시하신 내용을 제가 충분히 이해하지 못하였습니다. 내용을 다시 한 번 여쭤보아도 되겠습니까?"

④ "부족한 내용을 보완하는 자료를 취합하기 위해서 하루정도가 더 소요될 것 같습니다. 언제까지 재작성하여 드리면 될까요?"

출제의도

상사가 잘못을 지적하는 상황에서 어떻게 대처해야 하는지를 묻는 문항이다.

해 설

상사가 부탁한 지시사항을 다른 사람에게 부탁하는 것은 옳지 못하며 설사 그렇다고 해도 그 일의 과오에 대해 책임을 전가하는 것은 지양해야 할 자세이다.

답 ①

---

④ 원활한 의사표현을 위한 지침

    ㉠ 올바른 화법을 위해 독서를 하라.

    ㉡ 좋은 청중이 되라.

    ㉢ 칭찬을 아끼지 마라.

    ㉣ 공감하고, 긍정적으로 보이게 하라.

    ㉤ 겸손은 최고의 미덕임을 잊지 마라.

    ㉥ 과감하게 공개하라.

ⓢ 뒷말을 숨기지 마라.

ⓞ 첫마디 말을 준비하라.

ⓩ 이성과 감성의 조화를 꾀하라.

ⓒ 대화의 룰을 지켜라.

ⓚ 문장을 완전하게 말하라.

⑤ 설득력 있는 의사표현을 위한 지침

㉠ 'Yes'를 유도하여 미리 설득 분위기를 조성하라.

㉡ 대비 효과로 분발심을 불러 일으켜라.

㉢ 침묵을 지키는 사람의 참여도를 높여라.

㉣ 여운을 남기는 말로 상대방의 감정을 누그러뜨려라.

㉤ 하던 말을 갑자기 멈춤으로써 상대방의 주의를 끌어라.

㉥ 호칭을 바꿔서 심리적 간격을 좁혀라.

㉦ 끄집어 말하여 자존심을 건드려라.

㉧ 정보전달 공식을 이용하여 설득하라.

㉨ 상대방의 불평이 가져올 결과를 강조하라.

㉩ 권위 있는 사람의 말이나 작품을 인용하라.

㉪ 약점을 보여 주어 심리적 거리를 좁혀라.

㉫ 이상과 현실의 구체적 차이를 확인시켜라.

㉬ 자신의 잘못도 솔직하게 인정하라.

㉭ 집단의 요구를 거절하려면 개개인의 의견을 물어라.

ⓐ 동조 심리를 이용하여 설득하라.

ⓑ 지금까지의 노고를 치하한 뒤 새로운 요구를 하라.

ⓒ 담당자가 대변자 역할을 하도록 하여 윗사람을 설득하게 하라.

ⓓ 겉치레 양보로 기선을 제압하라.

ⓔ 변명의 여지를 만들어 주고 설득하라.

ⓕ 혼자 말하는 척하면서 상대의 잘못을 지적하라.

(5) 기초외국어능력

① 기초외국어능력의 개념과 필요성

 ㉠ 개념 : 외국어로 된 간단한 자료를 이해하거나, 외국인과의 전화응대와 간단한 대화 등 외국인의 의사표현을 이해하고, 자신의 의사를 기초외국어로 표현할 수 있는 능력이다.

 ㉡ 필요성 : 국제화·세계화 시대에 다른 나라와의 무역을 위해 우리의 언어가 아닌 국제적인 통용어를 사용하거나 그들의 언어로 의사소통을 해야 하는 경우가 생길 수 있다.

② 외국인과의 의사소통에서 피해야 할 행동

 ㉠ 상대를 볼 때 흘겨보거나, 노려보거나, 아예 보지 않는 행동

 ㉡ 팔이나 다리를 꼬는 행동

 ㉢ 표정이 없는 것

 ㉣ 다리를 흔들거나 펜을 돌리는 행동

 ㉤ 맞장구를 치지 않거나 고개를 끄덕이지 않는 행동

 ㉥ 생각 없이 메모하는 행동

 ㉦ 자료만 들여다보는 행동

 ㉧ 바르지 못한 자세로 앉는 행동

 ㉨ 한숨, 하품, 신음소리를 내는 행동

 ㉩ 다른 일을 하며 듣는 행동

 ㉪ 상대방에게 이름이나 호칭을 어떻게 부를지 묻지 않고 마음대로 부르는 행동

③ 기초외국어능력 향상을 위한 공부법

 ㉠ 외국어공부의 목적부터 정하라.

 ㉡ 매일 30분씩 눈과 손과 입에 밸 정도로 반복하라.

 ㉢ 실수를 두려워하지 말고 기회가 있을 때마다 외국어로 말하라.

 ㉣ 외국어 잡지나 원서와 친해져라.

 ㉤ 소홀해지지 않도록 라이벌을 정하고 공부하라.

 ㉥ 업무와 관련된 주요 용어의 외국어는 꼭 알아두자.

 ㉦ 출퇴근 시간에 외국어 방송을 보거나, 듣는 것만으로도 귀가 트인다.

 ㉧ 어린이가 단어를 배우듯 외국어 단어를 암기할 때 그림카드를 사용해 보라.

 ㉨ 가능하면 외국인 친구를 사귀고 대화를 자주 나눠 보라.

1 문제와 문제해결

(1) 문제의 정의와 분류

① 정의 : 업무를 수행함에 있어서 답을 요구하는 질문이나 의논하여 해결해야 되는 사항이다.

② 문제의 분류

구분	창의적 문제	분석적 문제
문제제시 방법	현재 문제가 없더라도 보다 나은 방법을 찾기 위한 문제 탐구 → 문제 자체가 명확하지 않음	현재의 문제점이나 미래의 문제로 예견될 것에 대한 문제 탐구 → 문제 자체가 명확함
해결방법	창의력에 의한 많은 아이디어의 작성을 통해 해결	분석, 논리, 귀납과 같은 논리적 방법을 통해 해결
해답 수	해답의 수가 많으며, 많은 답 가운데 보다 나은 것을 선택	답의 수가 적으며 한정되어 있음
주요특징	주관적, 직관적, 감각적, 정성적, 개별적, 특수성	객관적, 논리적, 정량적, 이성적, 일반적, 공통성

(2) 업무수행과정에서 발생하는 문제 유형

① 발생형 문제(보이는 문제) : 현재 직면하여 해결하기 위해 고민하는 문제이다. 원인이 내재되어 있기 때문에 원인지향적인 문제라고도 한다.

  ㉠ 일탈문제 : 어떤 기준을 일탈함으로써 생기는 문제

  ㉡ 미달문제 : 어떤 기준에 미달하여 생기는 문제

② 탐색형 문제(찾는 문제) : 현재의 상황을 개선하거나 효율을 높이기 위한 문제이다. 방치할 경우 큰 손실이 따르거나 해결할 수 없는 문제로 나타나게 된다.

  ㉠ 잠재문제 : 문제가 잠재되어 있어 인식하지 못하다가 확대되어 해결이 어려운 문제

  ㉡ 예측문제 : 현재로는 문제가 없으나 현 상태의 진행 상황을 예측하여 찾아야 앞으로 일어날 수 있는 문제가 보이는 문제

  ㉢ 발견문제 : 현재로서는 담당 업무에 문제가 없으나 선진기업의 업무 방법 등 보다 좋은 제도나 기법을 발견하여 개선시킬 수 있는 문제

③ 설정형 문제(미래 문제) : 장래의 경영전략을 생각하는 것으로 앞으로 어떻게 할 것인가 하는 문제이다. 문제해결에 창조적인 노력이 요구되어 창조적 문제라고도 한다.

D회사 신입사원으로 입사한 귀하는 신입사원 교육에서 업무수행과정에서 발생하는 문제 유형 중 설정형 문제를 하나씩 찾아오라는 지시를 받았다. 이에 대해 귀하는 교육받은 내용을 다시 복습하려고 한다. 설정형 문제에 해당하는 것은?

① 현재 직면하여 해결하기 위해 고민하는 문제
② 현재의 상황을 개선하거나 효율을 높이기 위한 문제
③ 앞으로 어떻게 할 것인가 하는 문제
④ 원인이 내재되어 있는 원인지향적인 문제

출제의도

업무수행 중 문제가 발생하였을 때 문제 유형을 구분하는 능력을 측정하는 문항이다.

해 설

업무수행과정에서 발생하는 문제 유형으로는 발생형 문제, 탐색형 문제, 설정형 문제가 있으며 ①④는 발생형 문제이며 ②는 탐색형 문제, ③이 설정형 문제이다.

답 ③

(3) 문제해결

① 정의 : 목표와 현상을 분석하고 이 결과를 토대로 과제를 도출하여 최적의 해결책을 찾아 실행·평가해 가는 활동이다.

② 문제해결에 필요한 기본적 사고

 ㉠ 전략적 사고 : 문제와 해결방안이 상위 시스템과 어떻게 연결되어 있는지를 생각한다.

 ㉡ 분석적 사고 : 전체를 각각의 요소로 나누어 그 의미를 도출하고 우선순위를 부여하여 구체적인 문제해결방법을 실행한다.

 ㉢ 발상의 전환 : 인식의 틀을 전환하여 새로운 관점으로 바라보는 사고를 지향한다.

 ㉣ 내·외부자원의 활용 : 기술, 재료, 사람 등 필요한 자원을 효과적으로 활용한다.

③ 문제해결의 장애요소

 ㉠ 문제를 철저하게 분석하지 않는 경우

 ㉡ 고정관념에 얽매이는 경우

 ㉢ 쉽게 떠오르는 단순한 정보에 의지하는 경우

 ㉣ 너무 많은 자료를 수집하려고 노력하는 경우

④ 문제해결방법

 ㉠ 소프트 어프로치 : 문제해결을 위해서 직접적인 표현보다는 무언가를 시사하거나 암시를 통하여 의사를 전달하여 문제해결을 도모하고자 한다.

 ㉡ 하드 어프로치 : 상이한 문화적 토양을 가지고 있는 구성원을 가정하고, 서로의 생각을 직설적으로 주장하고 논쟁이나 협상을 통해 서로의 의견을 조정해 가는 방법이다.

ⓒ 퍼실리테이션(facilitation) : 촉진을 의미하며 어떤 그룹이나 집단이 의사결정을 잘 하도록 도와주는 일을 의미한다.

2 문제해결능력을 구성하는 하위능력

(1) 사고력

① 창의적 사고 : 개인이 가지고 있는 경험과 지식을 통해 새로운 가치 있는 아이디어를 산출하는 사고능력이다.

  ⓐ 창의적 사고의 특징
- 정보와 정보의 조합
- 사회나 개인에게 새로운 가치 창출
- 창조적인 가능성

예제 2

M사 홍보팀에서 근무하고 있는 귀하는 입사 5년차로 창의적인 기획안을 제출하기로 유명하다. S부장은 이번 신입사원 교육 때 귀하에게 창의적인 사고란 무엇인지 교육을 맡아달라고 부탁하였다. 창의적인 사고에 대한 귀하의 설명으로 옳지 않은 것은?

① 창의적인 사고는 새롭고 유용한 아이디어를 생산해 내는 정신적인 과정이다.
② 창의적인 사고는 특별한 사람들만이 할 수 있는 대단한 능력이다.
③ 창의적인 사고는 기존의 정보들을 특정한 요구조건에 맞거나 유용하도록 새롭게 조합시킨 것이다.
④ 창의적인 사고는 통상적인 것이 아니라 기발하거나, 신기하며 독창적인 것이다.

출제의도

창의적 사고에 대한 개념을 정확히 파악하고 있는지를 묻는 문항이다.

해 설

흔히 사람들은 창의적인 사고에 대해 특별한 사람들만이 할 수 있는 대단한 능력이라고 생각하지만 그리 대단한 능력이 아니며 이미 알고 있는 경험과 지식을 해체하여 다시 새로운 정보로 결합하여 가치 있는 아이디어를 산출하는 사고라고 할 수 있다.

답 ②

  ⓑ 발산적 사고 : 창의적 사고를 위해 필요한 것으로 자유연상법, 강제연상법, 비교발상법 등을 통해 개발할 수 있다.

구분	내용
자유연상법	생각나는 대로 자유롭게 발상 ex) 브레인스토밍
강제연상법	각종 힌트에 강제적으로 연결 지어 발상 ex) 체크리스트
비교발상법	주제의 본질과 닮은 것을 힌트로 발상 ex) NM법, Synectics

POINT 브레인스토밍

- ㉠ 진행방법
  - 주제를 구체적이고 명확하게 정한다.
  - 구성원의 얼굴을 볼 수 있는 좌석 배치와 큰 용지를 준비한다.
  - 구성원들의 다양한 의견을 도출할 수 있는 사람을 리더로 선출한다.
  - 구성원은 다양한 분야의 사람들로 5~8명 정도로 구성한다.
  - 발언은 누구나 자유롭게 할 수 있도록 하며, 모든 발언 내용을 기록한다.
  - 아이디어에 대한 평가는 비판해서는 안 된다.
- ㉡ 4대 원칙
  - 비판엄금(Support) : 평가 단계 이전에 결코 비판이나 판단을 해서는 안 되며 평가는 나중까지 유보한다.
  - 자유분방(Silly) : 무엇이든 자유롭게 말하고 이런 바보 같은 소리를 해서는 안 된다는 등의 생각은 하지 않아야 한다.
  - 질보다 양(Speed) : 질에는 관계없이 가능한 많은 아이디어들을 생성해내도록 격려한다.
  - 결합과 개선(Synergy) : 다른 사람의 아이디어에 자극되어 보다 좋은 생각이 떠오르고, 서로 조합하면 재미있는 아이디어가 될 것 같은 생각이 들면 즉시 조합시킨다.

② 논리적 사고 : 사고의 전개에 있어 전후의 관계가 일치하고 있는가를 살피고 아이디어를 평가하는 사고능력이다.

- ㉠ 논리적 사고를 위한 5가지 요소 : 생각하는 습관, 상대 논리의 구조화, 구체적인 생각, 타인에 대한 이해, 설득
- ㉡ 논리적 사고 개발 방법
  - 피라미드 구조 : 하위의 사실이나 현상부터 사고하여 상위의 주장을 만들어가는 방법
  - so what기법 : '그래서 무엇이지?'하고 자문자답하여 주어진 정보로부터 가치 있는 정보를 이끌어 내는 사고 기법

③ 비판적 사고 : 어떤 주제나 주장에 대해서 적극적으로 분석하고 종합하며 평가하는 능동적인 사고이다.

- ㉠ 비판적 사고 개발 태도 : 비판적 사고를 개발하기 위해서는 지적 호기심, 객관성, 개방성, 융통성, 지적 회의성, 지적 정직성, 체계성, 지속성, 결단성, 다른 관점에 대한 존중과 같은 태도가 요구된다.
- ㉡ 비판적 사고를 위한 태도
  - 문제의식 : 비판적인 사고를 위해서 가장 먼저 필요한 것은 바로 문제의식이다. 자신이 지니고 있는 문제와 목적을 확실하고 정확하게 파악하는 것이 비판적인 사고의 시작이다.
  - 고정관념 타파 : 지각의 폭을 넓히는 일은 정보에 대한 개방성을 가지고 편견을 갖지 않는 것으로 고정관념을 타파하는 일이 중요하다.

(2) 문제처리능력과 문제해결절차

① 문제처리능력 : 목표와 현상을 분석하고 이를 토대로 문제를 도출하여 최적의 해결책을 찾아 실행·평가하는 능력이다.

② 문제해결절차 : 문제 인식 → 문제 도출 → 원인 분석 → 해결안 개발 → 실행 및 평가

㉠ 문제 인식 : 문제해결과정 중 'waht'을 결정하는 단계로 환경 분석 → 주요 과제 도출 → 과제 선정의 절차를 통해 수행된다.

• 3C 분석 : 환경 분석 방법의 하나로 사업환경을 구성하고 있는 요소인 자사(Company), 경쟁사(Competitor), 고객(Customer)을 분석하는 것이다.

예제 3

L사에서 주력 상품으로 밀고 있는 TV의 판매 이익이 감소하고 있는 상황에서 귀하는 B부장으로부터 3C분석을 통해 해결방안을 강구해 오라는 지시를 받았다. 다음 중 3C에 해당하지 않는 것은?

① Customer   ② Company
③ Competitor   ④ Content

출제의도

3C의 개념과 구성요소를 정확히 숙지하고 있는지를 측정하는 문항이다.

해 설

3C 분석에서 사업 환경을 구성하고 있는 요소인 자사(Company), 경쟁사(Competitor), 고객을 3C(Customer)라고 한다. 3C 분석에서 고객 분석에서는 '고객은 자사의 상품·서비스에 만족하고 있는지를, 자사 분석에서는 '자사가 세운 달성목표와 현상 간에 차이가 없는지를 경쟁사 분석에서는 '경쟁 기업의 우수한 점과 자사의 현상과 차이가 없는지에 대한 질문을 통해서 환경을 분석하게 된다.

답 ④

• SWOT 분석 : 기업내부의 강점과 약점, 외부환경의 기회와 위협요인을 분석·평가하여 문제해결 방안을 개발하는 방법이다.

		내부환경요인	
		강점(Strengths)	약점(Weaknesses)
외부환경요인	기회(Opportunities)	SO 내부강점과 외부기회 요인을 극대화	WO 외부기회를 이용하여 내부약점을 강점으로 전환
	위협(Threat)	ST 외부위협을 최소화하기 위해 내부강점을 극대화	WT 내부약점과 외부위협을 최소화

ⓛ 문제 도출 : 선정된 문제를 분석하여 해결해야 할 것이 무엇인지를 명확히 하는 단계로, 문제 구조 파악 → 핵심 문제 선정 단계를 거쳐 수행된다.

- Logic Tree : 문제의 원인을 파고들거나 해결책을 구체화할 때 제한된 시간 안에서 넓이와 깊이를 추구하는데 도움이 되는 기술로 주요 과제를 나무모양으로 분해 · 정리하는 기술이다.

ⓒ 원인 분석 : 문제 도출 후 파악된 핵심 문제에 대한 분석을 통해 근본 원인을 찾는 단계로 Issue 분석 → Data 분석 → 원인 파악의 절차로 진행된다.

ⓔ 해결안 개발 : 원인이 밝혀지면 이를 효과적으로 해결할 수 있는 다양한 해결안을 개발하고 최선의 해결안을 선택하는 것이 필요하다.

ⓜ 실행 및 평가 : 해결안 개발을 통해 만들어진 실행계획을 실제 상황에 적용하는 활동으로 실행계획 수립 → 실행 → Follow-up의 절차로 진행된다.

예제 4

C사는 최근 국내 매출이 지속적으로 하락하고 있어 사내 분위기가 심상치 않다. 이에 대해 Y부장은 이 문제를 극복하고자 문제처리 팀을 구성하여 해결방안을 모색하도록 지시하였다. 문제처리 팀의 문제해결 절차를 올바른 순서로 나열한 것은?

① 문제 인식 → 원인 분석 → 해결안 개발 → 문제 도출 → 실행 및 평가
② 문제 도출 → 문제 인식 → 해결안 개발 → 원인 분석 → 실행 및 평가
③ 문제 인식 → 원인 분석 → 문제 도출 → 해결안 개발 → 실행 및 평가
④ 문제 인식 → 문제 도출 → 원인 분석 → 해결안 개발 → 실행 및 평가

출제의도

실제 업무 상황에서 문제가 일어났을 때 해결 절차를 알고 있는지를 측정하는 문항이다.

해 설

일반적인 문제해결절차는 '문제 인식 → 문제 도출 → 원인 분석 → 해결안 개발 → 실행 및 평가로 이루어진다.

답 ④

① 직장생활과 수리능력

(1) 기초직업능력으로서의 수리능력

① 개념 : 직장생활에서 요구되는 사칙연산과 기초적인 통계를 이해하고 도표의 의미를 파악하거나 도표를 이용해서 결과를 효과적으로 제시하는 능력을 말한다.

② 수리능력은 크게 기초연산능력, 기초통계능력, 도표분석능력, 도표작성능력으로 구성된다.

    ㉠ 기초연산능력 : 직장생활에서 필요한 기초적인 사칙연산과 계산방법을 이해하고 활용할 수 있는 능력

    ㉡ 기초통계능력 : 평균, 합계, 빈도 등 직장생활에서 자주 사용되는 기초적인 통계기법을 활용하여 자료의 특성과 경향성을 파악하는 능력

    ㉢ 도표분석능력 : 그래프, 그림 등 도표의 의미를 파악하고 필요한 정보를 해석하는 능력

    ㉣ 도표작성능력 : 도표를 이용하여 결과를 효과적으로 제시하는 능력

(2) 업무수행에서 수리능력이 활용되는 경우

① 업무상 계산을 수행하고 결과를 정리하는 경우

② 업무비용을 측정하는 경우

③ 고객과 소비자의 정보를 조사하고 결과를 종합하는 경우

④ 조직의 예산안을 작성하는 경우

⑤ 업무수행 경비를 제시해야 하는 경우

⑥ 다른 상품과 가격비교를 하는 경우

⑦ 연간 상품 판매실적을 제시하는 경우

⑧ 업무비용을 다른 조직과 비교해야 하는 경우

⑨ 상품판매를 위한 지역조사를 실시해야 하는 경우

⑩ 업무수행과정에서 도표로 주어진 자료를 해석하는 경우

⑪ 도표로 제시된 업무비용을 측정하는 경우

다음 자료를 보고 주어진 상황에 대한 물음에 답하시오.

〈근로소득에 대한 간이 세액표〉

월 급여액(천 원) [비과세 및 학자금 제외]		공제대상 가족 수				
이상	미만	1	2	3	4	5
2,500	2,520	38,960	29,280	16,940	13,570	10,190
2,520	2,540	40,670	29,960	17,360	13,990	10,610
2,540	2,560	42,380	30,640	17,790	14,410	11,040
2,560	2,580	44,090	31,330	18,210	14,840	11,460
2,580	2,600	45,800	32,680	18,640	15,260	11,890
2,600	2,620	47,520	34,390	19,240	15,680	12,310
2,620	2,640	49,230	36,100	19,900	16,110	12,730
2,640	2,660	50,940	37,810	20,560	16,530	13,160
2,660	2,680	52,650	39,530	21,220	16,960	13,580
2,680	2,700	54,360	41,240	21,880	17,380	14,010
2,700	2,720	56,070	42,950	22,540	17,800	14,430
2,720	2,740	57,780	44,660	23,200	18,230	14,850
2,740	2,760	59,500	46,370	23,860	18,650	15,280

※ 갑근세는 제시되어 있는 간이 세액표에 따름
※ 주민세＝갑근세의 10%
※ 국민연금＝급여액의 4.50%
※ 고용보험＝국민연금의 10%
※ 건강보험＝급여액의 2.90%
※ 교육지원금＝분기별 100,000원(매 분기별 첫 달에 지급)

박○○ 사원의 5월 급여내역이 다음과 같고 전월과 동일하게 근무하였으나, 특별수당은 없고 차량지원금으로 100,000원을 받게 된다면, 6월에 받게 되는 급여는 얼마인가? (단, 원 단위 절삭)

(주) 서원플랜테크 5월 급여내역			
성명	박○○	지급일	5월 12일
기본급여	2,240,000	갑근세	39,530
직무수당	400,000	주민세	3,950
명절 상여금		고용보험	11,970
특별수당	20,000	국민연금	119,700
차량지원금		건강보험	77,140
교육지원		기타	
급여계	2,660,000	공제합계	252,290
		지급총액	2,407,710

① 2,443,910
② 2,453,910
③ 2,463,910
④ 2,473,910

업무상 계산을 수행하거나 결과를 정리하고 업무비용을 측정하는 능력을 평가하기 위한 문제로서. 주어진 자료에서 문제를 해결하는 데에 필요한 부분을 빠르고 정확하게 찾아내는 것이 중요하다.

기본 급여	2,240,000	갑근세	46,370
직무 수당	400,000	주민세	4,630
명절 상여금		고용 보험	12,330
특별 수당		국민 연금	123,300
차량 지원금	100,000	건강 보험	79,460
교육 지원		기타	
급여계	2,740,000	공제 합계	266,090
		지급 총액	2,473,910

답 ④

(3) 수리능력의 중요성

① 수학적 사고를 통한 문제해결

② 직업세계의 변화에의 적응

③ 실용적 가치의 구현

(4) 단위환산표

구분	단위환산
길이	$1cm = 10mm$, $1m = 100cm$, $1km = 1,000m$
넓이	$1cm^2 = 100mm^2$, $1m^2 = 10,000cm^2$, $1km^2 = 1,000,000m^2$
부피	$1cm^3 = 1,000mm^3$, $1m^3 = 1,000,000cm^3$, $1km^3 = 1,000,000,000m^3$
들이	$1m\ell = 1cm^3$, $1d\ell = 100cm^3$, $1L = 1,000cm^3 = 10d\ell$
무게	$1kg = 1,000g$, $1t = 1,000kg = 1,000,000g$
시간	1분 = 60초, 1시간 = 60분 = 3,600초
할푼리	1푼 = 0.1할, 1리 = 0.01할, 1모 = 0.001할

예제 2

둘레의 길이가 4.4km인 정사각형 모양의 공원이 있다. 이 공원의 넓이는 몇 a 인가?

① 12,100a
② 1,210a
③ 121a
④ 12.1a

출제의도

길이, 넓이, 부피, 들이, 무게, 시간, 속도 등 단위에 대한 기본적인 환산 능력을 평가하는 문제로서, 소수점 계산이 필요하며, 자릿수를 읽고 구분할 줄 알아야 한다.

해 설

공원의 한 변의 길이는
$4.4 \div 4 = 1.1 (km)$이고
$1km^2 = 10000a$이므로
공원의 넓이는
$1.1km \times 1.1km = 1.21km^2 = 12,100a$

답 ①

② 수리능력을 구성하는 하위능력

(1) 기초연산능력

① 사칙연산 : 수에 관한 덧셈, 뺄셈, 곱셈, 나눗셈의 네 종류의 계산법으로 업무를 원활하게 수행하기 위해서는 기본적인 사칙연산뿐만 아니라 다단계의 복잡한 사칙연산까지도 수행할 수 있어야 한다.

② 검산 : 연산의 결과를 확인하는 과정으로 대표적인 검산방법으로 역연산과 구거법이 있다.

    ⊙ 역연산 : 덧셈은 뺄셈으로, 뺄셈은 덧셈으로, 곱셈은 나눗셈으로, 나눗셈은 곱셈으로 확인하는 방법이다.

    ⓒ 구거법 : 원래의 수와 각 자리 수의 합이 9로 나눈 나머지가 같다는 원리를 이용한 것으로 9를 버리고 남은 수로 계산하는 것이다.

예제 3

다음 식을 바르게 계산한 것은?

$$1 + \frac{2}{3} + \frac{1}{2} - \frac{3}{4}$$

① $\frac{13}{12}$

② $\frac{15}{12}$

③ $\frac{17}{12}$

④ $\frac{19}{12}$

출제의도

직장생활에서 필요한 기초적인 사칙연산과 계산방법을 이해하고 활용할 수 있는 능력을 평가하는 문제로서, 분수의 계산과 통분에 대한 기본적인 이해가 필요하다.

해 설

$$\frac{12}{12} + \frac{8}{12} + \frac{6}{12} - \frac{9}{12} = \frac{17}{12}$$

답 ③

---

(2) 기초통계능력

① 업무수행과 통계

    ⊙ 통계의 의미 : 통계란 집단현상에 대한 구체적인 양적 기술을 반영하는 숫자이다.

    ⓒ 업무수행에 통계를 활용함으로써 얻을 수 있는 이점

    • 많은 수량적 자료를 처리가능하고 쉽게 이해할 수 있는 형태로 축소

    • 표본을 통해 연구대상 집단의 특성을 유추

    • 의사결정의 보조수단

    • 관찰 가능한 자료를 통해 논리적으로 결론을 추출·검증

© 기본적인 통계치

- 빈도와 빈도분포 : 빈도란 어떤 사건이 일어나거나 증상이 나타나는 정도를 의미하며, 빈도분포란 빈도를 표나 그래프로 종합적으로 표시하는 것이다.
- 평균 : 모든 사례의 수치를 합한 후 총 사례 수로 나눈 값이다.
- 백분율 : 전체의 수량을 100으로 하여 생각하는 수량이 그 중 몇이 되는가를 퍼센트로 나타낸 것이다.

② 통계기법

㉠ 범위와 평균

- 범위 : 분포의 흩어진 정도를 가장 간단히 알아보는 방법으로 최곳값에서 최젓값을 뺀 값을 의미한다.
- 평균 : 집단의 특성을 요약하기 위해 가장 자주 활용하는 값으로 모든 사례의 수치를 합한 후 총 사례 수로 나눈 값이다.
- 관찰값이 1, 3, 5, 7, 9일 경우 범위는 $9 - 1 = 8$이 되고, 평균은 $\dfrac{1+3+5+7+9}{5} = 5$가 된다.

㉡ 분산과 표준편차

- 분산 : 관찰값의 흩어진 정도로, 각 관찰값과 평균값의 차의 제곱의 평균이다.
- 표준편차 : 평균으로부터 얼마나 떨어져 있는가를 나타내는 개념으로 분산값의 제곱근 값이다.
- 관찰값이 1, 2, 3이고 평균이 2인 집단의 분산은 $\dfrac{(1-2)^2 + (2-2)^2 + (3-2)^2}{3} = \dfrac{2}{3}$이고 표준편차는 분산값의 제곱근 값인 $\sqrt{\dfrac{2}{3}}$이다.

③ 통계자료의 해석

㉠ 다섯숫자요약

- 최솟값 : 원자료 중 값의 크기가 가장 작은 값
- 최댓값 : 원자료 중 값의 크기가 가장 큰 값
- 중앙값 : 최솟값부터 최댓값까지 크기에 의하여 배열했을 때 중앙에 위치하는 사례의 값
- 하위 25%값·상위 25%값 : 원자료를 크기 순으로 배열하여 4등분한 값

㉡ 평균값과 중앙값 : 평균값과 중앙값은 그 개념이 다르기 때문에 명확하게 제시해야 한다.

인터넷 쇼핑몰에서 회원가입을 하고 디지털캠코더를 구매하려고 한다. 다음은 구입하고자 하는 모델에 대하여 인터넷 쇼핑몰 세 곳의 가격과 조건을 제시한 표이다. 표에 있는 모든 혜택을 적용하였을 때 디지털캠코더의 배송비를 포함한 실제 구매가격을 바르게 비교한 것은?

구분	A 쇼핑몰	B 쇼핑몰	C 쇼핑몰
정상가격	129,000원	131,000원	130,000원
회원혜택	7,000원 할인	3,500원 할인	7% 할인
할인쿠폰	5% 쿠폰	3% 쿠폰	5,000원
중복할인어부	불가	가능	불가
배송비	2,000원	무료	2,500원

① A<B<C
② B<C<A
③ C<A<B
④ C<B<A

직장생활에서 자주 사용되는 기초적인 통계기법을 활용하여 자료의 특성과 경향성을 파악하는 능력이 요구되는 문제이다.

㉠ A 쇼핑몰
- 회원혜택을 선택한 경우 : 129,000 $-7,000+2,000=124,000$(원)
- 5% 할인쿠폰을 선택한 경우 : $129,000 \times 0.95+2,000=124,550$

㉡ B 쇼핑몰 : $131,000 \times 0.97-3,500=123,570$

㉢ C 쇼핑몰
- 회원혜택을 선택한 경우 : $130,000 \times 0.93+2,500=123,400$
- 5,000원 할인쿠폰을 선택한 경우 : $130,000-5,000+2,500$ $=127,500$

∴ C<B<A

답 ④

(3) 도표분석능력

① 도표의 종류

㉠ 목적별 : 관리(계획 및 통제), 해설(분석), 보고

㉡ 용도별 : 경과 그래프, 내역 그래프, 비교 그래프, 분포 그래프, 상관 그래프, 계산 그래프

㉢ 형상별 : 선 그래프, 막대 그래프, 원 그래프, 점 그래프, 층별 그래프, 레이더 차트

② 도표의 활용

　　㉠ 선 그래프

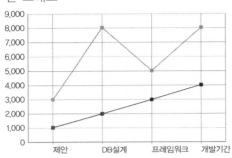

- 주로 시간의 경과에 따라 수량에 의한 변화 상황(시계열 변화)을 절선의 기울기로 나타내는 그래프이다.
- 경과, 비교, 분포를 비롯하여 상관관계 등을 나타낼 때 쓰인다.

　　㉡ 막대 그래프

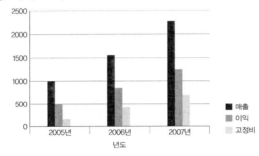

- 비교하고자 하는 수량을 막대 길이로 표시하고 그 길이를 통해 수량 간의 대소관계를 나타내는 그래프이다.
- 내역, 비교, 경과, 도수 등을 표시하는 용도로 쓰인다.

　　㉢ 원 그래프

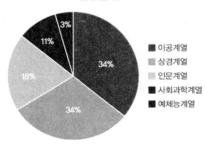

- 내역이나 내용의 구성비를 원을 분할하여 나타낸 그래프이다.
- 전체에 대해 부분이 차지하는 비율을 표시하는 용도로 쓰인다.

② 점 그래프

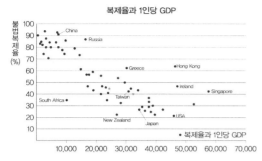

복제율과 1인당 GDP

- 종축과 횡축에 2요소를 두고 보고자 하는 것이 어떤 위치에 있는가를 나타내는 그래프이다.
- 지역분포를 비롯하여 도시, 지방, 기업, 상품 등의 평가나 위치·성격을 표시하는데 쓰인다.

⑩ 층별 그래프

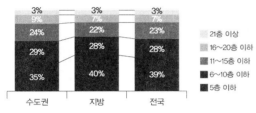

전국 아파트 층수별 거래 비중

- 선 그래프의 변형으로 연속내역 봉 그래프라고 할 수 있다. 선과 선 사이의 크기로 데이터 변화를 나타낸다.
- 합계와 부분의 크기를 백분율로 나타내고 시간적 변화를 보고자 할 때나 합계와 각 부분의 크기를 실수로 나타내고 시간적 변화를 보고자 할 때 쓰인다.

⑪ 레이더 차트(거미줄 그래프)

- 원 그래프의 일종으로 비교하는 수량을 직경, 또는 반경으로 나누어 원 중심에서의 거리에 따라 각 수량의 관계를 나타내는 그래프이다.
- 비교하거나 경과를 나타내는 용도로 쓰인다.

③ 도표 해석상의 유의사항

    ㉠ 요구되는 지식의 수준을 넓힌다.

    ㉡ 도표에 제시된 자료의 의미를 정확히 숙지한다.

    ㉢ 도표로부터 알 수 있는 것과 없는 것을 구별한다.

    ㉣ 총량의 증가와 비율의 증가를 구분한다.

    ㉤ 백분위수와 사분위수를 정확히 이해하고 있어야 한다.

예제 5

다음 표는 2009 ~ 2010년 지역별 직장인들의 자기개발에 관해 조사한 내용을 정리한 것이다. 이에 대한 분석으로 옳은 것은?

(단위 : %)

연도 구분 지역	2009				2010			
	자기 개발 하고 있음	자기개발 비용 부담 주체			자기 개발 하고 있음	자기개발 비용 부담 주체		
		직장 100%	본인 100%	직장50% + 본인50%		직장 100%	본인 100%	직장50% + 본인50%
충청도	36.8	8.5	88.5	3.1	45.9	9.0	65.5	24.5
제주도	57.4	8.3	89.1	2.9	68.5	7.9	68.3	23.8
경기도	58.2	12	86.3	2.6	71.0	7.5	74.0	18.5
서울시	60.6	13.4	84.2	2.4	72.7	11.0	73.7	15.3
경상도	40.5	10.7	86.1	3.2	51.0	13.6	74.9	11.6

① 2009년과 2010년 모두 자기개발 비용을 본인이 100% 부담하는 사람의 수는 응답자의 절반 이상이다.

② 자기개발을 하고 있다고 응답한 사람의 수는 2009년과 2010년 모두 서울시가 가장 많다.

③ 자기개발 비용을 직장과 본인이 각각 절반씩 부담하는 사람의 비율은 2009년과 2010년 모두 서울시가 가장 높다.

④ 2009년과 2010년 모두 자기개발을 하고 있다고 응답한 비율이 가장 높은 지역에서 자기개발비용을 직장이 100% 부담한다고 응답한 사람의 비율이 가장 높다.

출제의도

그래프, 그림, 도표 등 주어진 자료를 이해하고 의미를 파악하여 필요한 정보를 해석하는 능력을 평가하는 문제이다.

해 설

② 지역별 인원수가 제시되어 있지 않으므로, 각 지역별 응답자 수는 알 수 없다.

③ 2009년에는 경상도에서, 2010년에는 충청도에서 가장 높은 비율을 보인다.

④ 2009년과 2010년 모두 '자기 개발을 하고 있다'고 응답한 비율이 가장 높은 지역은 서울시이며, 2010년의 경우 자기개발 비용을 직장이 100% 부담한다고 응답한 사람의 비율이 가장 높은 지역은 경상도이다.

답 ①

(4) 도표작성능력

① 도표작성 절차

　　㉠ 어떠한 도표로 작성할 것인지를 결정

　　㉡ 가로축과 세로축에 나타낼 것을 결정

　　㉢ 한 눈금의 크기를 결정

　　㉣ 자료의 내용을 가로축과 세로축이 만나는 곳에 표현

　　㉤ 표현한 점들을 선분으로 연결

　　㉥ 도표의 제목을 표기

② 도표작성 시 유의사항

　　㉠ 선 그래프 작성 시 유의점

　　　• 세로축에 수량, 가로축에 명칭구분을 제시한다.

　　　• 선의 높이에 따라 수치를 파악하는 경우가 많으므로 세로축의 눈금을 가로축보다 크게 하는 것이 효과적이다.

　　　• 선이 두 종류 이상일 경우 반드시 그 명칭을 기입한다.

　　㉡ 막대 그래프 작성 시 유의점

　　　• 막대 수가 많을 경우에는 눈금선을 기입하는 것이 알아보기 쉽다.

　　　• 막대의 폭은 모두 같게 하여야 한다.

　　㉢ 원 그래프 작성 시 유의점

　　　• 정각 12시의 선을 기점으로 오른쪽으로 그리는 것이 보통이다.

　　　• 분할선은 구성비율이 큰 순서로 그린다.

　　㉣ 층별 그래프 작성 시 유의점

　　　• 눈금은 선 그래프나 막대 그래프보다 적게 하고 눈금선은 넣지 않는다.

　　　• 층별로 색이나 모양이 완전히 다른 것이어야 한다.

　　　• 같은 항목은 옆에 있는 층과 선으로 연결하여 보기 쉽도록 한다.

❶ 정보화사회와 정보능력

(1) 정보와 정보화사회

① 자료 · 정보 · 지식

구분	특징
자료(Data)	객관적 실제의 반영이며, 그것을 전달할 수 있도록 기호화한 것
정보(Information)	자료를 특정한 목적과 문제해결에 도움이 되도록 가공한 것
지식(Knowledge)	정보를 집적하고 체계화하여 장래의 일반적인 사항에 대비해 보편성을 갖도록 한 것

② 정보화사회 : 필요로 하는 정보가 사회의 중심이 되는 사회

(2) 업무수행과 정보능력

① 컴퓨터의 활용 분야

 ㉠ 기업 경영 분야에서의 활용 : 판매, 회계, 재무, 인사 및 조직관리, 금융 업무 등

 ㉡ 행정 분야에서의 활용 : 민원처리, 각종 행정 통계 등

 ㉢ 산업 분야에서의 활용 : 공장 자동화, 산업용 로봇, 판매시점 관리시스템(POS) 등

 ㉣ 기타 분야에서의 활용 : 교육, 연구소, 출판, 가정, 도서관, 예술 분야 등

② 정보처리과정

 ㉠ 정보 활용 절차 : 기획 → 수집 → 관리 → 활용

 ㉡ 5W2H : 정보 활용의 전략적 기획

  • WHAT(무엇을?) : 정보의 입수대상을 명확히 한다.

  • WHERE(어디에서?) : 정보의 소스(정보원)를 파악한다.

  • WHEN(언제까지) : 정보의 요구(수집)시점을 고려한다.

  • WHY(왜?) : 정보의 필요목적을 염두에 둔다.

  • WHO(누가?) : 정보활동의 주체를 확정한다.

  • HOW(어떻게) : 정보의 수집방법을 검토한다.

  • HOW MUCH(얼마나?) : 정보수집의 비용성(효용성)을 중시한다.

5W2H는 정보를 전략적으로 수집·활용할 때 주로 사용하는 방법이다. 5W2H에 대한 설명으로 옳지 않은 것은?

① WHAT : 정보의 수집방법을 검토한다.
② WHERE : 정보의 소스(정보원)를 파악한다.
③ WHEN : 정보의 요구(수집)시점을 고려한다.
④ HOW : 정보의 수집방법을 검토한다.

출제의도

방대한 정보들 중 꼭 필요한 정보와 수집 방법 등을 전략적으로 기획하고 정보수집이 이루어질 때 효과적인 정보 수집이 가능해진다. 5W2H는 이러한 전략적 정보 활용 기획의 방법으로 그 개념을 이해하고 있는지를 묻는 질문이다.

해 설

5W2H의 'WHAT'은 정보의 입수대상을 명확히 하는 것이다. 정보의 수집방법을 검토하는 것은 HOW(어떻게)에 해당되는 내용이다.

답 ①

(3) 사이버공간에서 지켜야 할 예절

① 인터넷의 역기능
  ㉠ 불건전 정보의 유통
  ㉡ 개인 정보 유출
  ㉢ 사이버 성폭력
  ㉣ 사이버 언어폭력
  ㉤ 언어 훼손
  ㉥ 인터넷 중독
  ㉦ 불건전한 교제
  ㉧ 저작권 침해

② 네티켓(netiquette) : 네트워크(network) + 에티켓(etiquette)

(4) 정보의 유출에 따른 피해사례

① 개인정보의 종류

    ㉠ 일반 정보 : 이름, 주민등록번호, 운전면허정보, 주소, 전화번호, 생년월일, 출생지, 본적지, 성별, 국적 등

    ㉡ 가족 정보 : 가족의 이름, 직업, 생년월일, 주민등록번호, 출생지 등

    ㉢ 교육 및 훈련 정보 : 최종학력, 성적, 기술자격증/전문면허증, 이수훈련 프로그램, 서클 활동, 상벌사항, 성격/행태보고 등

    ㉣ 병역 정보 : 군번 및 계급, 제대유형, 주특기, 근무부대 등

    ㉤ 부동산 및 동산 정보 : 소유주택 및 토지, 자동차, 저축현황, 현금카드, 주식 및 채권, 수집품, 고가의 예술품 등

    ㉥ 소득 정보 : 연봉, 소득의 원천, 소득세 지불 현황 등

    ㉦ 기타 수익 정보 : 보험가입현황, 수익자, 회사의 판공비 등

    ㉧ 신용 정보 : 대부상황, 저당, 신용카드, 담보설정 여부 등

    ㉨ 고용 정보 : 고용주, 회사주소, 상관의 이름, 직무수행 평가 기록, 훈련기록, 상벌기록 등

    ㉩ 법적 정보 : 전과기록, 구속기록, 이혼기록 등

    ㉪ 의료 정보 : 가족병력기록, 과거 의료기록, 신체장애, 혈액형 등

    ㉫ 조직 정보 : 노조가입, 정당가입, 클럽회원, 종교단체 활동 등

    ㉬ 습관 및 취미 정보 : 흡연/음주량, 여가활동, 도박성향, 비디오 대여기록 등

② 개인정보 유출방지 방법

    ㉠ 회원 가입 시 이용 약관을 읽는다.

    ㉡ 이용 목적에 부합하는 정보를 요구하는지 확인한다.

    ㉢ 비밀번호는 정기적으로 교체한다.

    ㉣ 정체불명의 사이트는 멀리한다.

    ㉤ 가입 해지 시 정보 파기 여부를 확인한다.

    ㉥ 남들이 쉽게 유추할 수 있는 비밀번호는 자제한다.

❷ 정보능력을 구성하는 하위능력

(1) 컴퓨터활용능력

① 인터넷 서비스 활용

　ㄱ 전자우편(E-mail) 서비스 : 정보 통신망을 이용하여 다른 사용자들과 편지나 여러 정보를 주고받는 통신 방법

　ㄴ 인터넷 디스크/웹 하드 : 웹 서버에 대용량의 저장 기능을 갖추고 사용자가 개인용 컴퓨터의 하드 디스크와 같은 기능을 인터넷을 통하여 이용할 수 있게 하는 서비스

　ㄷ 메신저 : 인터넷에서 실시간으로 메시지와 데이터를 주고받을 수 있는 소프트웨어

　ㄹ 전자상거래 : 인터넷을 통해 상품을 사고팔거나 재화나 용역을 거래하는 사이버 비즈니스

② 정보검색 : 여러 곳에 분산되어 있는 수많은 정보 중에서 특정 목적에 적합한 정보만을 신속하고 정확하게 찾아내어 수집, 분류, 축적하는 과정

　ㄱ 검색엔진의 유형

　　• 키워드 검색 방식 : 찾고자 하는 정보와 관련된 핵심적인 언어인 키워드를 직접 입력하여 이를 검색 엔진에 보내어 검색 엔진이 키워드와 관련된 정보를 찾는 방식

　　• 주제별 검색 방식 : 인터넷상에 존재하는 웹 문서들을 주제별, 계층별로 정리하여 데이터베이스를 구축한 후 이용하는 방식

　　• 통합형 검색방식 : 사용자가 입력하는 검색어들이 연계된 다른 검색 엔진에게 보내고 이를 통하여 얻어진 검색 결과를 사용자에게 보여주는 방식

　ㄴ 정보 검색 연산자

기호	연산자	검색조건
*, &	AND	두 단어가 모두 포함된 문서를 검색
|	OR	두 단어가 모두 포함되거나 두 단어 중에서 하나만 포함된 문서를 검색
-, !	NOT	'-' 기호나 '!' 기호 다음에 오는 단어는 포함하지 않는 문서를 검색
~, near	인접검색	앞/뒤의 단어가 가깝게 있는 문서를 검색

③ 소프트웨어의 활용

　ㄱ 워드프로세서

　　• 특징 : 문서의 내용을 화면으로 확인하면서 쉽게 수정 가능, 문서 작성 후 인쇄 및 저장 가능, 글이나 그림의 입력 및 편집 가능

　　• 기능 : 입력기능, 표시기능, 저장기능, 편집기능, 인쇄기능 등

ⓛ 스프레드시트
- 특징 : 쉽게 계산 수행, 계산 결과를 차트로 표시, 문서를 작성하고 편집 가능
- 기능 : 계산, 수식, 차트, 저장, 편집, 인쇄기능 등

예제 2

귀하는 커피 전문점을 운영하고 있다. 아래와 같이 엑셀 워크시트로 4개 지점의 원두 구매 수량과 단가를 이용하여 금액을 산출하고 있다. 귀하가 다음 중 D3셀에서 사용하고 있는 함수식으로 옳은 것은? (단, 금액 = 수량 × 단가)

	A	B	C	D	E
1	지점	원두	수량(100g)	금액	
2	A	케냐	15	150000	
3	B	콜롬비아	25	175000	
4	C	케냐	30	300000	
5	D	브라질	35	210000	
6					
7		원두	100g당 단가		
8		케냐	10,000		
9		콜롬비아	7,000		
10		브라질	6,000		
11					

① =C3*VLOOKUP(B3, $B$8:$C$10, 1, 1)
② =B3*HLOOKUP(C3, $B$8:$C$10, 2, 0)
③ =C3*VLOOKUP(B3, $B$8:$C$10, 2, 0)
④ =C3*HLOOKUP($B$8:$C$10, 2, B3)

ⓒ 프레젠테이션
- 특징 : 각종 정보를 사용자 또는 대상자에게 쉽게 전달
- 기능 : 저장, 편집, 인쇄, 슬라이드 쇼 기능 등

ⓓ 유틸리티 프로그램 : 파일 압축 유틸리티, 바이러스 백신 프로그램

④ 데이터베이스의 필요성

ⓐ 데이터의 중복을 줄인다.

ⓑ 데이터의 무결성을 높인다.

ⓒ 검색을 쉽게 해준다.

ⓓ 데이터의 안정성을 높인다.

ⓔ 개발기간을 단축한다.

(2) 정보처리능력

① 정보원 : 1차 자료는 원래의 연구성과가 기록된 자료이며, 2차 자료는 1차 자료를 효과적으로 찾아보기 위한 자료 또는 1차 자료에 포함되어 있는 정보를 압축 · 정리한 형태로 제공하는 자료이다.

    ㉠ 1차 자료 : 단행본, 학술지와 논문, 학술회의자료, 연구보고서, 학위논문, 특허정보, 표준 및 규격자료, 레터, 출판 전 배포자료, 신문, 잡지, 웹 정보자원 등

    ㉡ 2차 자료 : 사전, 백과사전, 편람, 연감, 서지데이터베이스 등

② 정보분석 및 가공

    ㉠ 정보분석의 절차 : 분석과제의 발생 → 과제(요구)의 분석 → 조사항목의 선정 → 관련정보의 수집(기존자료 조사/신규자료 조사) → 수집정보의 분류 → 항목별 분석 → 종합 · 결론 → 활용 · 정리

    ㉡ 가공 : 서열화 및 구조화

③ 정보관리

    ㉠ 목록을 이용한 정보관리

    ㉡ 색인을 이용한 정보관리

    ㉢ 분류를 이용한 정보관리

예제 3

인사팀에서 근무하는 J씨는 회사가 성장함에 따라 직원 수가 급증하기 시작하면서 직원들의 정보관리 방법을 모색하던 중 다음과 같은 A사의 직원 정보관리 방법을 보게 되었다. J씨는 A사가 하고 있는 이 방법을 회사에도 도입하고자 한다. 이 방법은 무엇인가?

> A사의 인사부서에 근무하는 H씨는 직원들의 개인정보를 관리하는 업무를 담당하고 있다. A사에서 근무하는 직원은 수천 명에 달하기 때문에 H씨는 주요 키워드나 주제어를 가지고 직원들의 정보를 구분하여 관리하여, 찾을 때도 쉽고 내용을 수정할 때도 이전보다 훨씬 간편할 수 있도록 했다.

① 목록을 활용한 정보관리
② 색인을 활용한 정보관리
③ 분류를 활용한 정보관리
④ 1:1 매칭을 활용한 정보관리

출제의도

본 문항은 정보관리 방법의 개념을 이해하고 있는가를 묻는 문제이다.

해 설

주어진 자료의 A사에서 사용하는 정보관리는 주요 키워드나 주제어를 가지고 정보를 관리하는 방식인 색인을 활용한 정보관리이다. 디지털 파일에 색인을 저장할 경우 추가, 삭제, 변경 등이 쉽다는 점에서 정보관리에 효율적이다.

답 ②

1 자원과 자원관리

(1) 자원

① 자원의 종류 : 시간, 돈, 물적자원, 인적자원

② 자원의 낭비요인 : 비계획적 행동, 편리성 추구, 자원에 대한 인식 부재, 노하우 부족

(2) 자원관리 기본 과정

① 필요한 자원의 종류와 양 확인

② 이용 가능한 자원 수집하기

③ 자원 활용 계획 세우기

④ 계획대로 수행하기

예제 1

당신은 A출판사 교육훈련 담당자이다. 조직의 효율성을 높이기 위해 전사적인 시간관리에 대한 교육을 실시하기로 하였지만 바쁜 일정상 직원들을 집합교육에 동원할 수 있는 시간은 제한적이다. 다음 중 귀하가 최우선의 교육 대상으로 삼아야 하는 것은 어느 부분인가?

구분	긴급한 일	긴급하지 않은 일
중요한 일	제1사분면	제2사분면
중요하지 않은 일	제3사분면	제4사분면

① 중요하고 긴급한 일로 위기사항이나 급박한 문제, 기간이 정해진 프로젝트 등이 해당되는 제1사분면

② 긴급하지는 않지만 중요한 일로 인간관계구축이나 새로운 기회의 발굴, 중장기계획 등이 포함되는 제2사분면

③ 긴급하지만 중요하지 않은 일로 잠깐의 급한 질문, 일부 보고서, 눈 앞의 급박한 사항이 해당되는 제3사분면

④ 중요하지 않고 긴급하지 않은 일로 하찮은 일이나 시간낭비거리, 즐거운 활동 등이 포함되는 제4사분면

출제의도

주어진 일들을 중요도와 긴급도에 따른 시간관리 매트릭스에서 우선순위를 구분할 수 있는가를 측정하는 문항이다.

해 설

교육훈련에서 최우선 교육대상으로 삼아야 하는 것은 긴급하지 않지만 중요한 일이다. 이를 긴급하지 않다고 해서 뒤로 미루다보면 급박하게 처리해야하는 업무가 증가하여 효율적인 시간관리가 어려워진다.

구분	긴급한 일	긴급하지 않은 일
중요한 일	위기사항, 급박한 문제, 기간이 정해진 프로젝트	인간관계구축, 새로운 기회의 발굴, 중장기계획
중요하지 않은 일	잠깐의 급한 질문, 일부 보고서, 눈앞의 급박한 사항	하찮은 일, 우편물, 전화, 시간낭비거리, 즐거운 활동

답 ②

② 자원관리능력을 구성하는 하위능력

(1) 시간관리능력

① 시간의 특성

    ㉠ 시간은 매일 주어지는 기적이다.

    ㉡ 시간은 똑같은 속도로 흐른다.

    ㉢ 시간의 흐름은 멈추게 할 수 없다.

    ㉣ 시간은 꾸거나 저축할 수 없다.

    ㉤ 시간은 사용하기에 따라 가치가 달라진다.

② 시간관리의 효과

    ㉠ 생산성 향상

    ㉡ 가격 인상

    ㉢ 위험 감소

    ㉣ 시장 점유율 증가

③ 시간계획

    ㉠ 개념 : 시간 자원을 최대한 활용하기 위하여 가장 많이 반복되는 일에 가장 많은 시간을 분배하고, 최단시간에 최선의 목표를 달성하는 것을 의미한다.

    ㉡ 60 : 40의 Rule

계획된 행동 (60%)		계획 외의 행동 (20%)	자발적 행동 (20%)
총 시간			

유아용품 홍보팀의 사원 은이씨는 일산 킨텍스에서 열리는 유아용품박람회에 참여하고자 한다. 당일 회의 후 출발해야 하며 회의 종료 시간은 오후 3시이다.

장소	일시
일산 킨텍스 제2전시장	2016. 1. 20(금) PM 15:00~19:00 * 입장가능시간은 종료 2시간 전 까지

오시는 길
지하철 : 4호선 대화역(도보 30분 거리)
버스 : 8109번, 8407번(도보 5분 거리)

• 회사에서 버스정류장 및 지하철역까지 소요시간

출발지	도착지		소요시간
회사	×× 정류장	도보	15분
		택시	5분
	지하철역	도보	30분
		택시	10분

• 일산 킨텍스 가는 길

교통편	출발지	도착지	소요시간
지하철	강남역	대화역	1시간 25분
버스	×× 정류장	일산 킨텍스 정류장	1시간 45분

위의 제시 상황을 보고 은이씨가 선택할 교통편으로 가장 적절한 것은?

① 도보 – 지하철　　　　　② 도보 – 버스
③ 택시 – 지하철　　　　　④ 택시 – 버스

(2) 예산관리능력

① 예산과 예산관리

　㉠ 예산 : 필요한 비용을 미리 헤아려 계산하는 것이나 그 비용을 말한다.

　㉡ 예산관리 : 활동이나 사업에 소요되는 비용을 산정하고, 예산을 편성하는 것뿐만 아니라 예산을 통제하는 것 모두를 포함한다.

② 예산의 구성요소

비용	직접비용	재료비, 원료와 장비, 시설비, 여행(출장) 및 잡비, 인건비 등
	간접비용	보험료, 건물관리비, 광고비, 통신비, 사무비품비, 각종 공과금 등

③ 예산수립 과정 : 필요한 과업 및 활동 구명 → 우선순위 결정 → 예산 배정

예제 3

당신은 가을 체육대회에서 총무를 맡으라는 지시를 받았다. 다음과 같은 계획에 따라 예산을 진행하였으나 확보된 예산이 생각보다 적게 되어 불가피하게 비용항목을 줄여야 한다. 다음 중 귀하가 비용 항목을 없애기에 가장 적절한 것은 무엇인가?

〈○○산업공단 춘계 1차 워크숍〉

1. 해당부서 : 인사관리팀, 영업팀, 재무팀
2. 일　　정 : 2016년 4월 21일~23일(2박 3일)
3. 장　　소 : 강원도 속초 ○○연수원
4. 행사내용 : 바다열차탑승, 체육대회, 친교의 밤 행사, 기타

① 숙박비　　　　　　　　　　② 식비
③ 교통비　　　　　　　　　　④ 기념품비

출제의도

업무에 소요되는 예산 중 꼭 필요한 것과 예산을 감축해야할 때 삭제 또는 감축이 가능한 것을 구분해내는 능력을 묻는 문항이다.

해　설

한정된 예산을 가지고 과업을 수행할 때에는 중요도를 기준으로 예산을 사용한다. 위와 같이 불가피하게 비용 항목을 줄여야 한다면 기본적인 항목인 숙박비, 식비, 교통비는 유지되어야 하기에 항목을 없애기 가장 적절한 정답은 ④번이 된다.

답 ④

---

(3) 물적관리능력

① 물적자원의 종류

ㄱ 자연자원 : 자연상태 그대로의 자원 ex) 석탄, 석유 등

ㄴ 인공자원 : 인위적으로 가공한 자원 ex) 시설, 장비 등

② 물적자원관리 : 물적자원을 효과적으로 관리할 경우 경쟁력 향상이 향상되어 과제 및 사업의 성공으로 이어지며, 관리가 부족할 경우 경제적 손실로 인해 과제 및 사업의 실패 가능성이 커진다.

③ 물적자원 활용의 방해요인

ㄱ 보관 장소의 파악 문제

ㄴ 훼손

ㄷ 분실

④ 물적자원관리 과정

과정	내용	
사용 물품과 보관 물품의 구분	• 반복 작업 방지	• 물품활용의 편리성
동일 및 유사 물품으로의 분류	• 동일성의 원칙	• 유사성의 원칙
물품 특성에 맞는 보관 장소 선정	• 물품의 형상	• 물품의 소재

예제 4

S호텔의 외식사업부 소속인 K씨는 예약일정 관리를 담당하고 있다. 아래의 예약일정과 정보를 보고 K씨의 판단으로 옳지 않은 것은?

〈S호텔 일식 뷔페 1월 ROOM 예약 일정〉

* 예약 : ROOM 이름(시작시간)

SUN	MON	TUE	WED	THU	FRI	SAT
					1	2
					백합(16)	장미(11) 백합(15)
3	4	5	6	7	8	9
라일락(15)		백향목(10) 백합(15)	장미(10) 백향목(17)	백합(11) 라일락(18)	백향목(15)	장미(10) 라일락(15)

ROOM 구분	수용가능인원	최소투입인력	연회장 이용시간
백합	20	3	2시간
장미	30	5	3시간
라일락	25	4	2시간
백향목	40	8	3시간

– 오후 9시에 모든 업무를 종료함
– 한 타임 끝난 후 1시간씩 세팅 및 정리
– 동 시간 대 서빙 투입인력은 총 10명을 넘을 수 없음

안녕하세요. 1월 첫째 주 또는 둘째 주에 신년회 행사를 위해 ROOM을 예약하려고 하는데요. 저희 동호회의 총 인원은 27명이고 오후 8시쯤 마무리하려고 합니다. 신정과 주말, 월요일은 피하고 싶습니다. 예약이 가능할까요?

① 인원을 고려했을 때 장미ROOM과 백향목ROOM이 적합하겠군
② 만약 2명이 안 온다면 예약 가능한 ROOM이 늘어나겠구나
③ 조건을 고려했을 때 예약 가능한 ROOM은 5일 장미ROOM뿐이겠구나
④ 오후 5시부터 8시까지 가능한 ROOM을 찾아야해

출제의도

주어진 정보와 일정표를 토대로 이용 가능한 물적자원을 확보하여 이를 정확하게 안내할 수 있는 능력을 측정하는 문항이다. 고객이 제공한 정보를 정확하게 파악하고 그 조건 안에서 가능한 자원을 제공할 수 있어야 한다.

해 설

③ 조건을 고려했을 때 5일 장미ROOM과 7일 장미ROOM이 예약 가능하다.
① 참석 인원이 27명이므로 30명 수용 가능한 장미ROOM과 40명 수용 가능한 백향목ROOM 두 곳이 적합하다.
② 만약 2명이 안 온다면 총 참석인원 25명이므로 라일락ROOM, 장미ROOM, 백향목ROOM이 예약 가능하다.
④ 오후 8시에 마무리하려고 계획하고 있으므로 적절하다.

답 ③

(4) 인적자원관리능력

① 인맥 : 가족, 친구, 직장동료 등 자신과 직접적인 관계에 있는 사람들인 핵심인맥과 핵심인맥들로부터 알게 된 파생인맥이 존재한다.

② 인적자원의 특성 : 능동성, 개발가능성, 전략적 자원

③ 인력배치의 원칙

　㉠ 적재적소주의 : 팀의 효율성을 높이기 위해 팀원의 능력이나 성격 등과 가장 적합한 위치에 배치하여 팀원 개개인의 능력을 최대로 발휘해 줄 것을 기대하는 것

　㉡ 능력주의 : 개인에게 능력을 발휘할 수 있는 기회와 장소를 부여하고 그 성과를 바르게 평가하며 평가된 능력과 실적에 대해 그에 상응하는 보상을 주는 원칙

　㉢ 균형주의 : 모든 팀원에 대한 적재적소를 고려

④ 인력배치의 유형

　㉠ 양적 배치 : 부문의 작업량과 조업도, 여유 또는 부족 인원을 감안하여 소요인원을 결정하여 배치하는 것

　㉡ 질적 배치 : 적재적소의 배치

　㉢ 적성 배치 : 팀원의 적성 및 흥미에 따라 배치하는 것

예제 5

최근 조직개편 및 연봉협상 과정에서 직원들의 불만이 높아지고 있다. 온갖 루머가 난무한 가운데 인사팀원인 당신에게 사내 게시판의 직원 불만사항에 대한 진위여부를 파악하고 대안을 세우라는 팀장의 지시를 받았다. 다음 중 당신이 조치를 취해야 하는 직원은 누구인가?

① 사원 A는 팀장으로부터 업무 성과가 탁월하다는 평가를 받는데도 조직개편으로 인한 부서 통합으로 인해 승진을 못한 것이 불만이다.

② 사원 B는 회사가 예년에 비해 높은 영업 이익을 얻었는데도 불구하고 연봉 인상에 인색한 것이 불만이다.

③ 사원 C는 회사가 급여 정책을 변경해서 고정급 비율을 낮추고 기본급과 인센티브를 지급하는 제도로 바꾼 것이 불만이다.

④ 사원 D는 입사 동기인 동료가 자신보다 업무 실적이 좋지 않고 불성실한 근무태도를 가지고 있는데, 팀장과의 친분으로 인해 자신보다 높은 평가를 받은 것이 불만이다.

출제의도

주어진 직원들의 정보를 통해 시급하게 진위여부를 가리고 조치하여 인력 배치를 해야 하는 사항을 확인하는 문제이다.

해 설

사원 A, B, C는 각각 조직 정책에 대한 불만이기에 논의를 통해 조직적으로 대처하는 것이 옳지만, 사원 D는 팀장의 독단적인 전횡에 대한 불만이기 때문에 조사하여 시급히 조치할 필요가 있다. 따라서 가장 적절한 답은 ④번이 된다.

답 ④

PART ❶ 의사소통능력

의사소통능력 대표유형

의사소통은 직장생활에서 조직과 팀의 효율성과 효과성을 성취할 목적으로 이루어지는 구성원 간의 정보와 지식 전달 과정으로, 의사소통능력은 업무능력의 기본이 된다. 크게 어휘, 어법, 독해 유형으로 구분되며 공문, 보도자료, 상품설명서, 약관 등의 실용문과 함께 정치·경제·사회·과학·문화·예술 등 다양한 분야의 지문이 출제된다.

1

다음의 밑줄 친 단어의 의미와 동일하게 쓰인 것은?

> 기획재정부는 26일 OO센터에서 '2017년 지방재정협의회'를 열고 내년도 예산안 편성 방향과 지역 현안 사업을 논의했다. 이 자리에는 17개 광역자치단체 부단체장과 기재부 예산실장 등 500여 명이 참석해 2018년 예산안 편성 방향과 약 530건의 지역 현안 사업에 대한 협의를 진행했다.
> 기재부 예산실장은 "내년에 정부는 일자리 창출, 4차 산업 혁명 대응, 저출산 극복, 양극화 완화 등 4대 핵심 분야에 예산을 집중적으로 투자할 계획이라며 이를 위해 신규 사업 관리 강화 등 10대 재정 운용 전략을 활용, 재정투자의 효율성을 높여갈 것"이라고 밝혔다. 이어 각 지방자치단체에서도 정부의 예산 편성 방향에 부합하도록 사업을 신청해 달라고 요청했다.
> 기재부는 이날 논의한 지역 현안 사업이 각 부처의 검토를 <u>거쳐</u> 다음달 26일까지 기재부에 신청되면, 관계 기관의 협의를 거쳐 내년도 예산안에 반영한다.

① 학생들은 초등학교부터 중학교, 고등학교를 <u>거쳐</u> 대학에 입학하게 된다.

② 가장 어려운 문제를 해결했으니 이제 특별히 <u>거칠</u> 문제는 없다.

③ 이번 출장 때는 독일 베를린을 <u>거쳐</u> 오스트리아 빈을 다녀올 예정이다.

④ 오랜만에 뒷산에 올라 보니, 무성하게 자란 칡덩굴이 발에 <u>거친다</u>.

✅ **해설** 제시된 지문은 공문서의 한 종류인 보도자료에 해당한다. 마지막 문단에 밑줄 친 '거쳐'의 앞뒤 문맥을 파악해 보면, 지방재정협의회에서 논의한 지역 현안 사업은 각 부처의 검토 단계를 밟은 뒤 기재부에 신청되고, 이후 관계 기관의 협의를 거쳐 내년도 예산안에 반영함을 알 수 있다. 즉, 밑줄 친 '거쳐'는 '어떤 과정이나 단계를 겪거나 밟다.'의 의미로 사용되었다. 보기 중 이와 동일한 의미로 쓰인 것은 ①이다.
② 마음에 거리끼거나 꺼리다.
③ 오가는 도중에 어디를 지나거나 들르다.
④ 무엇에 걸리거나 막히다.

2

다음 단락을 논리적 흐름에 맞게 바르게 배열한 것은?

(가) 자본주의 사회에서 상대적으로 부유한 집단, 지역, 국가는 환경적 피해를 약자에게 전가하거나 기술적으로 회피할 수 있는 가능성을 가진다.

(나) 오늘날 환경문제는 특정한 개별 지역이나 국가의 문제에서 나아가 전 지구적 문제로 확대되었지만, 이로 인한 피해는 사회 · 공간적으로 취약한 특정 계층이나 지역에 집중적으로 나타나는 환경적 불평등을 야기하고 있다.

(다) 인간사회와 자연환경 간의 긴장관계 속에서 발생하고 있는 오늘날 환경위기의 해결 가능성은 논리적으로 뿐만 아니라 역사적으로 과학기술과 생산조직의 발전을 규정하는 사회적 생산관계의 전환을 통해서만 실현될 수 있다.

(라) 부유한 국가나 지역은 마치 환경문제를 스스로 해결한 것처럼 보이기도 하며, 나아가 자본주의 경제체제 자체가 환경문제를 해결(또는 최소한 지연)할 수 있는 능력을 갖춘 것처럼 홍보되기도 한다.

---

① (가) ― (나) ― (라) ― (다)

② (나) ― (가) ― (다) ― (라)

③ (나) ― (가) ― (라) ― (다)

④ (나) ― (라) ― (가) ― (다)

✅ **해설** 네 개의 문장에서 공통적으로 언급하고 있는 것은 환경문제임을 알 수 있다. 따라서 (나) 문장이 '문제 제기'를 한 것으로 볼 수 있다. (가)는 (나)에서 언급한 바를 더욱 발전시키며 논점을 전개해 나가고 있으며, (라)에서는 논점을 '잘못된 환경문제의 해결 주체'라는 쪽으로 전환하여 결론을 위한 토대를 구성하며, (다)에서 필자의 주장을 간결하게 매듭짓고 있다.

Answer 1.① 2.③

3

다음 글에서 언급한 스마트 팩토리의 특징으로 옳지 않은 것은?

> 최근 스포츠 브랜드인 아디다스에서 소비자가 원하는 디자인, 깔창, 굽 모양 등의 옵션을 적용하여 다품종 소량생산 할 수 있는 스피드 팩토리를 선보였고, 그밖에도 제조업을 비롯해 다양한 산업에서 스마트 팩토리를 도입하면서 미래형 제조 시스템인 스마트 팩토리에 대한 관심이 커지고 있다. 과연 스마트 팩토리 무엇이며 어떤 기술로 구현되고 이점은 무엇일까?
>
> 스마트 팩토리란 ICT기술을 기반으로 제품의 기획, 설계, 생산, 유통, 판매의 전 과정을 자동화, 지능화하여 최소 비용과 최소 시간으로 다품종 대량생산이 가능한 미래형 공장을 의미한다. 스마트 팩토리가 구현되기 위해서는 다양한 기술이 적용되는데, 먼저 클라우드 기술은 인터넷에 연결되어 축적된 데이터를 저장하고 IoT 기술은 각종 사물에 컴퓨터 칩과 통신 기능을 내장해 인터넷에 연결한다. 또한 데이터를 분석하는 빅데이터 기술, AI를 기반으로 스스로 학습하고 의사결정을 할 수 있는 차세대 로봇기술과 기계가 자가 학습하는 인공지능 기술을 비롯해 수많은 첨단 기술을 필요로 한다.
>
> 스마트 팩토리의 핵심 구현 요소는 디지털화, 연결화, 스마트화이다. 디지털화는 공장 내 사물들 간에 소통이 가능하도록 물리적 아날로그 신호를 디지털 신호로 변환하는 것으로 디지털화를 하면 무한대로 데이터를 복사할 수 있어 데이터 편집이 쉬워지고 데이터 통신이 자유롭게 이루어진다. 연결화는 사람을 포함한 모든 사물, 즉 공장 안에 존재하는 부품, 완제품, 설비, 공장, 건물, 기기를 연결하는 것으로, 이더넷이나 유무선 통신으로 설비를 연결해 생산 현황과 이상 유무를 관리한다. 작업자가 제조 라인에 서면 공정은 작업자의 역량, 경험 같은 것을 참고하여 합당한 공정을 수행하도록 지도해 주는 것이 연결화의 예라고 할 수 있다. 스마트화는 사물이 사람과 같이 스스로 판단하고 행동하는 것을 말하는 것으로 지능화, 자율화와 같은 의미이다. 수집된 데이터를 분석하여 스스로 판단하는 스마트화는 스마트 팩토리의 필수 전제조건이다.
>
> 스마트 팩토리의 이점은 제조 단계별로 구분해 볼 수 있다. 먼저 기획·설계 단계에서는 제품 성능 시뮬레이션을 통해 제작기간을 단축시키고, 맞춤형 제품을 개발할 수 있다는 이점이 있다. 다음으로 생산 단계에서는 설비 – 자재 – 시스템 간 통신으로 다품종 대량생산, 에너지와 설비 효율 제고의 효과가 있다. 그리고 유통·판매 단계에서는 모 기업과 협력사 간 실시간 연동을 통해 재고 비용을 감소시키고 품질, 물류 등 많은 분야를 협력할 수 있다.

① 스마트 팩토리는 최소 비용과 최소 시간으로 다품종 대량생산을 추구한다.

② 스마트 팩토리가 구현되기 위해서는 클라우드 기술, IoT기술, 인공지능 기술 등이 요구된다.

③ 디지털화는 공장 내 사물들 간에 소통이 가능하도록 디지털 신호를 물리적 아날로그 신호로 변환하는 것이다.

④ 스마트화는 사물이 사람과 같이 스스로 판단하고 행동하는 것으로 스마트 팩토리의 필수 전제조건이다.

✔ 해설 ③ 디지털화는 공장 내 사물들 간에 소통이 가능하도록 물리적 아날로그 신호를 디지털 신호로 변환하는 것이다.
①② 두 번째 문단에서 언급하고 있다.
④ 세 번째 문단에서 언급하고 있다.

4

다음은 N사의 단독주택용지 수의계약 공고문 중 일부이다. 공고문의 내용을 바르게 이해한 것은?

[○○ 블록형 단독주택용지(1필지) 수의계약 공고]

1. 공급대상토지

면적 (m²)	세대수 (호)	평균규모 (m²)	용적률 (%)	공급가격 (천원)	계약보증금 (원)	사용가능 시기
25,479	63	400	100% 이하	36,944,550	3,694,455,000	즉시

2. 공급일정 및 장소

일정	2019년 1월 11일 오전 10시부터 선착순 수의계약 (토 · 일요일 및 공휴일, 업무시간 외는 제외)
장소	N사 ○○지역본부 1층

3. 신청자격
   아래 두 조건을 모두 충족한 자
   – 실수요자 : 공고일 현재 주택법에 의한 주택건설사업자로 등록한 자
   – 3년 분할납부(무이자) 조건의 토지매입 신청자
      ※ 납부 조건 : 계약체결 시 계약금 10%, 중도금 및 잔금 90%(6개월 단위 6회 납부)
4. 계약체결 시 구비서류
   – 법인등기부등본 및 사업자등록증 사본 각 1부
   – 법인인감증명서 1부 및 법인인감도장(사용인감계 및 사용인감)
   – 대표자 신분증 사본 1부(위임 시 위임장 1부 및 대리인 신분증 제출)
   – 주택건설사업자등록증 1부
   – 계약금 납입영수증

---

① 계약이 체결되면 즉시 해당 토지에 단독주택을 건설할 수 있다.

② 계약체결 후 첫 번째 내야 할 중도금은 5,250,095,000원이다.

③ 규모 400m²의 단독주택용지를 일반 수요자에게 분양하는 공고이다.

④ 계약에 대한 보증금이 공급가격보다 더 높아 실수요자에게 부담을 줄 우려가 있다.

✔해설 ① 부지 용도가 단독주택용지이고 토지사용 가능시기가 '즉시'라는 공고를 통해 계약만 이루어지면 즉시 이용이 가능한 토지임을 알 수 있다.
② 계약체결 후 남은 금액은 공급가격에서 계약금을 제외한 33,250,095,000원이다. 이를 무이자로 3년간 6회에 걸쳐 납부해야 하므로 첫 번째 내야 할 중도금은 5,541,682,500원이다.
③ 규모 400m²의 단독주택용지를 주택건설업자에게 분양하는 공고이다.
④ 계약금은 공급가격의 10%로 보증금이 더 적다.

Answer 3.③ 4.①

5

다음 회의록의 내용을 보고 올바른 판단을 내리지 못한 것을 고르면?

인사팀 4월 회의록			
회의일시	2019년 4월 30일 14:00~15:30	회의장소	대회의실(예약)
참석자	팀장, 남 과장, 허 대리, 김 대리, 이 사원, 명 사원		
회의안건	• 직원 교육훈련 시스템 점검 및 성과 평가 • 차기 교육 프로그램 운영 방향 논의		

진행결과 및 협조
요청
	〈총평〉
	• 1사분기에는 지난해보다 학습목표시간을 상향조정(직급별 10~20시간)하였음에도 평균 학습시간을 초과하여 달성하는 등 상시학습문화가 정착됨
	  - 1인당 평균 학습시간: 지난해 4사분기 22시간 → 올해 1사분기 35시간
	• 다만, 고직급자와 계약직은 학습 실적이 목표에 미달하였던바, 앞으로 학습 진도에 대하여 사전 통보하는 등 학습목표 달성을 적극 지원할 필요가 있음
	  - 고직급자 : 목표 30시간, 실적 25시간, 계약직 : 목표 40시간, 실적 34시간
	〈운영방향〉
	• 전 직원 일체감 형성을 위한 비전공유와 '매출 증대, 비용 절감' 구현을 위한 핵심과제 등 주요사업 시책교육 추진
	• 직원이 가치창출의 원천이라는 인식하에 생애주기에 맞는 직급별 직무역량교육 의무화를 통해 인적자본 육성 강화
	• 자기주도적 상시학습문화 정착에 기여한 학습관리시스템을 현실에 맞게 개선하고, 조직 간 인사교류를 확대		

① 올 1사분기에는 지난해보다 1인당 평균 학습시간이 50% 이상 증가하였다.

② 전체적으로 1사분기의 교육시간 이수 등의 성과는 우수하였다.

③ 2사분기에는 일부 직원들에 대한 교육시간이 1사분기보다 더 증가할 전망이다.

④ 2사분기에는 각 직급에 보다 적합한 교육이 시행될 것이다.

> ✔해설 고위직급자와 계약직 직원들에 대한 학습목표 달성을 지원해야 한다는 논의가 되고 있으므로 그에 따른 실천 방안이 있을 것으로 판단할 수 있으나, 교육 시간 자체가 더 증가할 것으로 전망하는 것은 근거가 제시되어 있지 않은 의견이다.
> ① 22시간 → 35시간으로 약 59% 증가하였다.
> ② 평균 학습시간을 초과하여 달성하는 등 상시학습문화가 정착되었다고 평가하고 있다.
> ④ 생애주기에 맞는 직급별 직무역량교육 의무화라는 것은 각 직급과 나이에 보다 적합한 교육이 실시될 것임을 의미한다.

문제해결능력 대표유형

문제란 업무를 수행함에 있어 답을 요구하는 질문이나 의논하여 해결해야 하는 사항으로, 문제해결을 위해서는 전략적이고 분석적인 사고는 물론 발상의 전환과 효율적인 자원활용 등 다양한 능력이 요구된다. 따라서 명제나 추론 같은 일반적인 논리추론 유형과 함께 수리, 자원관리 등이 융합된 문제해결 유형이나 실무이해를 바탕으로 하는 유형의 문제도 다수 출제된다.

1

다음 조건을 바탕으로 할 때 정 대리가 이번 달 중국 출장 출발일로 정하기에 가장 적절한 날은 언제인가? (전체 일정은 모두 이번 달 안에 속해 있다.)

- 이번 달은 1일이 월요일인 달이다.
- 3박 4일 일정이며 출발일과 도착일이 모두 휴일이 아니어야 한다.
- 현지에서 복귀하는 비행편은 매주 화, 목요일에만 있다.
- 이번 달 셋째 주 화요일에 있을 부서의 중요한 회의에 반드시 참석해야 하며, 회의 후에 출장을 가려 한다.

① 12일   ② 15일
③ 17일   ④ 22일

✔ 해설 날짜를 따져 보아야 하는 유형의 문제는 아래와 같이 달력을 그려서 살펴보면 어렵지 않게 정답을 구할 수 있다.

일	월	화	수	목	금	토
	1	2	3	4	5	6
7	8	9	10	11	12	13
14	15	16	17	18	19	20
21	22	23	24	25	26	27
28	29	30	31			

1일이 월요일이므로 정 대리는 위와 같은 달력에 해당하는 기간 중에 출장을 가려고 한다. 3박 4일 일정 중 출발과 도착일 모두 휴일이 아니어야 한다면 월~목요일, 화~금요일, 금~월요일 세 가지의 경우의 수가 생기는데, 현지에서 복귀하는 비행편이 화요일과 목요일이므로 월~목요일의 일정을 선택해야 한다. 회의가 셋째 주 화요일이라면 16일이므로 그 이후 가능한 월~목요일은 두 번이 있으나, 마지막 주의 경우 도착일이 다음 달로 넘어가게 되므로 조건에 부합되지 않는다. 따라서 출장 출발일로 적절한 날은 22일이며 일정은 22~25일이 된다.

Answer 5.③ / 1.④

2

다음은 유진이가 학교에 가는 요일에 대한 설명이다. 이들 명제가 모두 참이라고 가정할 때, 유진이가 학교에 가는 요일은?

⊙ 목요일에 학교에 가지 않으면 월요일에 학교에 간다.
ⓒ 금요일에 학교에 가지 않으면 수요일에 학교에 가지 않는다.
ⓒ 수요일에 학교에 가지 않으면 화요일에 학교에 간다.
② 월요일에 학교에 가면 금요일에 학교에 가지 않는다.
ⓜ 유진이는 화요일에 학교에 가지 않는다.

① 월, 수   ② 월, 수, 금

③ 수, 목, 금   ④ 수, 금

✔ 해설 ⓜ에서 유진이는 화요일에 학교에 가지 않으므로 ⓒ의 대우에 의하여 수요일에는 학교에 간다.
수요일에 학교에 가므로 ⓒ의 대우에 의해 금요일에는 학교에 간다.
금요일에 학교에 가므로 ②의 대우에 의해 월요일에는 학교를 가지 않는다.
월요일에 학교를 가지 않으므로 ⊙의 대우에 의해 목요일에는 학교에 간다.
따라서 유진이가 학교에 가는 요일은 수, 목, 금이다.

3

다음은 ○○항공사의 항공이용에 관한 조사 설계의 일부분이다. 본 설문조사의 목적으로 가장 적합하지 않은 것은?

---

1. 조사 목적

2. 과업 범위
- 조사 대상 : 서울과 수도권에 거주하고 있으며 최근 3년 이내 여행 및 출장 목적의 해외방문 경험이 있고 향후 1년 이내 해외로 여행 및 출장 의향이 있는 만 20~60세 이상의 성인 남녀
- 조사 방법 : 구조화된 질문지를 이용한 온라인 설문조사
- 표본 규모 : 총 1,000명

3. 조사 내용
- 시장 환경 파악 : 여행 출장 시장 동향 (출국 목적, 체류기간 등)
- 과거 해외 근거리 당일 왕복항공 이용 실적 파악 : 이용 빈도, 출국 목적, 목적지 등
- 향후 해외 근거리 당일 왕복항공 잠재 수요 파악 : 이용의향 빈도, 출국 목적 등
- 해외 근거리 당일 왕복항공 이용을 위한 개선 사항 파악 : 해외 근거리 당일 왕복항공을 위한 개선사항 적용 시 해외 당일 여행 계획 또는 의향
- 배경정보 파악 : 인구사회학적 특성 (성별, 연령, 거주 지역 등)

4. 결론 및 기대효과

---

① 단기 해외 여행의 수요 증가 현황과 관련 항공 시장 파악

② 해외 당일치기 여객의 수요에 부응할 수 있는 노선 구축 근거 마련

③ 해외 근거리 당일 왕복항공을 이용한 실적 및 행태 파악

④ 근거리 국가로 여행 또는 출장을 위해 당일 왕복항공을 이용할 의향과 수용도 파악

> ✔ 해설   조사 대상과 조사 내용을 볼 때, ①은 본 설문조사의 목적으로 가장 적합하지 않다.
> ② 조사 내용 중 '향후 해외 근거리 당일 왕복항공 잠재 수요 파악'을 통해 해외 당일치기 여객의 수요에 부응할 수 있는 노선 구축 근거를 마련할 수 있다.
> ③ 조사 내용 중 '과거 해외 근거리 당일 왕복항공 이용 실적 파악'을 통해 해외 근거리 당일 왕복항공을 이용한 실적 및 행태를 파악할 수 있다.
> ④ 조사 내용 중 '해외 근거리 당일 왕복항공 이용을 위한 개선 사항 파악'을 통해 근거리 국가로 여행 또는 출장을 위해 당일 왕복항공을 이용할 의향과 수용도를 파악할 수 있다.

Answer   2.③   3.①

4

다음은 L공사의 국민임대주택 예비입주자 통합 정례모집 관련 신청자격에 대한 사전 안내이다. 甲~戊 중 국민임대주택 예비입주자로 신청할 수 있는 사람은? (단, 함께 살고 있는 사람은 모두 세대별 주민등록표 상에 함께 등재되어 있고, 제시되지 않은 사항은 모두 조건을 충족한다고 가정한다)

□ 2019년 5월 정례모집 개요

구분	모집공고일	대상지역
2019년 5월	2019. 5. 7(화)	수도권
	2019. 5. 15(수)	수도권 제외한 나머지 지역

□ 신청자격

입주자모집공고일 현재 무주택세대구성원으로서 아래의 소득 및 자산보유 기준을 충족하는 자

※ 무주택세대구성원이란?

다음의 세대구성원에 해당하는 사람 전원이 주택(분양권 등 포함)을 소유하고 있지 않은 세대의 구성원을 말합니다.

세대구성원(자격검증대상)	비고
• 신청자	
• 신청자의 배우자	신청자와 세대 분리되어 있는 배우자도 세대구성원에 포함
• 신청자의 직계존속 • 신청자의 배우자의 직계존속	신청자 또는 신청자의 배우자와 세대별 주민등록표상에 함께 등재되어 있는 사람에 한함
• 신청자의 직계비속 • 신청자의 직계비속의 배우자	
• 신청자의 배우자의 직계비속	신청자와 세대별 주민등록표상에 함께 등재되어 있는 사람에 한함

※ 소득 및 자산보유 기준

구분	소득 및 자산보유 기준		
소득	가구원수	월평균소득기준	참고사항
	3인 이하 가구	3,781,270원 이하	• 가구원수는 세대구성원 전원을 말함(외국인 배우자와 임신 중인 경우 태아 포함) • 월평균소득액은 세전금액으로서 세대구성원 전원의 월평균소득액을 모두 합산한 금액임
	4인 가구	4,315,641원 이하	
	5인 가구	4,689,906원 이하	
	6인 가구	5,144,224원 이하	
	7인 가구	5,598,542원 이하	
	8인 가구	6,052,860원 이하	
자산	• 총자산가액 : 세대구성원 전원이 보유하고 있는 총자산가액 합산기준 28,000만 원 이하		
	• 자동차 : 세대구성원 전원이 보유하고 있는 전체 자동차가액 2,499만 원 이하		

① 甲의 아내는 주택을 소유하고 있지만, 甲과 세대 분리가 되어 있다.

② 아내의 부모님을 모시고 살고 있는 乙 가족의 월평균소득은 500만 원이 넘는다.

③ 丙은 재혼으로 만난 아내의 아들과 함께 살고 있는데, 아들은 전 남편으로부터 물려받은 아파트 분양권을 소유하고 있다.

④ 어머니를 모시고 사는 丁은 아내가 셋째 아이를 출산하면서 丁 가족의 월평균소득으로는 1인당 80만 원도 돌아가지 않게 되었다.

> ✔ 해설 ④ 어머니와 본인, 배우자, 아이 셋을 합하면 丁의 가족은 모두 6명이다. 6인 가구의 월평균소득기준은 5,144,224원 이하로, 월평균소득이 480만 원이 되지 않는 丁는 국민임대주택 예비입주자로 신청할 수 있다.
> ① 세대 분리되어 있는 배우자도 세대구성원에 포함되므로 주택을 소유한 아내가 있는 甲은 국민임대주택 예비입주자로 신청할 수 없다.
> ② 본인과 배우자, 배우자의 부모님을 합하면 乙의 가족은 모두 4명이다. 4인 가구 월평균소득기준은 4,315,641원 이하로, 월평균소득이 500만 원을 넘는 乙은 국민임대주택 예비입주자로 신청할 수 없다.
> ③ 신청자인 丙의 배우자의 직계비속인 아들이 전 남편으로부터 아파트 분양권을 물려받아 소유하고 있으므로 丙은 국민임대주택 예비입주자로 신청할 수 없다.

5

서원 그룹의 K부서에서는 자기 부서의 정책을 홍보하기 위해 책자를 제작해 배포하는 프로젝트를 진행하였다. 프로젝트 진행 과정이 다음과 같을 때, 프로젝트 결과에 대한 평가로 항상 옳은 것을 모두 고르면?

이번에 K부서에서는 자기 부서의 정책을 홍보하기 위해 책자를 제작해 배포하였다. 이 홍보 사업에 참여한 K부서의 팀은 A와 B 두 팀이다. 두 팀은 각각 500권의 정책홍보 책자를 제작하였다. 그러나 책자를 어떤 방식으로 배포할 것인지에 대해 두 팀 간에 차이가 있었다. A팀은 자신들이 제작한 K부서의 모든 정책홍보책자를 서울이나 부산에 배포한다는 지침에 따라 배포하였다. 한편, B팀은 자신들이 제작한 K부서 정책홍보책자를 서울에 모두 배포하거나 부산에 모두 배포한다는 지침에 따라 배포하였다. 사업이 진행된 이후 배포된 결과를 살펴보기 위해서 서울과 부산을 조사하였다. 조사를 담당한 한 직원은 A팀이 제작·배포한 K부서 정책홍보책자 중 일부를 서울에서 발견하였다.

한편, 또 다른 직원은 B팀이 제작·배포한 K부서 정책홍보책자 중 일부를 부산에서 발견하였다. 그리고 배포 과정을 검토해 본 결과, 이번에 A팀과 B팀이 제작한 K부서 정책 홍보책자는 모두 배포되었다는 것과, 책자가 배포된 곳과 발견된 곳이 일치한다는 것이 확인되었다.

ㄱ 부산에는 500권이 넘는 K부서 정책홍보책자가 배포되었다.
ㄴ 서울에 배포된 K부서 정책홍보책자의 수는 부산에 배포된 K부서 정책홍보책자의 수보다 적다.
ㄷ A팀이 제작한 K부서 정책홍보책자가 부산에서 발견되었다면, 부산에 배포된 K부서 정책홍보책자의 수가 서울에 배포된 수보다 많다.

---

① ㄱ   ② ㄷ

③ ㄱ, ㄴ   ④ ㄴ, ㄷ

✔해설 B팀은 자신들이 제작한 K부서 정책홍보책자를 서울에 모두 배포하거나 부산에 모두 배포한다는 지침에 따라 배포하였는데, B팀이 제작·배포한 K부서 정책홍보책자 중 일부를 부산에서 발견하였으므로, B팀의 책자는 모두 부산에 배포되었다.

A팀이 제작·배포한 책자 중 일부를 서울에서 발견하였지만, A팀은 자신들이 제작한 K부서의 모든 정책홍보책자를 서울이나 부산에 배포한다는 지침에 따라 배포하였으므로, 모두 서울에 배포되었는지는 알 수 없다.

따라서 항상 옳은 평가는 ㄷ뿐이다.

수리능력 대표유형

수리능력은 직장생활에서 요구되는 기본적인 사칙연산과 기초적인 통계를 이해하고 도표의 의미를 파악하거나 도표를 이용해서 결과를 효과적으로 제시하는 능력을 말한다. 따라서 기본적은 계산능력을 파악하는 유형과 함께 자료해석, 도표분석 능력 등을 요구하는 유형의 문제가 주로 출제된다.

1

A와 B가 다음과 같은 규칙으로 게임을 하였다. 규칙을 참고할 때, 두 사람 중 점수가 낮은 사람은 몇 점인가?

- 이긴 사람은 4점, 진 사람은 2점의 점수를 얻는다.
- 두 사람의 게임은 모두 20회 진행되었다.
- 20회의 게임 후 두 사람의 점수 차이는 12점이었다.

---

① 50점
② 52점
③ 54점
④ 56점

✔해설 첫 번째와 두 번째 규칙에 따라 두 사람의 점수 총합은 $4 \times 20 + 2 \times 20 = 120$점이 된다. 이 때 두 사람 중 점수가 더 낮은 사람의 점수를 x점이라고 하면, 높은 사람의 점수는 $120 - x$점이 되므로 $120 - x = x + 12$가 성립한다.
따라서 $x = 54$이다.

2

제시된 자료를 참조하여, 2013년부터 2015년의 건강수명 비교에 대한 설명으로 옳은 것은?

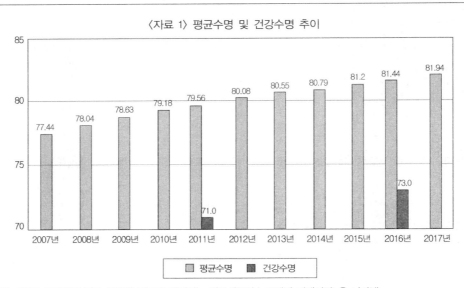

〈자료 1〉 평균수명 및 건강수명 추이

(평균수명) 2007년 77.44, 2008년 78.04, 2009년 78.63, 2010년 79.18, 2011년 79.56, 2012년 80.08, 2013년 80.55, 2014년 80.79, 2015년 81.2, 2016년 81.44, 2017년 81.94

(건강수명) 2011년 71.0, 2016년 73.0

범례: ▨ 평균수명 ■ 건강수명

※ 평균수명 : 0세의 출생자가 향후 생존할 것으로 기대되는 평균생존연수 '0세의 기대여명' 을 나타냄

※ 건강수명 : 평균수명에서 질병이나 부상으로 인하여 활동하지 못한 기간을 뺀 기간을 나타냄

※ 2017년은 예상 수치임

〈자료 2〉 건강수명 예상치 추정 정보

• 건강수명 예상치의 범위는 평균수명의 90%에서 ±1% 수준이다.

• 건강수명 예상치는 환경 개선 정도에 영향을 받는다고 가정한다.

연도	2012년	2013년	2014년	2015년
환경 개선	보통	양호	불량	불량

– 해당 연도 환경 개선 정도가 '양호'이면 최대치(+1%)로 계산된다.

– 해당 연도 환경 개선 정도가 '보통'이면 중간치(±0%)로 계산된다.

– 해당 연도 환경 개선 정도가 '불량'이면 최소치(-1%)로 계산된다.

① 2013년 건강수명이 2014년 건강수명보다 짧다.

② 2014년 건강수명이 2015년 건강수명보다 짧다.

③ 2013년 건강수명이 2015년 건강수명보다 짧다.

④ 2014년 환경 개선 정도가 보통일 경우 2013년 건강수명이 2014년 건강수명보다 짧다.

✔해설 ② 〈자료 1〉에 따르면 건강수명은 평균수명에서 질병이나 부상으로 인하여 활동하지 못한 기간을 뺀 기간이다. 〈자료 2〉에서 건강수명 예상치의 범위는 평균수명의 90%에서 ±1% 수준이고, 해당 연도 환경 개선 정도에 따라 계산한다고 기준을 제시하고 있으므로 이를 통해 2014년과 2015년의 건강수명을 구할 수 있다.

- 2014년 건강수명 = 80.79세(평균수명) × 89%(환경 개선 불량) = 71.9031세
- 2015년 건강수명 = 81.2세(평균수명) × 89%(환경 개선 불량) = 72.268세

따라서 2014년 건강수명이 2015년 건강수명보다 짧다.

①③ 2013년의 건강수명 = 80.55세(평균수명) × 91%(환경 개선 양호) = 73.3005세로 2014년의 건강수명인 71.9031세 또는 2015년의 건강수명인 72.268세보다 길다.

④ 2014년 환경 개선 정도가 보통일 경우 건강수명 = 80.79세 × 90% = 72.711세이다. 2013년의 건강수명은 73.3005세이므로 2013년 건강수명이 2014년 건강수명보다 길다.

3

다음은 국민연금 보험료를 산정하기 위한 소득월액 산정 방법에 대한 설명이다. 다음 설명을 참고할 때, 김갑동 씨의 신고 소득월액은 얼마인가?

> 소득월액은 입사(복직) 시점에 따른 근로자간 신고 소득월액 차등이 발생하지 않도록 입사(복직) 당시 약정되어 있는 급여 항목에 대한 1년치 소득총액에 대하여 30일로 환산하여 결정하며, 다음과 같은 계산 방식을 적용한다.
>
> > 소득월액 = 입사(복직) 당시 지급이 약정된 각 급여 항목에 대한 1년간 소득총액 ÷ 365 × 30

〈김갑동 씨의 급여 내역〉

- 기본급 : 1,000,000원
- 교통비 : 월 100,000원
- 고정 시간외 수당 : 월 200,000원
- 분기별 상여금(1, 4, 7, 10월 지급) : 기본급의 100%
- 하계휴가비(매년 7월 지급) : 500,000원

① 1,645,660원

② 1,652,055원

③ 1,668,900원

④ 1,727,050원

✔해설 주어진 조건에 의해 다음과 같이 계산할 수 있다.

{(1,000,000 + 100,000 + 200,000) × 12 + (1,000,000 × 4) + 500,000} ÷ 365 × 30 = 1,652,055원

따라서 소득월액은 1,652,055원이 된다.

Answer 2.② 3.②

4

다음은 건설업과 관련된 주요 지표이다. 이에 대한 설명으로 옳은 것은?

〈건설업 주요 지표〉

(단위 : 개, 천 명, 조 원, %)

구분	2016년	2017년	전년대비	
			증감	증감률
기업체 수	69,508	72,376	2,868	4.1
종사자 수	1,573	1,670	97	6.1
건설공사 매출액	356.6	392.0	35.4	9.9
국내 매출액	313.1	354.0	40.9	13.1
해외 매출액	43.5	38.0	−5.5	−12.6
건설비용	343.2	374.3	31.1	9.1
건설 부가가치	13.4	17.7	4.3	32.1

〈연도별 건설업체 수 및 매출 증감률〉

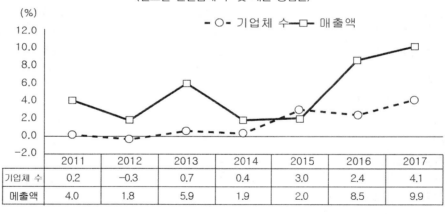

	2011	2012	2013	2014	2015	2016	2017
기업체 수	0.2	−0.3	0.7	0.4	3.0	2.4	4.1
매출액	4.0	1.8	5.9	1.9	2.0	8.5	9.9

① 2012년의 기업체 수는 65,000개 이하이다.

② 건설공사 매출액 중 국내 매출액의 비중은 2017년보다 2016년이 더 크다.

③ 해외 매출액의 증감은 건설 부가가치의 증감에 영향을 미친다.

④ 건설업 주요 지표별 증감 추이는 모든 항목이 동일하다.

✔해설 ③ 표를 통해 건설 부가가치는 '건설공사 매출액 – 건설비용'의 산식이 적용됨을 알 수 있다. 건설공사 매출액은 국내와 해외 매출액의 합산이므로 해외 매출액의 증감은 건설 부가가치에 직접적인 영향을 미친다.

　① 제시된 기업체 수 증가율을 통하여 연도별 기업체 수를 확인할 수 있으며, 2012년도에는 기업체 수가 약 65,183개로 65,000개 이상이 된다.

　② 2016년은 313.3 ÷ 356.6 × 100 = 약 87.9%이며, 2017년은 354.0 ÷ 392.0 × 100 = 약 90.3%이다.

　④ 다른 항목은 2017년에 모두 증가하였지만, 건설공사 매출액 중 해외 매출액 지표는 감소하였다.

5

다음은 2018년 한국인 사망 원인 '5대 암'과 관련된 자료이다. 2018년 총 인구를 5,100만 명이라고 할 때, 치명률을 구하는 공식으로 옳은 것을 고르면?

종류	환자 수	완치자 수	후유장애자 수	사망자 수	치명률
폐암	101,600명	3,270명	4,408명	2,190명	2.16%
간암	120,860명	1,196명	3,802명	1,845명	1.53%
대장암	157,200명	3,180명	2,417명	1,624명	1.03%
위암	184,520명	2,492명	3,557명	1,950명	1.06%
췌장암	162,050명	3,178명	2,549명	2,765명	1.71%

※ 환자 수란 현재 해당 암을 앓고 있는 사람 수를 말한다.
※ 완치자 수란 과거에 해당 암을 앓았던 사람으로 일상생활에 문제가 되는 장애가 남지 않고 5년 이내 재발이 없는 경우를 말한다.
※ 후유장애자 수란 과거에 해당 암을 앓았던 사람으로 암으로 인하여 일상생활에 문제가 되는 영구적인 장애가 남은 경우를 말한다.
※ 사망자 수란 해당 암으로 사망한 사람 수를 말한다.

① 치명률 $= \dfrac{완치자수}{환자수} \times 100$

② 치명률 $= \dfrac{후유장애자수}{환자수} \times 100$

③ 치명률 $= \dfrac{사망자수}{환자수} \times 100$

④ 치명률 $= \dfrac{사망자수 + 후유장애자수}{인구수} \times 100$

✔해설 자료에 제시된 각 암별 치명률이 나올 수 있는 공식은 보기 중 ③이다. 참고적으로 치명률은 어떤 질환에 의한 사망자수를 그 질환의 환자수로 나눈 것으로 보통 백분율로 나타내며, 치사율이라고도 한다.

Answer 4.③ 5.③

정보능력 대표유형

정보(Information)란 자료를 특정한 목적과 문제해결에 도움이 되도록 가공한 것으로, 지식정보사회에서 정보는 기업 생존에 중요한 요소로 자리하고 있다. 정보능력에서 빈출되는 대표유형으로는 컴퓨터활용능력 측정을 위한 소프트웨어 활용, 자료(Data)의 규칙을 찾아 정보 파악하기, 간단한 코딩 시스템의 이해 등이 있다.

1

S정보통신에 입사한 당신은 시스템 모니터링 업무를 담당하게 되었다. 다음의 시스템 매뉴얼을 확인한 후 제시된 상황에서 적절한 입력코드를 고르면?

〈S정보통신 시스템 매뉴얼〉

□ 항목 및 세부사항

항목	세부사항
Index@@ of Folder@@	• 오류 문자 : Index 뒤에 나타나는 문자 • 오류 발생 위치 : Folder 뒤에 나타나는 문자
Error Value	• 오류 문자와 오류 발생 위치를 의미하는 문자에 사용된 알파벳을 비교하여 오류 문자 중 오류 발생 위치의 문자와 일치하지 않는 알파벳의 개수 확인
Final Code	• Error Value를 통하여 시스템 상태 판단

□ 판단 기준 및 처리코드(Final Code)

판단 기준	처리코드
일치하지 않는 알파벳의 개수 = 0	Qfgkdn
0 < 일치하지 않는 알파벳의 개수 ≤ 3	Wxmt
3 < 일치하지 않는 알파벳의 개수 ≤ 5	Atnih
5 < 일치하지 않는 알파벳의 개수 ≤ 7	Olyuz
7 < 일치하지 않는 알파벳의 개수 ≤ 10	Cenghk

<상황>

System is processing requests...
System Code is X.
Run...

Error Found!
Index GHWDYC of Folder APPCOMPAT

Final Code? _____

① Qfgkdn

② Wxmt

③ Atnih

④ Olyuz

✔해설 Index 뒤에 나타나는 문자가 오류 문자이므로 이 상황에서 오류 문자는 'GHWDYC'이다. 오류 문자 중 오류 발생 위치의 문자와 일치하지 않는 알파벳은 G, H, W, D, Y 5개이므로 처리코드는 'Atnih'이다.

Answer 1.③

▌2~3▌ 다음 물류 창고 책임자와 각 창고 내 재고상품의 코드 목록을 보고 이어지는 질문에 답하시오.

책임자	재고상품 코드번호	책임자	재고상품 코드번호
정보연	2008011F033321754	심현지	2001052G099918513
이규리	2011054L066610351	김준후	2002121D011120789
김원희	2006128T055511682	유연석	2013016Q044412578
이동성	2009060B022220123	강희철	2012064L100010351
신병임	2015039V100029785	송지혜	2016087S088824567

[재고상품 코드번호 예시]

2016년 11월에 4,586번째로 입고된 경기도 戊출판사에서 발행한 「소형선박조종사 자격증 한 번에 따기」 도서 코드

2016111E055524586

201611	1E	05552	4586
입고연월	지역코드 + 고유번호	분류코드 + 고유번호	입고순서

입고연월	발행 출판사				도서 종류			
	지역코드		고유번호		분류코드		고유번호	
• 200611 –2006년 11월 • 201007 –2010년 7월 • 201403 –2014년 3월	0	서울	A	甲출판사	01	가정 · 살림	111	임신/출산
			B	乙출판사			112	육아
	1	경기도	C	丙출판사	02	건강 · 취미	221	다이어트
			D	丁출판사			222	스포츠
			E	戊출판사	03	경제 · 경영	331	마케팅
			F	己출판사			332	재테크
	2	강원도	G	庚출판사			333	CEO
			H	辛출판사	04	대학 교재	441	경상계열
	3	충청 남도	I	壬출판사			442	공학계열
			J	癸출판사	05	수험 · 자격	551	공무원
	4	충청 북도	K	子출판사			552	자격증
			L	丑출판사	06	어린이	661	예비 초등
	5	경상 남도	M	寅출판사			662	초등
			N	卯출판사	07	자연 과학	771	나노과학
			O	辰출판사			772	생명과학
	6	경상 북도	P	巳출판사			773	뇌과학
			Q	午출판사	08	예술	881	미술
	7	전라 남도	R	未출판사			882	음악
			S	申출판사	09	여행	991	국내여행
	8	전라 북도	T	酉출판사			991	해외여행
			U	戌출판사	10	IT · 모바일	001	게임
	9	제주도	V	亥출판사			002	웹사이트

2

재고상품 중 2010년도에 8,491번째로 입고된 충청남도 쫓출판사에서 발행한 「뇌과학 첫걸음」 도서의 코드로 알맞은 것은 무엇인가?

① 2010113J077718491

② 2010093J077738491

③ 2010083I077738491

④ 2011123J077738491

> ✅ 해설 입고연월 2010○○ + 충청남도 쫓출판사 3J + 「뇌과학 첫걸음」 07773 + 입고순서 8491
> 따라서 코드는 '2010○○3J077738491'이 된다.

3

다음 중 발행 출판사와 입고순서가 동일한 도서를 담당하는 책임자들로 짝지어진 것은?

① 정보연 – 김준후

② 이규리 – 강희철

③ 이동성 – 송지혜

④ 심현지 – 유연석

> ✅ 해설 발행 출판사와 입고순서가 동일하려면 (지역코드 + 고유번호) 두 자리와 (입고순서) 네 자리가 동일해야 한다.
> 이규리와 강희철은 각각 2011054L066610351, 2012064L107790351로 발행 출판사와 입고순서가 동일한 도
> 서를 담당하는 책임자이다.

4

다음의 알고리즘에서 인쇄되는 S는?

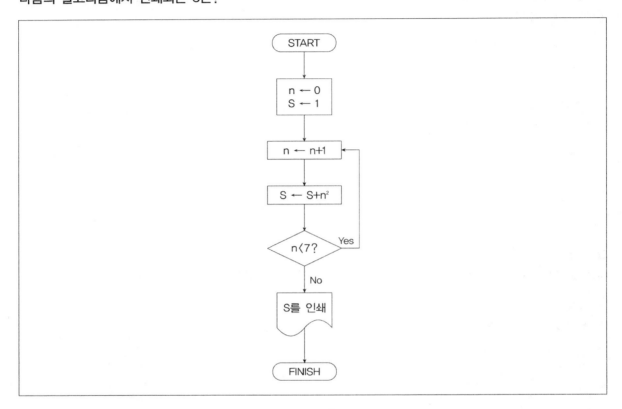

① 137   ② 139

③ 141   ④ 143

✔ 해설 $n=0,\ S=1$

$n=1,\ S=1+1^2$

$n=2,\ S=1+1^2+2^2$

...

$n=7,\ S=1+1^2+2^2+\cdots+7^2$

∴ 출력되는 S의 값은 141이다.

5

다음의 시트에서 수식 '=DSUM(A1:D7, 4, B1:B2)'를 실행하였을 때 결과 값은?

	A	B	C	D
1	성명	부서	3/4분기	4/4분기
2	김하나	영업부	20	15
3	유진영	총무부	30	35
4	고금순	영업부	15	20
5	이영훈	총무부	10	15
6	김영대	총무부	20	10
7	채수빈	영업부	15	20

① 45

② 50

③ 55

④ 60

✔ 해설 DSUM함수는 DSUM(범위, 열 번호, 조건)으로 나타내며 조건에 부합하는 데이터를 합하는 수식이다. 제시된 수식은 영업부에 해당하는 4/4분기의 데이터를 합하라는 것이므로 15＋20＋20＝55가 된다.

자원관리능력 대표유형

자원에는 시간, 돈, 물적자원, 인적자원 등이 포함된다. 자원관리란 이러한 자원을 적재적소에 활용하는 것으로 필요한 자원의 종류와 양을 확인하고 이용 가능한 자원을 수집하며, 수집한 자원을 계획적으로 활용하는 전 과정을 말한다. 따라서 자원관리능력에서는 업무 수행을 위한 시간 및 예산관리, 물적·인적자원의 배분 및 활용에 관한 상황을 전제로 한 문제가 주로 출제된다.

1

제시된 자료는 ○○기관 직원의 교육비 지원에 대한 내용이다. 다음 중 A~D 직원 4명의 총 교육비 지원 금액은 얼마인가?

교육비 지원 기준
• 임직원 본인의 대학 및 대학원 학비 : 100% 지원
• 임직원 가족의 대학 및 대학원 학비
– 임직원의 직계 존·비속 : 90% 지원
– 임직원의 형제 및 자매 : 80% 지원(단, 직계 존·비속 지원이 우선되며, 해당 신청이 없을 경우에 한하여 지급함)
– 교육비 지원 신청은 본인을 포함 최대 3인에 한한다.

교육비 신청 내역	
A 직원	본인 대학원 학비 3백만 원, 동생 대학 학비 2백만 원
B 직원	딸 대학 학비 2백만 원
C 직원	본인 대학 학비 3백만 원, 아들 대학 학비 4백만 원
D 직원	본인 대학 학비 2백만 원, 딸 대학 학비 2백만 원, 아들 대학원 학비 2백만 원

① 15,200,000원

② 17,000,000원

③ 18,600,000원

④ 26,200,000원

✔ 해설 교육비 지원 기준에 따라 각 직원이 지원 받을 수 있는 내역을 정리하면 다음과 같다.

A	• 본인 대학원 학비 3백만 원(100% 지원) • 동생 대학 학비 2백만 원(형제 및 자매 → 80% 지원) = 160만 원	총 460만 원
B	• 딸 대학 학비 2백만 원(직계 비속 → 90% 지원) = 180만 원	총 180만 원
C	• 본인 대학 학비 3백만 원(100% 지원) • 아들 대학 학비 4백만 원(직계 비속 → 90% 지원) = 360만 원	총 660만 원
D	• 본인 대학 학비 2백만 원(100% 지원) • 딸 대학 학비 2백만 원(90% 지원) = 180만 원 • 아들 대학원 학비 2백만 원(90% 지원) = 180만 원	총 560만 원

따라서 A~D 직원 4명의 총 교육비 지원 금액은 1,860만 원이고, 이를 원단위로 표현하면 18,600,000원이다.

2

다음은 K공사의 신입사원 채용에 관한 안내문의 일부 내용이다. 다음 내용을 근거로 할 때, K공사가 안내문의 내용에 부합되게 취할 수 있는 행동이라고 볼 수 없는 것은?

□ 기타 유의사항

- 모든 응시자는 1인 1개 분야만 지원할 수 있습니다.
- 응시 희망자는 지역제한 등 응시자격을 미리 확인하고 응시원서를 접수하여야 하며, 응시원서의 기재사항 누락, 공인어학능력시험 점수 및 자격증·장애인·취업지원대상자 가산점수·가산비율 기재 착오, 연락불능 등으로 발생되는 불이익은 일체 응시자의 책임으로 합니다.
- 입사지원서 작성내용은 추후 증빙서류 제출 및 관계기관에 조회할 예정이며 내용을 허위로 입력한 경우에는 합격이 취소됩니다.
- 응시자는 시험장소 공고문, 답안지 등에서 안내하는 응시자 주의사항에 유의하여야 하며, 이를 준수하지 않을 경우에 본인에게 불이익이 될 수 있습니다.
- 원서접수결과 지원자가 채용예정인원 수와 같거나 미달하더라도 적격자가 없는 경우 선발하지 않을 수 있습니다.
- 시험일정은 사정에 의하여 변경될 수 있으며 변경내용은 7일 전까지 공사 채용홈페이지를 통해 공고할 계획입니다.
- 제출된 서류는 본 채용목적 이외에는 사용하지 않으며, 채용절차의 공정화에 관한 법령에 따라 최종합격자 발표일 이후 180일 이내에 반환청구를 할 수 있습니다.
- 최종합격자 중에서 신규임용후보자 등록을 하지 않거나 관계법령에 의한 신체검사에 불합격한 자 또는 공사 인사규정 제21조에 의한 응시자격 미달자는 신규임용후보자 자격을 상실하고 차순위자를 추가합격자로 선발할 수 있습니다.
- 임용은 교육성적을 포함한 채용시험 성적순으로 순차적으로 임용하되, 장애인 또는 경력자의 경우 성적순위에도 불구하고 우선 임용될 수 있습니다.
- ※ 공사 인사규정 제22조 제2항에 의거 신규임용후보자의 자격은 임용후보자 등록일로부터 1년으로 하며, 필요에 따라 1년의 범위 안에서 연장될 수 있습니다.

---

① 동일한 응시자가 사무직과 운영직에 중복 응시한 사실이 발견되어 임의로 운영직 응시 관련 사항 일체를 무효처리하였다.

② 대학 졸업예정자로 채용된 A씨는 마지막 학기 학점이 부족하여 졸업이 미뤄지는 바람에 채용이 취소되었다.

③ 50명 선발이 계획되어 있었고, 45명이 지원을 하였으나 42명만 선발하였다.

④ 최종합격자 중 신규임용후보자 자격을 상실한 자가 있어 불합격자 중 임의의 인원을 추가 선발하였다.

✔해설 ④ 결원이 생겼을 때에는 그대로 추가 선발 없이 채용을 마감할 수 있으며, 추가합격자를 선발할 경우 반드시 차순위자를 선발하여야 한다.
① 모든 응시자는 1인 1개 분야만 지원할 수 있다. 따라서 중복 응시에 대해 어느 한쪽을 임의로 무효처리할 수 있다.
② 입사지원서 작성 내용과 다르게 된 결과이므로 취소 처분이 가능하다.
③ 지원자가 채용예정인원 수와 같거나 미달하더라도 적격자가 없는 경우 선발하지 않을 수 있다.

Answer 1.③ 2.④

3

전기안전관리 대행업체의 인사팀 직원 K는 다음의 기준에 의거하여 직원들의 자격증 취득 전후 경력을 산정하려고 한다. 다음 중 K가 산정한 경력 중 옳은 것을 모두 고르면?

<전기안전관리자 경력 조건 인정 범위>

조건	인정 범위
1. 자격 취득 후 경력 기간 100% 인정	• 전력시설물의 설계 · 공사 · 감리 · 유지보수 · 관리 · 진단 · 점검 · 검사에 관한 기술업무 • 전력기술 관련 단체 · 업체 등에서 근무한 자의 전력기술에 관한 업무
2. 자격 취득 후 경력 기간 80% 인정	• 「전기용품안전관리법」에 따른 전기용품의 설계 · 제조 · 검사 등의 기술업무 • 「산업안전보건법」에 따른 전기분야 산업안전 기술업무 • 건설관련법에 의한 전기 관련 기술업무 • 전자 · 통신관계법에 의한 전기 · 전자통신기술에 관한 업무
3. 자격 취득 전 경력 기간 50% 인정	1.의 각목 규정에 의한 경력
사원 甲	• 2001.1.1~2005.12.31 전기 안전기술 업무 • 2015.10.31 전기산업기사 자격 취득
사원 乙	• 2010.1.1~2012.6.30 전기부품제조 업무 • 2009.10.31 전기기사 자격 취득
사원 丙	• 2011.5.1~2012.7.31 전자통신기술 업무 • 2011.3.31 전기기능장 자격 취득
사원 丁	• 2013.1.1~2014.12.31 전기검사 업무 • 2015.7.31 전기기사 자격 취득

㉠ 甲 : 전기산업기사로서 경력 5년	㉡ 乙 : 전기기사로서 경력 1년
㉢ 丙 : 전기기능장으로서 경력 1년	㉣ 丁 : 전기기사로서 경력 1년

① ㉠, ㉡　　　　　　　　　　　　　　　② ㉠, ㉢

③ ㉡, ㉣　　　　　　　　　　　　　　　④ ㉢, ㉣

✔해설　㉢ 2의 '전자 · 통신관계법에 의한 전기 · 전자통신기술에 관한 업무'에 해당하므로 丙은 자격 취득 후 경력 기간 15개월 중 80%인 12개월을 인정받는다.

㉣ 1의 '전력시설물의 설계 · 공사 · 감리 · 유지보수 · 관리 · 진단 · 점검 · 검사에 관한 기술업무'에 해당하므로 丁은 자격 취득 전 경력 기간 2년의 50%인 1년을 인정받는다.

㉠ 3에 따라 자격 취득 전의 경력 기간은 50%만 인정되므로 甲은 5년의 경력 기간 중 50%인 2년 6개월만 인정받는다.

㉡ 2의 「전기용품안전관리법」에 따른 전기용품의 설계 · 제조 · 검사 등의 기술업무에 해당하므로 乙은 자격 취득 후 경력 기간 30개월 중 80%인 24개월을 인정받는다.

4

다음은 차량 A, B, C의 연료 및 경제속도 연비, 연료별 리터당 가격에 대한 자료이다. 제시된 〈조건〉을 적용하였을 때, 두 번째로 높은 연료비가 소요되는 차량과 해당 차량의 연료비를 바르게 나열한 것은?

〈A, B, C 차량의 연료 및 경제속도 연비〉

차량	구분 연료	경제속도 연비(km/L)
A	LPG	10
B	휘발유	16
C	경유	20

※ 차량 경제속도는 60km/h 이상 90km/h 미만임

〈연료별 리터당 가격〉

연료	LPG	휘발유	경유
리터당 가격(원/L)	1,000	2,000	1,600

〈조건〉

1. A, B, C 차량은 모두 아래와 같이 각 구간을 한 번씩 주행하고, 각 구간별 주행속도 범위 내에서만 주행한다.

구간	1구간	2구간	3구간
주행거리(km)	100	40	60
주행속도(km/h)	30 이상 60 미만	60 이상 90 미만	90 이상 120 미만

2. A, B, C 차량의 주행속도별 연비적용률은 다음과 같다.

차량	주행속도(km/h)	연비적용률(%)
A	30 이상 60 미만	50.0
	60 이상 90 미만	100.0
	90 이상 120 미만	80.0
B	30 이상 60 미만	62.5
	60 이상 90 미만	100.0
	90 이상 120 미만	75.0
C	30 이상 60 미만	50.0
	60 이상 90 미만	100.0
	90 이상 120 미만	75.0

※ 연비적용률이란 경제속도 연비 대비 주행속도 연비를 백분율로 나타낸 것임

Answer 3.④ 4.①

① A, 31,500원   ② B, 24,500원

③ B, 35,000원   ④ C, 25,600원

✔ 해설   주행속도에 따른 연비와 구간별 소요되는 연료량을 계산하면 다음과 같다.

차량	주행속도(km/h)	연비(km/L)	구간별 소요되는 연료량(L)		
A (LPG)	30 이상 60 미만	10 × 50.0% = 5	1구간	20	총 31.5
	60 이상 90 미만	10 × 100.0% = 10	2구간	4	
	90 이상 120 미만	10 × 80.0% = 8	3구간	7.5	
B (휘발유)	30 이상 60 미만	16 × 62.5% = 10	1구간	10	총 17.5
	60 이상 90 미만	16 × 100.0% = 16	2구간	2.5	
	90 이상 120 미만	16 × 75.0% = 12	3구간	5	
C (경유)	30 이상 60 미만	20 × 50.0% = 10	1구간	10	총 16
	60 이상 90 미만	20 × 100.0% = 20	2구간	2	
	90 이상 120 미만	20 × 75.0% = 15	3구간	4	

따라서 조건에 따른 주행을 완료하는 데 소요되는 연료비는 A 차량은 31.5 × 1,000 = 31,500원, B 차량은 17.5 × 2,000 = 35,000원, C 차량은 16 × 1,600 = 25,600원으로, 두 번째로 높은 연료비가 소요되는 차량은 A며 31,500원의 연료비가 든다.

5

K공사는 사내 냉방 효율을 위하여 층별 에어컨 수와 종류를 조정하려고 한다. 사내 냉방 효율 조정 방안을 충족하되 버리는 구형 에어컨과 구입하는 신형 에어컨을 최소화하고자 할 때, K공사는 신형 에어컨을 몇 대 구입해야 하는가?

사내 냉방 효율 조정 방안		
적용순서	조건	미충족 시 조정 방안
1	층별 월 전기료 60만 원 이하	구형 에어컨을 버려 조건 충족
2	구형 에어컨 대비 신형 에어컨 비율 1/2 이상 유지	신형 에어컨을 구입해 조건 충족

※ 구형 에어컨 1대의 월 전기료는 4만 원이고, 신형 에어컨 1대의 월 전기료는 3만 원이다.

사내 냉방시설 현황						
	1층	2층	3층	4층	5층	6층
구형	9	15	12	8	13	10
신형	5	7	6	3	4	5

① 1대　　　　　　　　　　　　　　　② 2대

③ 3대　　　　　　　　　　　　　　　④ 4대

✔해설　먼저 '층별 월 전기료 60만 원 이하' 조건을 적용해 보면 2층, 3층, 5층에서 각각 6대, 2대, 1대의 구형 에어컨을 버려야 한다. 다음으로 '구형 에어컨 대비 신형 에어컨 비율 1/2 이상 유지' 조건을 적용하면 4층, 5층에서 각각 1대, 2대의 신형 에어컨을 구입해야 한다. 그런데 5층에서 신형 에어컨 2대를 구입하게 되면 구형 에어컨 12대와 신형 에어컨 6대가 되어 월 전기료가 60만 원이 넘게 되므로 2대의 구형 에어컨을 더 버려야 하며, 신형 에어컨은 1대만 구입하면 된다. 따라서 A상사가 구입해야 하는 신형 에어컨은 총 2대이다.

Answer　5.②

PART

03

NCS 출제예상문제

CHAPTER 01

의사소통능력

1 다음 글을 읽고 이 글에 대한 이해로 가장 적절한 것은?

법의 본질에 대해서는 많은 논의들이 있어 왔다. 그 오래된 것들 가운데 하나가 사회에 형성된 관습에서 그 본질을 파악하려는 견해이다. 관습이론에서는 이런 관습을 확인하고 제천명하는 것이 법이 된다고 본다. 곧 법이란 제도화된 관습이라고 보는 것이다. 관습을 제천명하는 역할은 원시 사회라면 족장 같은 권위자가, 현대 법체계에서는 사법기관이 수행할 수 있다. 입법기관에서 이루어지는 제정법 또한 관습을 확인한 결과이다. 예를 들면 민법의 중혼 금지 조항은 일부일처제의 사회적 관습에서 유래하였다고 설명한다. 나아가 사회의 문화와 관습에 어긋나는 법은 성문화되어도 법으로서의 효력이 없으며, 관습을 강화하는 법이어야 제대로 작동할 수 있다고 주장한다. 성문법이 관습을 변화시킬 수 없다는 입장을 취하는 것이다.

법을 사회구조의 한 요소로 보고 그 속에서 작용하는 기능에서 법의 본질을 찾으려는 구조이론이 있다. 이 이론에서는 관습이론이 법을 단순히 관습이나 문화라는 사회적 사실에서 유래한다고 보는데 대해 규범을 정의하는 개념으로 규범을 설명하는 오류라 지적한다. 구조이론에서는 교환의 유형, 권력의 상호관계, 생산과 분배의 방식, 조직의 원리들이 모두 법의 모습을 결정하는 인자가 된다. 이처럼 법은 구조화의 결과물이며, 이 구조를 유지하고 운영할 수 있는 합리적 방책이 필요하기에 도입한 것이다. 따라서 구조이론에서는 상이한 법 현상을 사회 구조의 차이에 따른 것으로 설명한다. 1921년 팔레스타인 지역에 세워진 모샤브 형태의 정착촌 A와 키부츠 형태의 정착촌 B는 초지와 인구의 규모가 비슷한 데다, 토지 공유를 바탕으로 동종의 작물을 경작하였고, 정치적 성향도 같았다. 그런데도 법의 모습은 서로 판이했다. A에서는 공동체 규칙을 강제하는 사법위원회가 성문화된 절차에 따라 분쟁을 처리하고 제재를 결정하였지만, B에는 이러한 기구도, 성문화된 규칙이나 절차도 없었다. 구조이론은 그 차이를 이렇게 분석한다. B에서는 공동 작업으로 생산된 작물을 공동 소유하는 형태를 지니고 있어서 구성원들 사이의 친밀성이 높고 집단 규범의 위반자를 곧바로 직접 제재할 수 있었다. 하지만 작물의 사적 소유가 인정되는 A에서는 구성원이 독립적인 생활 방식을 바탕으로 살아가기 때문에 비공식적인 규율로는 충분하지 않고 공식적인 절차와 기구가 필요했다.

법의 존재 이유가 사회 전체의 필요라는 구조이론의 전제에 의문을 제기하면서, 법과 제도로 유지되고 심화되는 불평등에 주목하여야 한다는 갈등이론도 등장한다. 갈등이론에서 법은 사회적 통합을 위한 합의의 산물이 아니라, 지배 집단의 억압 구조를 유지·강화하여 자신들의 이익을 영위하려는 하나의 수단이라고 주장한다. 19세기 말 미국에서는 아동의 노동을 금지하는 아동 노동 보호법을 만들려고 노력하여 20세기 초에 제정을 보았다. 이것은 문맹, 건강 악화, 도덕적 타락을 야기하는 아동 노동에 대한 개혁 운동이 수십 년간 지속된 결과이다. 이에 대해 관습이론에서는 아동과 가족생활을 보호하여야 한다는 미국의 전통적 관습을 재확인하는 움직임이라고 해석할 것이다. 구조이론에서는 이러한 법 제정을 사회구조가 균형을 이루는 과정으로 설명하려 할 것이다 하지만 갈등이론에서는 법 제정으로 말미암아 값싼 노동력에 근거하여 생존하는 소규모 기업이 대거 실종되었다는 점, 개혁 운동의 많은 지도자들이 대기업 사장의 부인들이었고 운동 기금도 대기업의 기부에 많이 의존하였다는 점을 지적한다.

이론 상호 간의 비판도 만만찮다. 관습이론은 비합리적이거나 억압적인 사회·문화적 관행을 합리화해 준다는 공격을 받는다. 구조이론은 법의 존재 이유가 사회적 필요에서 나온다는 단순한 가정을 받아들이는 것일 뿐이고, 갈등이론은 편향적 시각으로 흐를 수 있을 것이라고 비판받는다.

① 관습이론은 지배계급의 이익을 위한 억업적 체계를 합리화한다는 비판을 받는다.

② 구조이론은 법이 그런 모습을 띠는 이유보다는 법이 발생하는 기원을 알려 주려 한다.

③ 구조이론은 규범을 정의하는 개념으로 규범을 설명하기 때문에 논리적 문제가 있다고 공격을 받는다.

④ 갈등이론은 사회관계에서의 대립을 해소하는 역할에서 법의 기원을 찾는다.

⑤ 갈등이론은 법 현상에 대한 비판적 접근을 통해 전체로서의 사회적 이익을 유지하는 기능적 체계를 설명한다.

해설 ② 관습이론의 특징에 해당한다.

③ 구조이론에서 보는 관습이론의 특징이다.

④ 갈등이론에서 법은 사회적 통합을 위한 합의의 산물이 아니라, 지배 집단의 억압 구조를 유지·강화하여 자신들의 이익을 영위하려는 하나의 수단이라고 주장한다.

⑤ 갈등이론은 전체로서의 사회적 이익이 아니라 지배집단의 이익을 영위하려 한다.

Answer 1.①

2 다음 제시된 글의 내용과 일치하는 것을 모두 고른 것은?

유물(遺物)을 등록하기 위해서는 명칭을 붙인다. 이 때 유물의 전반적인 내용을 알 수 있도록 하는 것이 바람직하다. 따라서 명칭에는 그 유물의 재료나 물질, 제작기법, 문양, 형태가 나타난다. 예를 들어 도자기에 청자상감운학문매병(靑瓷象嵌雲鶴文梅瓶)이라는 명칭이 붙여졌다면, '청자'는 재료를, '상감'은 제작기법은, '운학문'은 문양을, '매병'은 그 형태를 각각 나타낸 것이다. 이러한 방식으로 다른 유물에 대해서도 명칭을 붙이게 된다.

유물의 수량은 점(點)으로 계산한다. 작은 화살촉도 한 점이고 커다란 철불(鐵佛)도 한 점으로 처리한다. 유물의 파편이 여럿인 경우에는 일괄(一括)이라 이름 붙여 한 점으로 계산하면 된다. 귀걸이와 같이 쌍(雙)으로 된 것은 한 쌍으로 하고, 하나인 경우에는 한 짝으로 하여 한 점으로 계산한다. 귀걸이 한 쌍은, 먼저 그 유물번호를 적고 그 뒤에 각각 (2-1), (2-2)로 적는다. 뚜껑이 있는 도자기나 토기도 한 점으로 계산하되, 번호를 매길 때는 귀걸이의 예와 같이 하면 된다.

유물을 등록할 때는 그 상태를 잘 기록해 둔다. 보존상태가 완전한 경우도 많지만, 일부가 손상된 유물도 많다. 예를 들어 유물의 어느 부분이 부서지거나 깨졌지만 그 파편이 남아 있는 상태를 파손(破損)이라고 하고, 파편이 없는 경우를 결손(缺損)이라고 표기한다. 그리고 파손된 것을 붙이거나 해서 손질했을 때 이를 수리(修理)라 하고, 결손된 부분을 모조해 원상태로 재현했을 때는 복원(復原)이라는 용어를 사용한다.

㉠ 도자기 뚜껑의 일부가 손상되어 파편이 떨어진 유물의 경우, 뚜껑은 파편과 일괄하여 한 점이지만 도자기 몸체와는 별개이므로 전체가 두 점으로 계산된다.

㉡ 조선시대 방패의 한 귀퉁이가 부서져나가 그 파편을 찾을 수 없다면, 수리가 아닌 복원의 대상이 된다.

㉢ 위 자료에 근거해 볼 때, 청자화훼당초문접시(靑瓷花卉唐草文皿)는 그 명칭에 비추어 청자상감운학문매병과 동일한 재료 및 문양을 사용하였으나, 그 제작기법과 형태에 있어서 서로 다른 것으로 추정된다.

㉣ 박물관이 소장하고 있는 한 쌍의 귀걸이 중 한 짝이 소실되는 경우에도 그 박물관 전체 유물의 수량이 줄어들지는 않을 것이다.

㉤ 일부가 결손된 철불의 파편이 어느 지방에서 발견되어 그 철불을 소장하던 박물관에서 함께 소장하게 된 경우, 그 박물관이 소장하는 전체 유물의 수량은 늘어난다.

---

① ㉠
② ㉡㉢
③ ㉡㉣
④ ㉠㉢㉤
⑤ ㉡㉣㉤

✔ **해설** ㉠ 뚜껑과 도자기 몸체는 한 점으로 분류된다.
㉡ 파편을 찾을 수 없으면 결손이고 결손은 복원의 대상이 된다.
㉢ 재료만 동일하고 제작기법, 문양, 형태는 모두 다르다.
㉣ 한 쌍일 때도 한 점, 한 짝만 있을 때도 한 점으로 계산된다.
㉤ 파편이 발견되면 기존의 철불과 일괄로 한 점 처리된다.

3 다음 글을 비판하는 내용으로 적절하지 못한 것은?

사이버공간은 관계의 네트워크이다. 사이버공간은 광섬유와 통신위성 등에 의해 서로 연결된 컴퓨터들의 물리적인 네트워크로 구성되어 있다. 그러나 사이버공간이 물리적인 연결만으로 이루어지는 것은 아니다. 사이버공간을 구성하는 많은 관계들은 오직 소프트웨어를 통해서만 실현되는 순전히 논리적인 연결이기 때문이다. 양쪽 차원 모두에서 사이버공간의 본질은 관계적이다.

인간 공동체 역시 관계의 네트워크에 위해 결정된다. 가족끼리의 혈연적인 네트워크, 친구들 간의 사교적인 네트워크, 직장 동료들 간의 직업적인 네트워크 등과 같이 인간 공동체는 여러 관계들에 의해 중첩적으로 연결되어 있다.

사이버공간과 마찬가지로 인간의 네트워크도 물리적인 요소와 소프트웨어적 요소를 모두 가지고 있다. 예컨대 건강관리 네트워크는 병원 건물들의 물리적인 집합으로 구성되어 있지만, 동시에 환자를 추천해주는 전문가와 의사들 간의 비물질적인 네트워크에 크게 의존한다.

사이버공간을 유지하려면 네트워크 간의 믿을 만한 연결을 유지하는 것이 결정적으로 중요하다. 다시 말해, 사이버공간 전체의 힘은 다양한 접속점들 간의 연결을 얼마나 잘 유지하느냐에 달려 있다. 이것은 인간 공동체의 힘 역시 접속점 즉 개인과 개인, 다양한 집단과 집단 간의 견고한 관계 유지에 달려 있다는 점을 보여준다. 사이버공간과 마찬가지로 인간의 사회 공간도 공동체를 구성하는 네트워크의 힘과 신뢰도에 결정적으로 의존한다.

① 사이버공간의 익명성이 인간 공동체에 위협이 될 수도 있음을 지적한다.
② 유의미한 비교를 하기에는 양자 간의 차이가 너무 크다는 것을 보여준다.
③ 네트워크의 개념이 양자의 비교 근거가 될 만큼 명확하지 않다는 것을 보여준다.
④ 사이버공간과 인간 공동체 간에 있다고 주장된 유사성이 실제로는 없음을 보여준다.
⑤ 사이버공간과 인간 공동체의 공통점으로 거론된 네트워크라는 속성이 유비추리를 뒷받침할 만한 적합성을 갖추지 못했음을 보여준다.

> ✅**해설** 사이버공간과 인간 공동체를 비교해 보면 사이버공간은 사이버공간 전체의 힘은 다양한 접속점들 간의 연결을 얼마나 잘 유지하느냐에 달려 있고, 인간 공동체의 힘 역시 접속점 즉 개인과 개인, 다양한 집단과 집단 간의 견고한 관계유지에 달려 있다고 본다.
> 그러므로 유사성을 부정하고 아닌 차이를 부각하는 내용이어야만 한다.

Answer 2.③ 3.①

4 다음 글의 내용과 상충하는 것을 모두 고른 것은?

> 17, 18세기에 걸쳐 각 지역 양반들에 의해 서원이나 사당 건립이 활발하게 진행되었다. 서원이나 사당 대부분은 일정 지역의 유력 가문이 주도하여 자신들의 지위를 유지하고 지역 사회에서 영향력을 행사하는 구심점으로 건립 · 운영되었다.
>
> 이러한 경향은 향리층에게도 파급되어 18세기 후반에 들어서면 안동, 충주, 원주 등에서 향리들이 사당을 신설하거나 중창 또는 확장하였다. 향리들이 건립한 사당은 양반들이 건립한 것에 비하면 얼마 되지 않는다. 하지만 향리들에 의한 사당 건립은 향촌사회에서 향리들의 위세를 짐작할 수 있는 좋은 지표이다.
>
> 향리들이 건립한 사당은 그 지역 향리 집단의 공동노력으로 건립한 경우도 있지만, 대부분은 향리 일족 내의 특정한 가계(家系)가 중심이 되어 독자적으로 건립한 것이었다. 이러한 사당은 건립과 운영에 있어서 향리 일족 내의 특정 가계의 이해를 반영하고 있는데, 대표적인 것으로 경상도 거창에 건립된 창충사(彰忠祠)를 들 수 있다.
>
> 창충사는 거창의 여러 향리 가운데 신씨가 중심이 되어 세운 사당이다. 영조 4년(1728) 무신란(戊申亂)을 진압하다가 신씨 가문의 다섯 향리가 죽는데, 이들을 추모하기 위해 무신란이 일어난 지 50년이 되는 정조 2년(1778)에 건립되었다. 처음에는 죽은 향리의 자손들이 힘을 모아 사적으로 세웠으나, 10년 후인 정조 12년에 국가에서 제수(祭需)를 지급하는 사당으로 승격하였다.
>
> 원래 무신란에서 죽은 향리 중 신씨는 일곱 명이며, 이들의 공로는 모두 비슷하였다. 하지만 두 명의 신씨는 사당에 모셔지지 않았고, 관직이 추증되지도 않았다. 창충사에 모셔진 다섯 명의 향리는 모두 그 직계 자손의 노력에 의한 것이었고, 국가로부터의 포상도 이들의 노력에 의한 것이었다. 반면 두 명의 자손들은 같은 신씨임에도 불구하고 가세가 빈약하여 향촌사회에서 조상을 모실 만큼 힘을 쓸 수 없었다. 향리사회를 주도해 가는 가계는 독점적인 위치를 확고하게 구축하려고 노력하였으며, 사당의 건립은 그러한 노력의 산물이었다.

> ㉠ 창충사는 양반 가문이 세운 사당이다.
> ㉡ 양반보다 향리가 세운 사당이 더 많다.
> ㉢ 양반뿐 아니라 향리가 세운 서원도 존재하였다.
> ㉣ 창충사에 모셔신 신씨 가문의 향리는 다섯 명이다.

① ㉠㉡
② ㉠㉣
③ ㉢㉣
④ ㉠㉡㉢
⑤ ㉡㉢㉣

✔ **해설** 상충되는 것은 지문의 내용과 양립할 수 없다는 것을 찾는 것이다. 틀린 것과는 다른 의미임을 명심하여야 한다.
㉠ 창충사는 거창의 여러 향리 가운데 신씨가 중심이 되어 세운 사당이다.
㉡ 향리들이 건립한 사당은 양반들이 건립한 사당에 비하면 얼마 되지 않는다.
㉢ 향리가 세운 서원이 존재하는지 안 하는지 알 수 없다.
㉣ 창충사에 모셔진 향리는 다섯 명이다. 원래 무신란에 죽은 향리는 일곱 명이었으나 두 명의 신씨는 사당에 모셔지지 않았다.

5 다음 글을 읽고 추론할 수 없는 내용은?

> 흑체복사(blackbody radiation)는 모든 전자기파를 반사 없이 흡수하는 성질을 갖는 이상적인 물체인 흑체에서 방출하는 전자기파 복사를 말한다. 20℃의 상온에서 흑체가 검게 보이는 이유는 가시영역을 포함한 모든 전자기파를 반사 없이 흡수하고 또한 가시영역의 전자기파를 방출하지 않기 때문이다. 하지만 흑체가 가열되면 방출하는 전자기파의 특성이 변한다. 가열된 흑체가 방출하는 다양한 파장의 전자기파에는 가시영역의 전자기파도 있기 때문에 흑체는 온도에 따라 다양한 색을 띨 수 있다.
>
> 흑체를 관찰하기 위해 물리학자들은 일정한 온도가 유지 되고 완벽하게 밀봉된 공동(空洞)에 작은 구멍을 뚫어 흑체를 실현했다. 공동이 상온일 경우 공동의 내벽은 전자기파를 방출하는데, 이 전자기파는 공동의 내벽에 부딪혀 일부는 반사되고 일부는 흡수된다. 공동의 내벽에서는 이렇게 전자기파의 방출, 반사, 흡수가 끊임없이 일어나고 그 일부는 공동 구멍으로 방출되지만 가시영역의 전자기파가 없기 때문에 공동 구멍은 검게 보인다. 또 공동이 상온일 경우 이 공동 구멍으로 들어가는 전자기파는 공동 안에서 이리저리 반사되다 결국 흡수되어 다시 구멍으로 나오지 않는다. 즉 공동 구멍의 특성은 모든 전자기파를 흡수하는 흑체의 특성과 같다.
>
> 한편 공동이 충분히 가열되면 공동 구멍으로부터 가시영역의 전자기파도 방출되어 공동 구멍은 색을 띨 수 있다. 이렇게 공동 구멍에서 방출되는 전자기파의 특성은 같은 온도에서 이상적인 흑체가 방출하는 전자기파의 특성과 일치한다. 물리학자들은 어떤 주어진 온도에서 공동 구멍으로부터 방출되는 공동 복사의 전자기파 파장별 복사에너지를 정밀하게 측정하여, 전자기파의 파장이 커짐에 따라 복사에너지 방출량이 커지다가 다시 줄어드는 경향을 보인다는 것을 발견하였다.

① 흑체의 온도를 높이면 흑체가 검지 않게 보일 수도 있다.

② 공동의 온도가 올라감에 따라 복사에너지 방출량은 커지다가 줄어든다.

③ 공동을 가열하면 공동 구멍에서 다양한 파장의 전자기파가 방출된다.

④ 흑체가 전자기파를 방출할 때 파장에 따라 복사에너지 방출량이 달라진다.

⑤ 상온으로 유지되는 공동 구멍이 검게 보인다고 공동 내벽에서 방출되는 전자기파가 없는 것은 아니다.

✔해설 공동의 온도에 따른 복사에너지량에 대해서는 글에 제시되지 않았다.

6 다음 글에 나타난 아우구스티누스의 주장에 대한 비판으로 가장 적절하지 않은 것은?

신은 전지(全知)·전능(全能)·전선(全善)한 존재라고 여겨진다. 만일 신이 전지하다면 세상에 존재하는 악에 대해 알고 있을 것이고, 그리고 전선하다면 이러한 악을 제거하길 원할 것이고, 또한 전능하다면 그렇게 할 수 있을 것이다. 그렇다면 도대체 왜 세상에 악이 존재하는 것일까? 중세 철학자 아우구스티누스는 이러한 악의 문제를 해결하기 위해 다음과 같이 주장한다. "의지는 스스로 의지하지 않는 한 결코 악해지지 않는다. 의지의 결함은 외부의 악에 의한 것이 아니라 그 자체가 악이다. 이는 신이 부여한 좋은 본성을 저버리고 나쁜 것을 선택했기 때문이다. 탐욕은 황금에 내재되어 있는 악이 아니라, 정의에 어긋나게 황금을 과도하게 사랑하는 사람에게 내재된 악이다. 사치는 아름답고 멋진 대상 자체에 내재된 악이 아니라, 보다 높은 차원의 기쁨을 주는 대상으로 우리를 인도해 주는 절제를 망각하고 과도하게 감각적 즐거움을 탐닉하는 마음의 잘못이다. 그리고 삼위일체에 의해 세상의 모든 사물은 최상의 상태로, 평등하게, 그리고 변하지 않는 선으로 창조됐다. 어떤 대상은 개별적으로 분리해 볼 때 마치 아름다운 그림 속의 어두운 색과 같이 그 자체는 추해 보일 수 있지만, 전체적으로 볼 때 멋진 질서와 아름다움을 갖고 있는 전체 우주의 일부분을 구성하기 때문에, 선한 것이다."

① 다른 사람의 악행의 결과로 고통받는 사람들이 많다.

② 갓 태어난 아기가 선천적 질병으로 죽는 경우가 비일비재하다.

③ 세상에 존재하는 악은 세상을 조화롭고 아름답게 하기에 적당한 정도라고 보기 어렵다.

④ 지진, 홍수, 가뭄과 같은 자연재해에 아무런 책임이 없는 사람들이 이러한 자연재해 때문에 고통받는 경우가 많다.

⑤ 많은 악행에도 불구하고 온갖 권력과 쾌락을 누리다가 죽는 사람들이 있다는 것은 선과 악의 대결에서 항상 선이 승리하는 것만은 아님을 보여 준다.

> ✔**해설** 선과 악의 대결에서 항상 선이 승리한다는 내용은 어디에도 찾아볼 수 없다.

7 다음 A ~ F에 대한 평가로 적절하지 못한 것은?

> 어느 때부터 인간으로 간주할 수 있는가와 관련된 주제는 인문학뿐만 아니라 자연과학에서도 흥미로운 주제이다. 특히 태아의 인권 취득과 관련하여 이러한 주제는 다양하게 논의되고 있다. 과학적으로 볼 때, 인간은 수정 후 시간이 흐름에 따라 수정체, 접합체, 배아, 태아의 단계를 거쳐 인간의 모습을 갖추게 되는 수준으로 발전한다. 수정 후에 태아가 형성되는 데까지는 8주 정도가 소요되는데 배아는 2주경에 형성된다. 10달의 임신 기간은 태아 형성기, 두뇌의 발달 정도 등을 고려하여 4기로 나뉘는데, 1 ~ 3기는 3개월 단위로 나뉘고 마지막 한 달은 4기에 해당한다. 이러한 발달 단계의 어느 시점에서부터 그 대상을 인간으로 간주할 것인지에 대해서는 다양한 견해들이 있다.
> A에 따르면 태아가 산모의 뱃속으로부터 밖으로 나올 때 즉 태아의 신체가 전부 노출이 될 때부터 인간에 해당한다. B에 따르면 출산의 진통 때부터는 태아가 산모로부터 독립해 생존이 가능하기 때문에 그때부터 인간에 해당한다. C는 태아가 형성된 후 4개월 이후부터 인간으로 간주한다. 지각력이 있는 태아는 보호받아야 하는데 지각력이 있어서 필수 요소인 전뇌가 2기부터 발달하기 때문이다. D에 따르면 정자와 난자가 합쳐졌을 때, 즉 수정체부터 인간에 해당한다. 그 이유는 수정체는 생물학적으로 인간으로 태어날 가능성을 갖고 있기 때문이다. E에 따르면 합리적 사고를 가능하게 하는 뇌가 생기는 시점 즉 배아에 해당하는 때부터 인간에 해당한다. F는 수정될 때 영혼이 생기기 때문에 수정체부터 인간에 해당한다고 본다.

① A가 인간으로 간주하는 대상은 B도 인간으로 간주한다.

② C가 인간으로 간주하는 대상은 E도 인간으로 간주한다.

③ D가 인간으로 간주하는 대상은 E도 인간으로 간주한다.

④ D가 인간으로 간주하는 대상은 F도 인간으로 간주하지만, 그렇게 간주하는 이유는 다르다.

⑤ 접합체에도 영혼이 존재할 수 있다는 연구결과를 얻더라도 F의 견해는 설득력이 떨어지지 않는다.

✔ 해설

수정	⇨	배아 (2주)	⇨	태아 (6개월)	⇨	진통	⇨	배 밖
D, F		E		C		B		A

8   다음 글을 읽고 추측할 수 있는 연구와 그 결과에 대한 해석이 바르게 짝지어지지 않은 것은?

운석은 소행성 혹은 다른 행성 등에서 떨어져 나온 물체가 지구 표면에 떨어진 것으로 우주에 관한 주요 정보원이다. 1984년 미국의 탐사대가 남극 지역에서 발견하여 ALH84001(이하 ALH)이라고 명명한 주먹 크기의 운석도 그것의 한 예이다. 여러 해에 걸친 분석 끝에 1996년 NASA는 ALH가 화성에서 기원하였으며, 그 속에서 초기 생명의 흔적으로 추정할 수 있는 미세 구조물이 발견되었다는 발표를 하였다.

이 운석이 화성에서 왔다는 증거는 ALH에서 발견된 산소 동위 원소들 간의 구성비였다. 이 구성비는 지구의 암석에서 측정되는 것과는 달랐지만, 화성에서 온 운석으로 알려진 스닉스(SNCs)에서 측정된 것과는 일치했다.

성분 분석 결과에 의하면 스닉스는 화산 활동에서 만들어진 화산암으로, 산소 동위 원소 구성비가 지구의 것과 다르기 때문에 지구의 물질은 아니다. 소행성은 형성 초기에 급속히 냉각되어 화산 활동이 불가능하기 때문에, 지구에 화산암 운석을 보낼 수 있는 천체는 표면이 고체인 금성, 화성, 달 정도다. 그런데 방사성 동위 원소로 측정한 결과 스닉스는 약 10억 년 전에 형성된 것으로 밝혀졌다. 지질학적 분석 결과 그 시기까지 달에는 화산 활동이 없었기 때문에 화산암이 생성될 수가 없었다. 금성과 화성에는 화산 폭발이 있었지만 계산 결과 어떤 화산 폭발도 이들 행성의 중력권 밖으로 파편을 날려 보낼 만큼 강력하지는 않았다. 커다란 운석의 행성 충돌만이 행성의 파편을 우주로 날려 보낼 수 있었을 것이다. 그러나 금성은 농밀한 대기와 큰 중력으로 인해 파편 이탈이 쉽지 않으므로 화성이 유력한 후보로 남게 된다. 그런데 스닉스에서 발견된 모(母)행성 대기의 기체 일부가 바이킹 화성탐사선이 분석한 화성의 대기와 구성 성분이 일치했다. 따라서 스닉스는 화성에서 왔을 것이며, ALH 역시 화성에서 기원했을 것이다. ALH에서 발견된 이황화철(FeS_2)도 화성의 운석에서 흔히 발견되는 성분이다.

ALH의 기원이 밝혀진 이후 이 운석에 대한 본 적인 분석이 시작되었다. 먼저 루비듐(Rb)과 스트론튬(Sr)을 이용한 방사성 연대 측정을 통해 ALH의 나이가 화성과 비슷한 45억 년임이 판명되었다. ALH가 화성을 언제 떠났는지는 우주 복사선 효과를 통해 알 수 있었다. 운석이 우주 공간에 머물 때는 태양과 은하로부터 오는 복사선의 영향으로 새로운 동위 원소인 헬륨3, 네온21 등이 생성되는데, 그들의 생성률과 구성비를 측정하면 운석이 우주 공간에 머문 기간을 추정할 수 있다. ALH는 1,600만 년을 우주 공간에서 떠돌았다. ALH가 지구에 떨어진 시점은 ALH에 포함된 또 다른 동위 원소인 탄소14를 사용해 계산하였다. 측정 결과 ALH는 13,000년 전에 남극에 떨어진 것으로 밝혀졌다.

ALH의 표면에는 갈라진 틈이 있었고, 이 안에서 $20 \mu m \sim 250 \mu m$ 크기의 둥근 탄산염 알갱이들이 발견되었다. 탄산염은 물에 의해 생성되거나 생물체의 활동으로부터 만들어질 수 있다. 어느 쪽이든 생명의 존재를 시사한다. 이 탄산염이 혹시 지구로부터 유입되었을 가능성이 있어 연대 측정을 해 본 결과 36억 년 전에 형성된 것이었다. 생물체가 분해될 때 생성되는 탄소 화합물인 '여러고리방향족탄화수소(PAH)'도 검출되었다. PAH 역시 외부 오염 가능성이 제기되었는데, ALH에서 PAH의 분포를 조사할 결과 안쪽으로 갈수록 농도가 증가하였다. 이것으로 외부 오염 가능성을 배제할 수 있었다. 탄산염 안에서 발견된 자철석 결정도 박테리아 내부에서 만들어지는 자철석 입자들이 모여 생성된 것과 그 형태가 흡사했다. 생물체의 존재에 대한 증거는 전자 현미경 분석에서 나왔다. 지구의 박테리아와 형태가 비슷하지만 크기는 매우 작은 25nm~100nm 정도의 미세 구조물들이 탄산염 알갱이에 붙어 있는 것을 확인한 것이다. 연구진은 이상의 분석을 종합해 볼 때, 이것을 36억 년 전 화성에 살았던 미생물이 화석화한 것으로 추정할 수 있다는 결론을 내렸다.

	연구	결과 해석
①	달에 대한 지질학적 분석	스닉스가 달에서 오지 않았다.
②	금성의 중력과 대기 밀도 측정	스닉스가 금성에서 오지 않았다.
③	스닉스의 암석 성분 분석	스닉스가 소행성에서 오지 않았다.
④	스닉스에 포함된 산소 동위 원소 구성비 분석	스닉스가 지구의 것이 아니다.
⑤	스닉스의 형성 연대 측정	스닉스가 우주에서 10억 년 동안 떠돌았다.

✔ 해설 운석이 우주 공간에 머물 때는 태양과 은하로부터 오는 복사선의 영향으로 새로운 동위 원소인 헬륨3, 네온21 등이 생성되는데, 그들의 생성률과 구성비를 측정하면 운석이 우주 공간에 머문 기간을 추정할 수 있다. ALH는 1,600만 년을 우주 공간에서 떠돌았다.
⑤ 스닉스가 아닌 ALH에 대한 내용이다.

Answer 8.⑤

9 다음 글에서 추론할 수 있는 내용으로 옳은 것만을 고른 것은?

> 예술과 도덕의 관계, 더 구체적으로는 예술작품의 미적 가치와 도덕적 가치의 관계는 동서양을 막론하고 사상사의 중요한 주제들 중 하나이다. 그 관계에 대한 입장들로는 '극단적 도덕주의', '온건적 도덕주의', '자율성주의'가 있다. 이 입장들은 예술작품이 도덕적 가치판단의 대상이 될 수 있느냐는 물음에 각기 다른 대답을 한다.
>
> 극단적 도덕주의 입장은 모든 예술작품을 도덕적 가치판단의 대상으로 본다. 이 입장은 도덕적 가치를 가장 우선적인 가치이자 가장 포괄적인 가치로 본다. 따라서 모든 예술 작품은 도덕적 가치에 의해서 긍정적으로 또는 부정적으로 평가된다. 또한 도덕적 가치는 미적 가치를 비롯한 다른 가치들보다 우선한다. 이러한 입장을 대표하는 사람이 바로 톨스토이이다. 그는 인간의 형제애에 관한 정서를 전달함으로써 인류의 심정적 통합을 이루는 것이 예술의 핵심적 가치라고 보았다.
>
> 온건적 도덕주의는 오직 일부 예술작품만이 도덕적 판단의 대상이 된다고 보는 입장이다. 따라서 일부의 예술작품들에 대해서만 긍정적인 또는 부정적인 도덕적 가치판단이 가능하다고 본다. 이 입장에 따르면, 도덕적 판단의 대상이 되는 예술작품의 도덕적 가치와 미적 가치는 서로 독립적으로 성립하는 것이 아니다. 그것들은 서로 내적으로 연결되어 있기 때문에 어떤 예술작품이 가지는 도덕적 장점이 그 예술작품의 미적 장점이 된다. 또한 어떤 예술작품의 도덕적 결함은 그 예술작품의 미적 결함이 된다.
>
> 자율성주의는 어떠한 예술작품도 도덕적 가치판단의 대상이 될 수 없다고 보는 입장이다. 이 입장에 따르면, 도덕적 가치와 미적 가치는 서로 자율성을 유지한다. 즉, 도덕적 가치와 미적 가치는 각각 독립적인 영역에서 구현되고 서로 다른 기준에 의해 평가된다는 것이다. 결국 자율성주의는 예술작품에 대한 도덕적 가치판단을 범주착오에 해당하는 것으로 본다.

> ㉠ 자율성주의는 극단적 도덕주의와 온건한 도덕주의가 모두 범주착오를 범하고 있다고 볼 것이다.
> ㉡ 극단적 도덕주의는 모든 도덕적 가치가 예술작품을 통해 구현된다고 보지만 자율성주의는 그렇지 않을 것이다.
> ㉢ 온건한 도덕주의에서 도덕적 판단의 대상이 되는 예술작품들은 모두 극단적 도덕주의에서도 도덕적 판단의 대상이 될 것이다.

① ㉠   ② ㉡
③ ㉠㉢   ④ ㉡㉢
⑤ ㉠㉡㉢

✅**해설** ㉠ 자율성주의는 예술작품에 대한 도덕적 가치판단을 범주착오에 해당하는 것으로 보기 때문에 극단적 도덕주의와 온건적 도덕주의 모두를 범주착오로 본다.
㉡ 모든 도덕적 가치가 예술작품을 통해 구현된다는 말은 언급한 적이 없다.
㉢ 극단적 도덕주의는 모든 예술작품을, 온건적 도덕주의는 일부 예술작품을 도덕적 판단의 대상으로 본다.

10 다음에 설명된 '자연적'의 의미를 바르게 적용한 것은?

> 미덕은 자연적인 것이고 악덕은 자연적이지 않은 것이라는 주장보다 더 비철학적인 것은 없다. 자연이라는 단어가 다의적이기 때문이다. '자연적'이라는 말의 첫 번째 의미는 '기적적'인 것의 반대로서, 이런 의미에서는 미덕과 악덕 둘 다 자연적이다. 자연법칙에 위배되는 현상인 기적을 제외한 세상의 모든 사건이 자연적이다. 둘째로, '자연적'인 것은 '흔하고 일상적'인 것을 의미하기도 한다. 이런 의미에서 미덕은 아마도 가장 '비자연적'일 것이다. 적어도 흔하지 않다는 의미에서의 영웅적인 덕행은 짐승 같은 야만성만큼이나 자연적이지 못할 것이다. 세 번째 의미로서, '자연적'은 '인위적'에 반대된다. 행위라는 것 자체가 특정 계획과 의도를 지니고 수행되는 것이라는 점에서, 미덕과 악덕은 둘 다 인위적인 것이라 할 수 있다. 그러므로 '자연적이다', '비자연적이다'라는 잣대로 미덕과 악덕의 경계를 그을 수 없다.

① 수재민을 돕는 것은 첫 번째와 세 번째 의미에서 자연적이다.

② 논개의 살신성인적 행위는 두 번째와 세 번째 의미에서 자연적이지 않다.

③ 내가 산 로또 복권이 당첨되는 일은 첫 번째와 두 번째 의미에서 자연적이다.

④ 벼락을 두 번이나 맞고도 살아남은 사건은 첫 번째와 두 번째 의미에서 자연적이다.

⑤ 개가 낯선 사람을 보고 짖는 것은 두 번째 의미에서는 자연적이지 않지만, 세 번째 의미에서는 자연적이다.

> ✔ 해설 첫 번째 의미 – 기적적인 것의 반대
> 두 번째 의미 – 흔하고 일상적인 것
> 세 번째 의미 – 인위적의 반대
> ① 기적적인 것의 반대는 맞으나 인위적인 것의 반대는 아니다.
> ② 흔하고 일상적인 것이 아니고, 인위적인 행위에 해당한다.
> ③ 기적적인 것의 반대가 아니고 흔하고 일상적인 것도 아니다.
> ④ 기적적인 것의 반대가 아니고 흔하고 일상적인 것도 아니다.
> ⑤ 흔하고 일상적인 것이며, 인위적인 것의 반대가 맞다.

Answer 9.③ 10.②

11 다음 글을 읽고 빈칸에 들어갈 알맞은 진술로 가장 적합한 것은?

'실은 몰랐지만 넘겨짚어 시험의 정답을 맞힌' 경우와 '제대로 알고 시험의 정답을 맞힌' 경우를 구별할 수 있을까? 또 무작정 외워서 쓴 경우와 제대로 이해하고 쓴 경우는 어떤가? 전자와 후자는 서로 다르게 평가받아야 할까, 아니면 동등한 평가를 받는 것이 마땅한가?

선택형 시험의 평가는 오로지 답안지에 표기된 선택지가 정답과 일치하는가의 여부에만 달려 있다. 이는 위의 첫 번째 물음이 항상 긍정으로 대답되지는 않으리라는 사실을 말해준다. 그러나 만일 시험관이 답안지를 놓고 응시자와 면담할 기회가 주어진다면, 시험관은 응시자에게 그가 정답지를 선택한 근거를 물음으로써 그가 과연 문제에 관해 올바른 정보와 추론 능력을 가지고 있었는지 검사할 수 있을 것이다.

예를 들어 한 응시자가 '대한민국의 수도가 어디냐?'는 물음에 대해 '서울'이라고 답했다고 하자. 그렇게 답한 이유가 단지 '부모님이 사시는 도시라 이름이 익숙해서'였을 뿐, 정작 대한민국의 지리나 행정에 관해서는 아는 바 없다는 사실이 면접을 통해 드러났다고 하자. 이 경우에 시험관은 이 응시자가 대한민국의 수도에 관한 올바른 정보를 갖고 있다고 인정하기 어려울 것이다. 이 예는 응시자가 올바른 답을 제시하는데 필요한 정보가 부족한 경우이다.

그렇다면, 어떤 사람이 문제의 올바른 답을 추론해내는 데 필요한 모든 정보를 갖고 있었고 실제로도 정답을 제시했다는 것이, 그가 문제에 대한 올바른 추론 능력을 가지고 있다고 할 필요충분조건이라고 할 수 있는가?

어느 도난사건을 함께 조사한 홈즈와 왓슨이 사건의 모든 구체적인 세부사항, 예컨대 범행 현장에서 발견된 흙발자국의 토양 성분 등에 관한 정보뿐 아니라 올바른 결론을 내리는 데 필요한 모든 일반적 정보, 예컨대 영국의 지역별 토양의 성분에 관한 정보 등을 똑같이 갖고 있었고, 실제로 동일한 용의자를 범인으로 지목했다고 하자. 이 경우 두 사람의 추론을 동등하게 평가해야 하는가? 그렇지 않다. 예컨대 왓슨은 모든 정보를 완비하고 있었음에도 불구하고, 이름에 모음의 수가 가장 적다는 엉터리 이유로 범인을 지목했다고 하자. 이런 경우에도 우리는 왓슨의 추론에 박수를 보낼 수 있을까? 아니다. 왜냐하면

---

① 왓슨은 일반적으로 타당한 개인적 경험을 토대로 추론했기 때문이다.

② 왓슨은 올바른 추론의 방법을 알고 있었음에도 불구하고 요행을 우선시했기 때문이다.

③ 왓슨은 추론에 필요한 전문적인 훈련을 받지 못해서 범인을 잘못 골랐기 때문이다.

④ 왓슨은 올바른 추론에 필요한 정보를 가지고 있긴 했지만 그 정보와 무관하게 범인을 지목했기 때문이다.

⑤ 왓슨은 올바른 추론에 필요한 논리적 능력은 갖추고 있음에도 불구하고 범인을 추론하는 데 필요한 관련 정보가 부족했기 때문이다.

> ✔ 해설 왓슨의 추론은 필요한 모든 정보가 있음에도 이와 무관하게 엉터리 이유로 범인을 지목했기 때문에 박수를 받을 수 없다. 그러므로 "올바른 추론에 필요한 정보를 가지고 있긴 했지만 그 정보와 무관하게 범인을 지목했기 때문이다."가 빈칸에 들어가야 한다.

12 다음 글의 관점 A ~ C에 대한 평가로 적절한 것만을 고른 것은?

위험은 우리의 안전을 위태롭게 하는 실제 사건의 발생과 진행의 총체라고 할 수 있다. 위험에 대해 사람들이 취하는 태도에 대해서는 여러 관점이 존재한다.

관점 A에 따르면, 위험 요소들은 보편타당한 기준에 따라 계산 가능하고 예측 가능하기 때문에 객관적이고 중립적인 것으로 인식될 수 있다. 그 결과, 각각의 위험에 대해 개인이나 집단이 취하게 될 태도 역시 사고의 확률에 대한 객관적인 정보에 의해서만 결정된다. 하지만 이 관점은 객관적인 발생가능성이 높지 않은 위험을 민감하게 받아들이는 개인이나 사회가 있다는 것을 설명하지 못한다.

한편 관점 B는 위험에 대한 태도가 객관적인 요소뿐만 아니라 위험에 대한 주관적 인지와 평가에 의해 좌우된다고 본다. 예를 들어 위험이 발생할 객관적인 가능성은 크지 않더라도, 그 위험의 발생을 스스로 통제할 수 없는 경우에 사람들은 더욱 민감하게 반응한다. 그뿐만 아니라 위험을 야기하는 사건이 자신에게 생소한 것이어서 그에 대한 지식이 부족할수록 사람들은 그 사건을 더 위험한 것으로 인식하는 경향이 있다. 하지만 이것은 동일한 위험에 대해 서로 다른 문화와 가치관을 가지고 있는 사회 또는 집단들이 다른 태도를 보이는 이유를 설명하지 못한다.

이와 관련해 관점 C는 위험에 대한 태도가 개인의 심리적인 과정에 의해서만 결정되는 것이 아니라, 개인이 속한 집단의 문화적 배경에도 의존한다고 주장한다. 예를 들어 숙명론이 만연한 집단은 위험을 통제 밖의 일로 여겨 위험에 대해서 둔감한 태도를 보이게 되며, 구성원의 안전 문제를 다른 무엇보다도 우선시하는 집단은 그렇지 않은 집단보다 위험에 더 민감한 태도를 보이게 될 것이다.

㉠ 관점 A와 달리 관점 B는 위험에 대한 사람들의 태도가 객관적인 요소에 영향을 받지 않는다고 주장한다.
㉡ 관점 B와 관점 C는 사람들이 동일한 위험에 대해서 다른 태도를 보이는 사례를 설명할 수 있다.
㉢ 관점 A는 민주화 수준이 높은 사회일수록 사회 구성원들이 기후변화의 위험에 더 민감한 태도를 보인다는 것을 설명할 수 있지만, 관점 C는 그렇지 않다.

---

① ㉠
② ㉡
③ ㉠㉢
④ ㉡㉢
⑤ ㉠㉡㉢

✔해설 관점 A – 객관적인 정보에 의해서 결정
관점 B – 객관적 요소 뿐 아니라 주관적 인지와 평가에 좌우
관점 C – 개인의 심리적 과정과 속한 집단의 문화적 배경에도 의존
㉠ 관점 B는 객관적인 요소에 영향을 받는다.
㉡ 관점 B는 주관적 인지와 평가, 관점 C는 문화적 배경
㉢ 민주화 수준이 높은 사회는 개인이 속한 집단의 문화적 배경에 해당하므로 관점 C에 해당하며, 관점 A는 사회 구성원들이 기후변화의 위험에 더 민감한 태도를 보인다는 것을 설명할 수 없다.

Answer 11.④ 12.②

13 다음 글을 통해 추론할 수 있는 내용으로 가장 적절한 것은?

> 카발리는 윌슨이 모계 유전자인 mtDNA 연구를 통해 발표한 인류 진화 가설을 설득력 있게 확인시켜
> 줄 수 있는 실험을 제안했다. 만약 mtDNA와는 서로 다른 독립적인 유전자 가계도를 통해서도 같은 결
> 론에 도달할 수 있다면 윌슨의 인류 진화에 대한 가설을 강화할 수 있다는 것이다.
>
> 이에 언더힐은 Y염색체를 인류 진화 연구에 이용하였다. 그가 Y염색체를 연구에 이용한 이유가 있다.
> 그것은 Y염색체가 하나씩 존재하는 특성이 있어 재조합을 일으키지 않고, 그 점은 연구 진행을 수월하
> 게 하기 때문이다. 그는 Y염색체를 사용한 부계 연구를 통해 윌슨이 밝힌 연구결과와 매우 유사한 결과
> 를 도출했다. 언더힐의 가계도도 윌슨의 가계도와 마찬가지로 아프리카 지역의 인류 원조 조상에 뿌리
> 를 두고 갈라져 나오는 수형도였다. 또 그 수형도는 인류학자들이 상상한 장엄한 떡갈나무가 아니라 윌
> 슨이 분석해 놓은 약 15만 년밖에 안 된 키 작은 나무와 매우 유사하였다.
>
> 별개의 독립적인 연구로 얻은 두 자료가 인류의 과거를 똑같은 모습으로 그려낸다면 그것은 대단한 설
> 득력을 지닌다. mtDNA와 같은 하나의 영역만이 연구된 상태에서는 그 결과가 시사적이기는 해도 결정
> 적이지는 않다. 그 결과의 양상은 단지 DNA의 특정 영역에 일어난 특수한 역사만을 반영하는 것일 수
> 도 있기 때문이다. 하지만 언더힐을 Y염색체에서 유사한 양상을 발견함으로써 그 불완전성은 크게 줄어
> 들었다. 15만 년 전에 아마도 전염병이나 기후 변화로 인해 유전자 다양성이 급격하게 줄어드는 현상이
> 일어났을 것이다.

① 윌슨의 mtDNA 연구결과는 인류 진화 가설에 대한 결정적인 증거였다.

② 부계 유전자 연구와 모계 유전자 연구를 통해 얻은 각각의 인류 진화 수형도는 매우 비슷하다.

③ 윌슨과 언더힐의 연구결과는 현대 인류 조상의 기원에 대한 인류학자들의 견해를 뒷받침한다.

④ 언더힐은 우리가 갖고 있는 Y염색체 연구를 통해 인류가 아프리카에서 유래했다는 것을 부정했다.

⑤ 언더힐이 Y염색체를 인류 진화 연구에 이용한 것은 염색체 재조합으로 인해 연구가 쉬워졌기 때
　문이다.

 ① mtDNA와 같은 하나의 영역만이 연구된 상태에서는 그 결과가 시사적이기는 해도 결정적이지는 않다.
　　　　 ③ 그 수형도는 인류학자들이 상상한 장엄한 떡갈나무가 아니라 윌슨이 분석해 놓은 약 15만 년밖에 안
　　　　　 된 키 작은 나무와 매우 유사하였다.
　　　　 ④ 언더힐의 가계도도 윌슨의 가계도와 마찬가지로 아프리카 지역의 인류 원조 조상에 뿌리를 두고 갈라
　　　　　 져 나오는 수형도였다.
　　　　 ⑤ Y염색체가 하나씩 존재하는 특성이 있어 재조합을 일으키지 않고, 그 점은 연구 진행을 수월하게 하
　　　　　 기 때문이다.

14 다음 글의 내용과 부합하는 것은?

> '청렴(淸廉)'은 현대 사회에서 좁게는 반부패와 동의어로 사용되며 넓게는 투명성과 책임성 등을 포괄하는 통합적 개념으로 사용되고 있다. 유학자들은 청렴을 효제와 같은 인륜의 덕목보다는 하위에 두었지만 군자라면 마땅히 지켜야 할 일상의 덕목으로 중시하였다. 조선의 대표적 유학자였던 이황과 이이는 청렴을 사회 규율이자 개인 처세의 지침으로 강조하였다. 특히 공적 업무에 종사하는 사람이라면 사회 규율로서의 청렴이 개인의 처세와 직결된다는 점에 유념해야 한다고 보았다.
>
> 청렴에 대한 논의는 정약용의 「목민심서」에서 본격적으로 나타난다. 정약용은 청렴이야말로 목민관이 지켜야 할 근본적인 덕목이며 목민관의 직무는 청렴이 없이는 불가능하다고 강조하였다. 정약용은 청렴을 당위의 차원에서 주장하는 기존의 학자들과 달리 행위자 자신에게 실질적 이익이 된다는 점을 들어 설득하고자 한다. 그는 청렴은 큰 이득이 남는 장사라고 말하면서, 지혜롭고 욕심이 큰 사람은 청렴을 택하지만 지혜가 짧고 욕심이 작은 사람은 탐욕을 택한다고 설명한다. 정약용은 "지자(知者)는 인(仁)을 이롭게 여긴다."라는 공자의 말을 빌려 "지혜로운 자는 청렴함을 이롭게 여긴다."라고 하였다. 비록 재물을 얻는 데 뜻이 있더라도 청렴함을 택하는 것이 결과적으로는 지혜로운 선택이라고 정약용은 말한다. 목민관의 작은 탐욕은 단기적으로 보면 눈앞의 재물을 취하여 이익을 얻을 수 있겠지만 궁극에는 개인의 몰락과 가문의 불명예를 가져올 수 있기 때문이다.
>
> 정약용은 청렴을 지키는 것은 두 가지 효과가 있다고 보았다. 첫째, 청렴은 다른 사람에게 긍정적 효과를 미친다. 목민관이 청렴할 경우 백성을 비롯한 공동체 구성원에게 좋은 혜택이 돌아갈 것이다. 둘째, 청렴한 행위를 하는 것은 목민관 자신에게도 좋은 결과를 가져다준다. 청렴은 그 자신의 덕을 높이는 것일 뿐 아니라 자신의 가문에 빛나는 명성과 영광을 가져다줄 것이다.

① 정약용은 청렴이 목민관이 반드시 지켜야 할 덕목임을 당위론 차원에서 정당화하였다.

② 정약용은 탐욕을 택하는 것보다 청렴을 택하는 것이 이롭다는 공자의 뜻을 계승하였다.

③ 정약용은 청렴한 사람은 욕심이 작기 때문에 재물에 대한 탐욕에 빠지지 않는다고 보았다.

④ 정약용은 청렴이 백성에게 이로움을 줄 뿐 아니라 목민관 자신에게도 이로운 행위라고 보았다.

⑤ 이황과 이이는 청렴을 개인의 처세에 있어 주요 지침으로 여겼으나 사회 규율로는 보지 않았다.

> **✔해설**　① 정약용은 청렴을 당위의 차원에서 주장하는 기존의 학자들과 달리 행위자 자신에게 실질적 이익이 된다는 점을 들어 설득하고자 하였다.
> ② 정약용은 "지자(知者)는 인(仁)을 이롭게 여긴다."라는 공자의 말을 빌려 "지혜로운 자는 청렴함을 이롭게 여긴다."라고 하였다.
> ③ 청렴은 큰 이득이 남는 장사라고 말하면서, 지혜롭고 욕심이 큰 사람은 청렴을 택하지만 지혜가 짧고 욕심이 작은 사람은 탐욕을 택한다고 설명한다.
> ⑤ 이황과 이이는 청렴을 사회 규율이자 개인 처세의 지침으로 강조하였다.

Answer　13.②　14.④

15 다음 글의 내용과 부합하지 않는 것은?

> 토크빌이 미국에서 관찰한 정치 과정 가운데 가장 놀랐던 것은 바로 시민들의 정치적 결사였다. 미국인들은 어려서부터 스스로 단체를 만들고 스스로 규칙을 제정하여 그에 따라 행동하는 것을 관습화해왔다. 이에 미국인들은 어떤 사안이 발생할 경우 국가기관이나 유력자의 도움을 받기 전에 스스로 단체를 결성하여 집합적으로 대응하는 양상을 보인다. 미국의 항구적인 지역 자치의 단위인 타운, 시티, 카운티 조차도 주민들의 자발적인 결사로부터 형성된 단체였다.
>
> 미국인들의 정치적 결사는 결사의 자유에 대한 완벽한 보장을 기반으로 실현된다. 일단 하나의 결사로 뭉친 개인들은 언론의 자유를 보장받으면서 자신들의 집약된 견해를 널리 알린다. 이러한 견해에 호응하는 지지자들의 수가 점차 늘어날수록 이들은 더욱 열성적으로 결사를 확대해간다. 그런 다음에는 집회를 개최하여 자신들의 힘을 표출한다. 집회에서 가장 중요한 요소는 대표자를 선출하는 기회를 만드는 것이다. 집회로부터 선출된 지도부는 물론 공식적으로 정치적 대의제의 대표는 아니다. 하지만 이들은 도덕적인 힘을 가지고 자신들의 의견을 반영한 법안을 미리 기초하여 그것이 실제 법률로 제정되게끔 공개적으로 입법부에 압력을 가할 수 있다.
>
> 토크빌은 이러한 정치적 결사가 갖는 의미에 대해 독특한 해석을 펼친다. 그에 따르면, 미국에서는 정치적 결사가 다수의 횡포에 맞서는 보장책으로서의 기능을 수행한다. 미국의 입법부는 미국 시민의 이익을 대표하며, 의회 다수당은 다수 여론의 지지를 받는다. 이를 고려하면 언제든 '다수의 이름으로' 소수를 배제한 입법권의 행사가 가능해짐에 따라 입법 활동에 대한 다수의 횡포가 나타날 수 있다. 토크빌은 이러한 다수의 횡포를 제어할 수 있는 정치 제도가 없는 상황에서 소수 의견을 가진 시민들의 정치적 결사는 다수의 횡포에 맞설 수 있는 유일한 수단이라고 보았다. 더불어 토크빌은 시민들의 정치적 결사가 소수자들이 다수의 횡포를 견제할 수 있는 수단으로 온전히 가능하기 위해서는 도덕의 권위에 호소해야 한다고 보았다. 왜냐하면 힘이 약한 소수자가 호소할 수 있는 것은 도덕의 권위뿐이기 때문이다.

① 미국의 항구적인 지역 자치인 타운은 주민들의 자발적인 결사로부터 시작되었다.

② 미국에서는 정치적 결사를 통해 실제 법률로 제정되게끔 입법부에 압력을 가할 수 있다.

③ 토크빌에 따르면, 다수의 횡포를 견제하기 위해서는 소수자들의 정치적 결사가 도덕의 권위에 맞서야 한다.

④ 토크빌에 따르면, 미국에서는 소수를 배제한 다수의 이름으로 입법권의 행사가 이루어질 수 있다.

⑤ 집회에서 가장 중요한 것은 대표자를 선출하는 기회를 만드는 것이지만 이 대표자는 정치적 대의제의 대표는 아니다.

✔ 해설 토크빌은 시민들의 정치적 결사가 소수자들이 다수의 횡포를 견제할 수 있는 수단으로 온전히 가능하기 위해서는 도덕의 권위에 호소해야 한다고 보았다.

16 다음 글을 통해 추론할 수 있는 것은?

> '핸드오버'란 이동단말기가 이동함에 따라 기존 기지국에서 이탈하여 새로운 기지국으로 넘어갈 때 통화가 끊기지 않도록 통화 신호를 새로운 기지국으로 넘겨주는 것을 말한다. 이런 핸드오버는 이동단말기, 기지국, 이동전화교환국 사이의 유무선 연결을 바탕으로 실행된다. 이동단말기가 기지국에 가까워지면 그 둘 사이의 신호가 점점 강해지는데 반해, 이동단말기와 기지국이 멀어지면 그 둘 사이의 신호는 점점 약해진다. 이 신호의 세기가 특정값 이하로 떨어지게 되면 핸드오버가 명령되어 이동단말기와 새로운 기지국 간의 통화 채널이 형성된다. 이 과정에서 이동전화교환국과 기지국 간 연결에 문제가 발생하면 핸드오버가 실패하게 된다.
>
> 핸드오버는 이동단말기와 기지국 간 통화 채널 형성 순서에 따라 '형성 전 단절 방식'과 '단절 전 형성 방식'으로 구분될 수 있다. FDMA와 TDMA에서는 형성 전 단절 방식을, CDMA에서는 단절 전 형성 방식을 사용한다. 형성 전 단절 방식은 이동단말기와 새로운 기지국 간의 통화 채널이 형성되기 전에 기존 기지국과의 통화 채널을 단절하는 것을 말한다. 이와 반대로 단절 전 형성 방식은 이동단말기와 기존 기지국 간의 통화 채널이 단절되기 전에 새로운 기지국과의 통화 채널을 형성하는 방식이다. 이런 핸드오버 방식의 차이는 각 기지국이 사용하는 주파수 간 차이에서 비롯된다. 만약 각 기지국이 다른 주파수를 사용하고 있다면, 이동단말기는 기존 기지국과의 통화 채널을 미리 단절한 뒤 새로운 기지국에 맞는 주파수를 할당 받은 후 통화 채널을 형성해야 한다. 그러나 각 기지국이 같은 주파수를 사용하고 있다면, 그런 주파수 조정이 필요 없으며 새로운 통화 채널을 형성하고 나서 기존 통화 채널을 단절할 수 있다.

① 단절 전 형성 방식의 각 기지국은 서로 다른 주파수를 사용한다.

② 형성 전 단절 방식은 단절 전 형성 방식보다 더 빨리 핸드오버를 명령할 수 있다.

③ 이동단말기와 기존 기지국 간의 통화 채널이 단절되면 핸드오버가 성공한다.

④ CDMA에서는 하나의 이동단말기가 두 기지국과 동시에 통화 채널을 형성할 수 있지만 FDMA에서는 그렇지 않다.

⑤ 이동단말기 A와 기지국 간 신호 세기가 이동단말기 B와 기지국 간 신호 세기보다 더 작다면 이동단말기 A에서는 핸드오버가 명령되지만 이동단말기 B에서는 핸드오버가 명령되지 않는다.

✔ 해설 ① 단절 전 형성 방식은 이동단말기와 기존 기지국 간의 통화 채널이 단절되기 전에 새로운 기지국과의 통화 채널을 형성하는 방식이다.
각 기지국이 같은 주파수를 사용하고 있다면, 그런 주파수 조정이 필요 없으며 새로운 통화 채널을 형성하고 나서 기존 통화 채널을 단절할 수 있다.
② 신호의 세기가 특정값 이하로 떨어지게 되면 핸드오버가 명령되어 이동단말기와 새로운 기지국 간의 통화 채널이 형성된다. 형성 전 단절 방식과 단절 전 형성 방식의 차이와는 상관 없다.
③ 새로운 기지국 간의 통화 채널이 형성되어야 함도 포함되어야 한다.
⑤ 핸드오버는 신호 세기가 특정값 이하로 떨어질 때 발생하는 것이지 이동단말기와 기지국 간 상대적 신호 세기와는 관계가 없다.

Answer 15.③ 16.④

17 다음은 어떤 단어에 대한 창의적인 해석이다. 이에 해당하는 적절한 단어는?

> 자동차 내비게이션 속에 사는 여자의 이름.
> 경로를 이탈했습니다. 경로를 이탈했습니다. 경로를 이탈했습니다.
> 서너 번만 같은 말을 하고 나면 짜증이 날 법도 한데 한결같은 그 예쁘고 친절한 목소리로 경로를 재탐색하겠다고 한다.
> 인생길에도 같은 이름의 안내자가 필요하다.

① 적극성   ② 인내
③ 성실   ④ 리더십
⑤ 창의

> ✔ **해설** ① 긍정적이고 능동적으로 활동하는 성질
> ② 괴로움이나 어려움을 참고 견딤
> ③ 정성스럽고 참됨
> ④ 무리를 다스리거나 이끌어 가는 지도자로서의 능력
> ⑤ 새로운 의견을 생각하여 냄. 또는 그 의견

18 다음 글을 통해 알 수 있는 내용으로 적절하지 않은 것은?

> 지구의 여러 곳에서 장기간에 걸친 가뭄, 폭염, 홍수, 폭우 등과 같은 이상 기후가 발생하여 인간에게 큰 피해를 주고 있다. 이러한 이상 기후가 나타나는 원인 중에는 엘니뇨와 라니냐가 있다.
> 평상시에는 적도 부근의 동태평양에 있는 남아메리카 페루 연안으로부터 서쪽으로 무역풍이 지속적으로 분다. 이 무역풍은 동쪽에 있는 따뜻한 표층수를 서쪽 방향으로 운반하기 때문에 따뜻한 해수층의 두께는 서태평양 쪽에서는 두껍고 동태평양 쪽에서는 얇아진다. 이와 함께 남아메리카 페루 연안에서는 서쪽으로 쓸려 가는 표층수의 자리를 메우기 위해 차가운 심층 해수가 아래로부터 올라오는 용승이 일어나게 된다.
> 이 결과 적도 부근 동태평양 페루 연안의 해수면 온도는 같은 위도의 다른 해역보다 낮아지고, 적도 부근 서태평양에서의 표층 해수의 온도는 높아지게 된다. 표층 해수의 온도가 높아지면 해수가 증발하여 공기 중에 수증기의 양이 많아지고, 따뜻한 해수가 공기를 데워 상승 기류를 발생시켜 저기압이 발달하고 구름이 생성된다. 이로 인해 해수 온도가 높은 서태평양에 위치한 동남아시아와 오스트레일리아에는 강수량이 많아진다. 반대로 남아메리카의 페루 연안에는 하강 기류가 발생하여 고기압이 발달하고 맑고 건조한 날씨가 나타난다.

적도 부근 태평양의 무역풍은 2~6년 사이로 그 세기가 변하는데, 이에 따라 적도 부근 태평양의 기후 환경은 달라진다. 무역풍이 평상시보다 약해지면 태평양 동쪽의 따뜻한 표층수를 서쪽으로 밀어내는 힘이 약해진다. 이로 인해, 적도 부근 동태평양의 용승이 약해지며 해수면의 온도는 평상시보다 높아진다. 따뜻한 표층수가 동쪽에 머무르면, 적도 부근 서태평양은 평상시에 비해 해수면의 온도와 해수면의 높이가 낮아지고, 적도 부근 동태평양은 해수면의 온도와 해수면의 높이가 상승하는데 이 현상이 엘니뇨이다. 엘니뇨가 발생하면 인도네시아, 오스트레일리아 등에서는 평상시에 비해 강수량이 감소하여 가뭄이 발생하고, 대규모 산불이 일어나기도 한다. 반면에 페루, 칠레 등에서는 평상시보다 많은 강수량을 보이면서 홍수가 자주 발생하는 등 이상 기후가 나타나게 된다. 한편, 무역풍이 평상시보다 강해지면 적도 부근 동태평양의 해수면의 온도와 해수면의 높이가 평상시보다 더 낮아지고 적도 부근 서태평양의 해수면의 온도와 해수면의 높이가 평상시보다 더 높아진다. 이런 현상을 라니냐라고 한다. 라니냐가 발생하면 동남아시아와 오스트레일리아에서는 홍수가 잦아지거나 이상 고온 현상이 나타나기도 하고, 반대로 페루, 칠레 등에서는 평상시보다 더 건조해져 가뭄이 발생할 수 있다. 라니냐가 발생하면 적도 부근 동태평양의 기압은 평상시보다 상승하고 서태평양의 기압은 평상시보다 하강하여 두 지역의 기압차는 평상시보다 더 커진다.

① 적도 부근 서태평양에서 표층 해수의 온도가 높아지면 상승 기류가 발생한다.
② 평상시에 무역풍은 적도 부근 태평양의 표층수를 동쪽에서 서쪽 방향으로 이동시킨다.
③ 동태평양 페루 연안에서 용승이 일어나면 같은 위도의 다른 해역보다 페루 연안의 해수면 온도가 높아진다.
④ 평상시 적도 부근 서태평양에 저기압이 발달하면 적도 부근 서태평양에 위치한 동남아시아의 강수량이 많아진다.
⑤ 평상시에 적도 부근 동태평양의 따뜻한 표층수가 서쪽으로 이동하여 동태평양의 따뜻한 해수층의 두께가 얇아진다.

> **✔해설** 2문단과 3문단에서 용승이 일어나면 동태평양 페루 연안의 해수면 온도가 같은 위도의 다른 해역보다 낮아진다고 설명하고 있다.
> ① 3문단에서 표층 해수의 온도가 높아지면 따뜻한 해수가 공기를 데워 상승 기류를 발생시킨다고 설명하고 있다.
> ② 2문단에서 평상시 무역풍이 동쪽의 따뜻한 표층수를 서쪽으로 운반한다고 설명하고 있다.
> ⑤ 2문단에서 무역풍이 따뜻한 표층수를 서쪽 방향으로 이동시켜 동쪽에서는 따뜻한 해수층의 두께가 얇아진다고 설명하고 있다.

19 다음 글의 주제를 가장 잘 진술한 것은?

말이 생각의 그릇이라면 그 말을 아름답고 품위 있게 가꾸는 일은 인간의 행동을 바르게 가다듬는 교육의 첫걸음이다. 옛날 선조들이 말을 조심스럽게 가려 쓰는 것을 교육의 제 1과로 삼았던 것도 이 때문이다. 말이 거친 사람의 품성이 포악스럽고, 말을 가려 쓰는 사람의 행동거지가 분명하고 반듯한 것은 동서양을 막론한 고금의 진리이다.

5천 년 역사의 문화 민족이라는 긍지는 고유한 우리말과 이 말을 과학적으로 옮길 수 있는 문자를 가졌다는 자부심과 같은 맥락의 표현이다. 중국이나 만주, 일본 등 강성한 이웃 나라들 틈새에서 우리가 정치적 독립과 고유한 문화를 지키며 살 수 있었던 것은 우리의 말과 글의 힘이 밑받침이 되어 왔기 때문이란 주장은 과장이 아니다. 말이란 그 사회 공동체가 동질성을 가지게 하는 원천이다.

이러한 소중한 우리말 우리글은 예사로이 유지되고 발전되는 것이 아니다. 세종대왕의 한글 창제는 말할 나위 없고 구한말 이래 나라가 존망의 위기에 처했을 때 말과 글을 지키기 위한 선각자들의 피나는 노력은 민족 수난의 극복이라는 투쟁의 한 단원으로 기록되어 있다. 일제 강점 때 조선어학회 사건으로 이희승, 최현배 등 수많은 학자들이 옥고를 치르고 이윤재, 한징 등이 옥사한 예는 다른 나라 역사에서는 찾기 어려운 우리의 자랑스러운 언어 수호 운동의 기록이다.

올해 문화의 달 10월에 '이 달의 문화 인물'로 환산 이윤재를 뽑은 것은 시사하는 바가 크다. 오늘날 우리 국민들의 나태하고 방만한 생활 중에는 언어생활의 규범이 깨어져 고운말, 존댓말과 바른 어법이 실종된 현상을 첫손가락으로 꼽아야 한다. 외래어, 비속어가 남용되는가 하면 학교, 가정, 사회 어디서나 제대로 된 존댓말이나 바른 어법의 품위 있는 말솜씨를 찾아보기 어렵다. 이런 혼돈의 언어생활이 국민 정서를 거칠게 하고, 특히 청소년들의 분별없고 경망스런 행동을 부추기는 원인이 된다.

더욱이 우리는 최근 자주 대하게 되는 북한 주민들이나 연변 동포의 말이 같은 우리말이면서도 심한 이질감을 느끼게 되는 데에 놀라고 있다. 북한은 오래 전부터 평양말을 문화어라 해서 표준말로 쓰고 있으며, 연변 동포들이 이를 따라 썼기 때문이다. 전체주의 체제가 언어의 경직화, 규격화를 가져왔고 그로 인해 그들의 말이 더욱 이질화되었던 것이다. 이런 상태로 통일이 이루어진다면 가장 심각한 남북 간의 갈등은 바로 언어의 이질화일 가능성도 배제할 수 없다.

문화의 달에 특히 우리가 새겨야 할 것은 우리말 우리글을 소중하게 생각하고 이를 지키기 위해 애쓴 선열들의 노고에 감사하는 일이다. 그것은 가정, 학교, 사회에서 바르고 품의 있는 언어생활을 가르쳐 온 국민들이 프랑스 국민처럼 우리말에 대한 자랑과 긍지를 갖게 하는 일이 될 것이다. 후세 국민들을 지혜롭고 예절 바르게 키우고 민족 통일을 대비하는 첫째 과제가 바른말 쓰기 운동의 시작임을 한글날을 기해 감히 제언한다.

① 고유한 언어와 문자를 가진 민족은 문화 민족이다.

② 우리말을 수호하기 위해 많은 선각자들이 희생되었다.

③ 통일에 대비하여 언어의 이질화를 막기 위한 노력이 필요하다.

④ 통일에 대비하고 후세를 바르게 키우려면 바른말 쓰기부터 가르쳐야 한다.

⑤ 국제적으로 어려운 시기에 우리말 우리글에 대한 자긍심은 크나큰 힘이 된다.

> **✅ 해설** 이 글의 핵심은 바른말 쓰기 운동의 제언이다. 바른말 쓰기 운동을 제언하는 것은 혼돈된 언어생활을 바로잡고 남북 언어의 이질화를 최소화해 통일에 대비하기 위해서이다.

20 다음 글의 내용과 가장 부합하는 진술은?

> 여행을 뜻하는 서구어의 옛 뜻에 고역이란 뜻이 들어 있다는 사실이 시사하듯이 여행은 금리생활자들의 관광처럼 속 편한 것만은 아니다. 그럼에도 불구하고 고생스러운 여행이 보편적인 심성에 호소하는 것은 일상의 권태로부터의 탈출과 해방의 이미지를 대동하고 있기 때문일 것이다. 술 익는 강마을의 저녁노을은 '고약한 생존의 치욕에 대한 변명'이기도 하지만 한편으로는 그 치욕으로부터의 자발적 잠정적 탈출의 계기가 되기도 한다. 그리고 그것은 결코 가볍고 소소한 일이 아니다. 직업적 나그네와는 달리 보통 사람들은 일상생활에 참여하고 잔류하면서 해방의 순간을 간접 경험하는 것이다. 인간 삶의 난경은, 술 익는 강마을의 저녁노을을 생존의 치욕을 견디게 할 수 있는 매혹으로 만들어 주기도 하는 것이다.

① 여행은 고생으로부터의 해방이다.

② 금리생활자들이 여행을 하는 것은 고약한 생존의 치욕에 대한 변명을 위해서이다.

③ 윗글에서 '보편적인 심성'이라는 말은 문맥으로 보아 여행은 고생스럽다는 생각을 가리키는 것이다.

④ 사람들은 여행에서 일시적인 해방을 맛본다.

⑤ 여행은 금리생활자들의 관광처럼 편안하고 고된 일상으로부터의 탈출과 해방을 안겨준다.

> **✅ 해설** 여행을 일상의 권태로부터의 탈출과 해방의 이미지, 생존의 치욕을 견디게 할 수 있는 매혹과 자발적 잠정적 탈출이라고 하고 있다.

21 다음 서식을 보고 빈칸에 들어갈 알맞은 단어를 고른 것은?

납품(장착) 확인서

1. 제 품 명 : 슈퍼터빈(연료과급기)
2. 회 사 명 : 서원각
3. 사업자등록번호 : 123-45-67890
4. 주 소 : 경기도 고양시 일산서구 가좌동 846
5. 대 표 자 : 정 확 한
6. 공 급 받 는 자 : (주) 소정 코리아
7. 납품(계약)단가 : 일금 이십육만원정(₩ 260,000)
8. 납품(계약)금액 : 일금 이백육십만원정(₩ 2,600,000)
9. 장착차량 현황

차종	연식	차량번호	사용연료	규격(size)	수량	비고
스타렉스			경유	72mm	4	
카니발			경유		2	
투싼			경유	56mm	2	
야무진			경유		1	
이스타나			경유		1	
합계					10	2,600,000

귀사 제품 슈퍼터빈을 테스트한 결과 연료절감 및 매연저감에 효과가 있으므로 당사 차량에 대해 ( ) 장착하였음을 확인합니다.

납 품 처 : (주)소정 코리아
사업자등록번호 : 987-65-43210
상 호 : (주)소정 코리아
주 소 : 서울시 강서구 가양동 357-9
대 표 자 : 장 착 해

---

① 일절   ② 일체

③ 전혀   ④ 반품

⑤ 환불

> ✔ **해설** '일절'과 '일체'는 구별해서 써야 할 말이다. '일절'은 부인하거나 금지할 때 쓰는 말이고, '일체'는 전부를 나타내는 말이다.

22 다음 글을 읽고 이 글을 뒷받침할 수 있는 주장으로 가장 적합한 것은?

> X선 사진을 통해 폐질환 진단법을 배우고 있는 의과대학 학생을 생각해 보자. 그는 암실에서 환자의 가슴을 찍은 X선 사진을 보면서, 이 사진의 특징을 설명하는 방사선 전문의의 강의를 듣고 있다. 그 학생은 가슴을 찍은 X선 사진에서 늑골뿐만 아니라 그 밑에 있는 폐, 늑골의 음영, 그리고 그것들 사이에 있는 아주 작은 반점들을 볼 수 있다. 하지만 처음부터 그럴 수 있었던 것은 아니다. 첫 강의에서는 X선 사진에 대한 전문의의 설명을 전혀 이해하지 못했다. 그가 가리키는 부분이 무엇인지, 희미한 반점이 과연 특정질환의 흔적인지 전혀 알 수가 없었다. 전문의가 상상력을 동원해 어떤 가상적 이야기를 꾸며내는 것처럼 느껴졌을 뿐이다. 그러나 몇 주 동안 이론을 배우고 실습을 하면서 지금은 생각이 달라졌다. 그는 문제의 X선 사진에서 이제는 늑골 뿐 아니라 폐와 관련된 생리적인 변화, 흉터나 만성 질환의 병리학적 변화, 급성질환의 증세와 같은 다양한 현상들까지도 자세하게 경험하고 알 수 있게 될 것이다. 그는 전문가로서 새로운 세계에 들어선 것이고, 그 사진의 명확한 의미를 지금은 대부분 해석할 수 있게 되었다. 이론과 실습을 통해 새로운 세계를 볼 수 있게 된 것이다.

① 관찰은 배경지식에 의존한다.
② 과학에서의 관찰은 오류가 있을 수 있다.
③ 과학 장비의 도움으로 관찰 가능한 영역은 확대된다.
④ 관찰정보는 기본적으로 시각에 맺혀지는 상에 의해 결정된다.
⑤ X선 사진의 판독은 과학데이터 해석의 일반적인 원리를 따른다.

✔해설 배경지식이 전혀 없던 상태에서는 X선 사진을 관찰하여도 아무 것도 찾을 수 없었으나 이론과 실습 등을 통하여 배경지식을 갖추고 난 후에는 X선 사진을 관찰하여 생리적 변화, 만성 질환의 병리적 변화, 급성 질환의 증세 등의 현상을 알게 되었다는 것을 보면 관찰은 배경지식에 의존한다고 할 수 있다.

23 다음 제시된 내용을 토대로 관광회사 직원들이 추론한 내용으로 가장 적합한 것은?

> 세계여행관광협의회(WTTC)에 따르면 2016년 전 세계 국내총생산(GDP) 총합에서 관광산업이 차지한 직접 비중은 2.7%이다. 여기에 고용, 투자 등 간접적 요인까지 더한 전체 비중은 9.1%로, 금액으로 따지면 6조 3,461억 달러에 이른다. 직접 비중만 놓고 비교해도 관광산업의 규모는 자동차 산업의 2배이고 교육이나 통신 산업과 비슷한 수준이다. 아시아를 제외한 전 대륙에서는 화학 제조업보다도 관광산업의 규모가 큰 것으로 나타났다.
>
> 서비스 산업의 특성상 고용을 잣대로 삼으면 그 차이는 더욱 더 벌어진다. 지난해 전세계 관광산업 종사자는 9,800만 명으로 자동차 산업의 6배, 화학 제조업의 5배, 광업의 4배, 통신 산업의 2배로 나타났다. 간접 고용까지 따지면 2억 5,500만 명이 관광과 관련된 일을 하고 있어, 전 세계적으로 근로자 12명 가운데 1명이 관광과 연계된 직업을 갖고 있는 셈이다. 이러한 수치는 향후 2~3년간은 계속 유지될 것으로 보인다. 실제 백만 달러를 투입할 경우, 관광산업에서는 50명분의 일자리가 추가로 창출되어 교육 부문에 이어 두 번째로 높은 고용 창출효과가 있는 것으로 조사되었다.
>
> 유엔세계관광기구(UNWTO)의 장기 전망에 따르면 관광산업의 성장은 특히 한국이 포함된 동북아시아에서 두드러질 것으로 예상된다. UNWTO는 2010년부터 2030년 사이 이 지역으로 여행하는 관광객이 연평균 9.7% 성장하여 2030년 5억 6,500명이 동북아시아를 찾을 것으로 전망했다. 전 세계 시장에서 차지하는 비율도 현 22%에서 2030년에는 30%로 증가할 것으로 예측했다.
>
> 그런데 지난해 한국의 관광산업 비중(간접 분야 포함 전체 비중)은 5.2%로 세계 평균보다 훨씬 낮다. 관련 고용자수(간접 고용 포함)도 50만 3,000여 명으로 전체의 2%에 불과하다. 뒤집어 생각하면 그만큼 성장의 여력이 크다고 할 수 있다.

① 상민 : 2016년 전 세계 국내총생산(GDP) 총합에서 관광산업이 차지한 직접 비중을 금액으로 따지면 2조 달러가 넘는다.

② 대현 : 2015년 전 세계 통신 산업의 종사자는 자동차 산업의 종사자의 약 3배 정도이다.

③ 동근 : 2017년 전 세계 근로자 수는 20억 명을 넘지 못한다.

④ 수진 : 한국의 관광산업 수준이 간접 고용을 포함하는 고용 수준에서 현재의 세계 평균 수준 비율과 비슷해지려면 3백억 달러 이상을 관광 산업에 투자해야 한다.

⑤ 영수 : 2020년에는 동북아시아를 찾는 관광객의 수가 연간 약 2억 8,000명을 넘을 것이다.

> ✅해설 한국의 관광 관련 고용자 수는 50만 명으로 전체 2% 수준이다. 이를 세계 평균 수준인 8% 이상으로 끌어 올리려면 150만 여명 이상을 추가로 고용해야 한다. 백만 달러당 50명의 일자리가 추가로 창출되므로 150만 명 이상을 추가로 고용하려면 대략 300억 달러 이상이 필요하다.
> ① 약 1조 8,830억 달러 정도이다.
> ② 2017년 기준으로 지난해인 2016년도의 내용이므로 2015년의 종사자 규모는 알 수 없다. 2016년 기준으로는 전 세계 통신 산업의 종사자는 자동차 산업의 종사자의 약 3배 정도이다.

③ 간접 고용까지 따지면 2억 5,500만 명이 관광과 관련된 일을 하고 있어, 전 세계적으로 근로자 12명 가운데 1명이 관광과 연계된 직업을 갖고 있는 셈이다. 추측해보면 2017년 전 세계 근로자 수는 20억 명을 넘는다.

⑤ 2010년부터 2030년 사이 이 지역으로 여행하는 관광객이 연평균 9.7% 성장하여 2030년 5억 6,500명이 동북아시아를 찾을 것으로 전망했으므로 2020년에 동북아시아를 찾는 관광객의 수는 연간 약 2억 8,000명을 넘을 수 없다.

24 다음 글을 읽고 알 수 있는 내용으로 가장 적절한 것은?

> 어떤 시점에 당신만이 느끼는 어떤 감각을 지시하여 'W'라는 용어의 의미로 삼는다고 하자. 그 이후에 가끔 그 감각을 느끼게 되면, "W라고 불리는 그 감각이 나타났다."고 당신은 말할 것이다. 그렇지만 그 경우에 당신이 그 용어를 올바로 사용했는지 그렇지 않은지를 어떻게 결정할 수 있는가? 만에 하나 첫 번째 감각을 잘못 기억할 수도 있을 것이고, 혹은 실제로는 단지 희미하고 어렴풋한 유사성밖에 없는데도 첫 번째 감각과 두 번째 감각 사이에 밀접한 유사성이 있는 것으로 착각할 수도 있다. 더구나 그것이 착각인지 아닌지를 판단할 근거가 없다. 만약 "W"라는 용어의 의미가 당신만이 느끼는 그 감각에만 해당한다면, "W"라는 용어의 올바른 사용과 잘못된 사용을 구분할 방법은 어디에도 없게 될 것이다. 올바른 적용에 관해 결론을 내릴 수 없는 용어는 아무런 의미도 갖지 않는다.

① 본인만이 느끼는 감각을 지시하는 용어는 아무 의미도 없다.
② 어떤 용어도 구체적 사례를 통해서 의미를 얻게 될 수 없다.
③ 감각을 지시하는 용어는 사용하는 사람에 따라 상대적인 의미를 갖는다.
④ 감각을 지시하는 용어의 의미는 그것이 무엇을 지시하는가와 아무 상관이 없다.
⑤ 감각을 지시하는 용어의 의미는 다른 사람들과 공유하는 의미로 확장될 수 있다.

> ✔해설 '만약 "W"라는 용어의 의미가 당신만이 느끼는 그 감각에만 해당한다면, "W"라는 용어의 올바른 사용과 잘못된 사용을 구분할 방법은 어디에도 없게 될 것이다. 올바른 적용에 관해 결론을 내릴 수 없는 용어는 아무런 의미도 갖지 않는다.'를 통해 알 수 있다.

25 다음 글을 이해한 내용으로 적절하지 않은 것은?

스프링클러는 물을 약제로 사용하여 화재 초기에 화세를 제어할 목적으로 천장에 설치되는 고정식 소화 설비로, 수원과 연결된 배관, 가압 송수 장치, 제어 장치, 헤드로 구성되어 있다. 스프링클러가 설치된 건물에서 화재가 발생하면, 정상 상태에서는 방수구를 막고 있던 헤드의 감열체가 온도를 감지하고 헤드로부터 이탈하면서 연소물과 그 주변에 물이 분사되어 화세를 제어할 수 있게 된다.

스프링클러가 화세를 제어하는 원리는 물의 냉각 작용을 통해 연소물로부터 열을 흡수하여 온도를 발화점 미만으로 떨어뜨리는 것이다. 어떤 물질 1kg의 온도를 1℃ 올리는 데 드는 열량을 비열이라 하고 액체가 기화하여 기체로 될 때 흡수하는 열을 증발 잠열이라고하는데, 물은 끓는점이 100℃, 비열이 1kcal/kg℃, 증발 잠열이 539kcal/kg로서 다른 어느 물질보다도 큰 열 흡수 능력을 가지고 있다. 20℃의 물 1kg이 완전히 증기로 변할 때, 물은 온도를 끓는점까지 올리기 위한 80kcal의 열량에 이를 증기로 변하게 하기 위한 539kcal의 열량을 더하여 총 619kcal를 흡수할 수 있게 된다. 화재가 일어나 분당 6,000kcal의 열량이 방출되고 있어 물의 냉각 작용만을 통해 화세를 제어하고자 한다면, 20℃의 물을 분당 10kg 내보내면 물이 증발하면서 총 6,190kcal를 흡수할 수 있으므로 연소물로부터 방출되는 열량을 흡수하여 화세를 제어하고 불을 끌 수 있게 된다.

스프링클러가 화세를 제어하는 또 다른 원리는 물의 증기 팽창을 통해 공기 중 물질의 농도를 희석시키거나 연소물에 얇은 막을 형성하여 산소를 차단하는 것이다. 20℃ 물의 비부피는 0.001m^3/kg이고 100℃ 증기의 비부피는 1.673m^3/kg로서 물이 증기가 되면서 부피가 약 1,600배 이상 팽창된다. 이러한 증기 팽창은 공기 중 산소의 농도와 가연물이 되는 가연성 증기의 농도를 희석시켜 연소를 억제하는 효과를 준다. 증기 팽창에 의한 작용을 극대화하기 위해서는 물의 증발 효율을 높여야 하는데 이를 위해서는 물 입자의 크기를 작게 만들어 단위 부피당 표면적을 크게 하는 것이 필요하다. 그리고 물방울의 입자를 더욱 작은 미립자로 분무할 경우에는 매우 얇은 막의 형성을 뜻하는 에멀전(emulsion) 효과가 발생한다. 유류 화재와 같이 물이 소화제로서 적합하지 않은 상황에서도 미세한 물 입자를 이용한 분무는, 물이 유류 표면에 얇은 막을 형성할 수 있도록 해 준다. 이렇게 형성된 얇은 막은 산소를 차단하여 질식소화의 효과를 발휘하게 한다. 이러한 원리를 바탕으로 스프링클러가 화재 초기에 화세를 제어하게 되면, 연소의 진행으로 인해 쌓인 가연성 가스가 폭발하여 화재 공간 전체가 화염에 휩싸이는데 이르는 시간을 지연시킬 수 있다. 또한 실내 거주자가 화재에 견딜 수 있는 상황을 만들어 주기 때문에 피난 시간을 확보할 수 있게 된다. 그리고 스프링클러가 온도를 감지하여 자동으로 작동하는 특성은 야간이나 유동 인원이 적은 공간에서도 화재 감지 및 경보, 소화를 할 수 있게 해 준다는 점에서 의의를 지닌다.

① 물 입자의 단위 부피당 표면적이 클수록 증발 효율이 높다.
② 25℃의 물 1kg이 증기로 변하면 총 614kcal의 열량을 흡수할 수 있다.
③ 연소물에서 방출되는 열량보다 물이 흡수하는 열량이 더 크면 화세를 제어할 수 있다.
④ 스프링클러가 화재 초기에 화세를 제어하면 실내 거주자의 피난 시간을 확보할 수 있다.
⑤ 스프링클러를 통해 방출되는 물의 온도가 낮아지면 연소물로부터 흡수할 수 있는 열량이 적어진다.

✔ 해설 스프링클러를 통해 방출되는 물의 온도가 낮아지면, 끓는점인 100℃까지 올리는 데 드는 열량이 많아지므로 연소물로부터 흡수할 수 있는 열량도 많아진다.

① 물 입자의 크기가 작을수록 단위 부피당 표면적이 커지므로 증발 효율은 높아지게 된다.

② 25℃의 물 1kg을 끓는점인 100℃까지 올리기 위해 75kcal, 이를 기체로 변하게 하기 위해 539kcal가 필요하므로 총 614kcal의 열량을 흡수할 수 있다.

③ 냉각 작용으로 불을 끄려면 물이 흡수하는 열량이 연소물로부터 방출되는 열량보다 커야 모든 열을 흡수하고 불을 끌 수 있게 된다.

④ 스프링클러가 화재 초기에 작동하면 화재에 견딜 수 있는 상황을 만들어 주므로 피난 시간이 확보된다.

CHAPTER 02

문제해결능력

1 형사와 범인이 있다. 형사는 항상 참말을 하고 범인은 항상 거짓말을 한다. A, B 두 사람은 각기 형사
일수도 있고 범인일 수도 있다. A가 다음과 같이 말했다면 A와 B는 각기 어떤 사람인가?

> 나는 범인이거나 혹은 B는 형사이다.

① 형사와 범인   ② 범인과 형사
③ 둘 다 형사   ④ 둘 다 범인
⑤ 알 수 없음

> **✔ 해설** 범인은 두 개의 진술 중 어느 것이라도 참말이 되어서는 안 되지만, 형사라면 두 개의 진술 중 하나만
> 참말이 되어도 된다.
> A가 범인이라면 "나는 범인이다."라고 참말을 할 수 없다. 또한 "B는 형사이다."라는 말이 거짓이더라도
> 이미 참말을 한 것이 되므로 A는 범인일 수 없다.
> 따라서 A가 형사라면 "나는 범인이다."라는 말이 거짓이 되고, "B는 형사이다."라는 말도 거짓이 되면 둘
> 다 거짓이 되므로 A는 형사일 수 없다.
> 그러므로 "B는 형사이다."는 참이 되어야 하므로 A, B 모두 형사가 되어야 한다.

2 A, B, C, D, E 다섯 명 중 출장을 가는 사람이 있다. 출장을 가는 사람은 반드시 참을 말하고, 출장
에 가지 않는 사람은 반드시 거짓을 말한다. 다음과 같이 각자 말했을 때 항상 참인 것은?

> A : E가 출장을 가지 않는다면, D는 출장을 간다.
> B : D가 출장을 가지 않는다면, A는 출장을 간다.
> C : A는 출장을 가지 않는다.
> D : 2명 이상이 출장을 간다.
> E : C가 출장을 간다면 A도 출장을 간다.

① 최소 1명, 최대 3명이 출장을 간다.
② C는 출장을 간다.
③ E는 출장을 가지 않는다.

④ A와 C는 같이 출장을 가거나, 둘 다 출장을 가지 않는다.

⑤ A가 출장을 가면 B도 출장을 간다.

> ✔해설
> • C의 진술이 참이면, C는 출장을 가는 사람이고 A는 출장을 가지 않는다. → A는 출장을 가지 않으므로 A의 진술은 거짓이며, 그 부정인 'E가 출장을 가지 않는다면, D는 출장을 가지 않는다.'는 참이다. → 이 경우, E와 D의 진술은 거짓이다.
> • E의 진술이 거짓이면, E는 출장을 가지 않는 사람이고 E의 진술의 부정인 'C가 출장을 간다면, A는 출장을 가지 않는다.'는 참이다. → C는 출장을 가는 사람이므로 C의 진술은 참이고, A는 출장을 가지 않으므로 A의 진술은 거짓이다. → 따라서 A의 진술의 부정인 'E가 출장을 가지 않는다면, D는 출장을 가지 않는다.'는 참이고, D는 출장을 가지 않는다.
> • D의 진술이 거짓이면, 실제 출장을 가는 사람은 2명 미만으로 1명만 출장을 간다. 이 경우, E의 진술은 거짓이고, 그 부정인 'C가 출장을 간다면 A는 출장을 가지 않는다.'는 참이다. → A는 출장을 가지 않으므로 A의 진술은 거짓이며, 그 부정인 'E가 출장을 가지 않는다면, D는 출장을 가지 않는다.'는 참이다. → 따라서 B의 진술 역시 거짓이다.

3 경찰서에서 목격자 세 사람이 범인에 관하여 다음과 같이 진술하였다.

> A : 은이가 범인이거나 영철이가 범인입니다.
> B : 영철이가 범인이거나 숙이가 범인입니다.
> C : 은이가 범인이 아니거나 또는 숙이가 범인이 아닙니다.

경찰에서는 이미 이 사건이 한 사람의 단독 범행인 것을 알고 있었다. 그리고 한 진술은 거짓이고 나머지 두 진술은 참이라는 것이 나중에 밝혀졌다. 그러나 안타깝게도 어느 진술이 거짓인지는 밝혀지지 않았다면 다음 중 반드시 거짓인 것은?

① 은이가 범인이다.

② 영철이가 범인이다.

③ 숙이가 범인이다.

④ 숙이는 범인이 아니다.

⑤ 은이가 범인이 아니면 영철이도 범인이 아니다.

> ✔해설 은이만 범인이면 목격자 A 참, 목격자 B 거짓, 목격자 C 참
> 영철이만 범인이면 목격자 A 참, 목격자 B 참, 목격자 C 참
> 숙이만 범인이면 목격자 A 거짓, 목격자 B 참, 목격자 C 참

Answer 1.③ 2.② 3.②

4 다음 글의 내용이 참일 때 반드시 참인 것은?

A국은 B국의 동태를 살피도록 세 명의 사절을 파견하였다. 세 명의 사절은 각각 세 가지 주장을 했는데, 각 사절들의 주장 중 둘은 참이고 나머지 하나는 거짓이다.

사절 1
• B국은 군수물자를 확보할 수 있다면 전쟁을 일으킬 것이다.
• B국은 문화적으로 미개하지만 우리나라의 문화에 관심을 많이 갖고 있다.
• B국은 종래의 봉건적인 지배권이 약화되어 있고 정치적으로도 무척 혼란스러운 상황이다.

사절 2
• B국이 전쟁을 일으킨다면 약하지 않았던 종래의 봉건적인 지배권이 한층 더 강화될 것이다.
• B국은 우리나라의 문화에 관심을 많이 갖고 있을 뿐만 아니라 독창적이고 훌륭한 문화를 발전시켜 왔다.
• B국에는 서양 상인들이 많이 들어와 활동하고 있으며 신흥 상업 도시가 발전되어 있지만, 종래의 봉건적인 지배권이 약화되었다고 보기 어렵다.

사절 3
• B국은 약하지 않았던 종래의 봉건적인 지배권을 한층 더 강화하고 있다.
• B국은 군수물자를 확보하고 있기는 하지만 전쟁을 일으킬 생각은 없는 것이 분명하다.
• B국의 신흥 상업 도시가 더욱 발전한다면 우리나라의 문화에도 더욱 큰 관심을 갖게 될 것이다.

---

① B국은 문화적으로 미개하다.
② B국은 정치적으로 안정되어 있다.
③ B국은 군수물자를 확보하고 있다.
④ B국은 A국의 문화에 관심이 없다.
⑤ B국은 전쟁을 일으킬 생각이 없다.

✔해설 사절 1과 사절 2의 주장으로 보면 서로 반대되는 내용이 있다.
사절 1 – 문화적으로 미개 / 봉건적 지배권 약화
사절 2 – 독창적이고 훌륭한 문화 / 봉건적 지배권이 약화되었다고 보기 어려움
각 사절의 주장 중 2개는 옳고 나머지 한 개는 거짓이므로 이 두 가지 주장을 제외한 한 주장은 무조건 옳은 것이 된다.
즉, 사절 1의 첫 번째 주장이 참이고, 사절 3의 두 번째 주장이 거짓일 경우 사절 3의 나머지 주장은 참이 된다. 그런데 사절 3의 첫 번째 주장이 참이라면 사절 2의 첫 번째 주장은 참이고 사절 1의 3번째 주장은 거짓이 된다. 사절 1의 세 번째 주장이 거짓이면 사절 1의 나머지 주장들은 참이 된다. B국이 문화적으로 미개하다는 사절 1의 두 번째 주장이 참이면 사절 2의 두 번째 주장은 거짓이 되고, 사절 2의 나머지 주장들은 참이 된다.
그러므로 B국은 문화적으로 미개하다는 주장이 옳다.

5 제시된 자료는 복리후생 제도 중 직원의 교육비 지원에 대한 내용이다. 다음 중 ㈎ ~ ㈑ 직원 4명의 총 교육비 지원 금액은 얼마인가?

〈교육비 지원 기준〉

• 임직원 본인의 대학 및 대학원 학비 : 100% 지원
• 임직원 가족의 대학 및 대학원 학비
 −임직원의 직계 존비속 : 80% 지원
 −임직원의 형제 및 자매 : 50% 지원 (단, 직계 존비속 지원이 우선되며, 해당 신청이 없을 경우에 한하여 지급함)
 −교육비 지원 신청은 본인 포함 최대 2인에 한한다.

〈교육비 신청내용〉

㈎ 직원 − 본인 대학원 학비 3백만 원, 동생 대학 학비 2백만 원
㈏ 직원 − 딸 대학 학비 2백만 원
㈐ 직원 − 본인 대학 학비 3백만 원, 아들 대학 학비 4백만 원, 동생 대학원 학비 2백만 원
㈑ 직원 − 본인 대학원 학비 2백만 원, 딸 대학 학비 2백만 원, 아들 대학원 학비 2백만 원, 동생 대학원 학비 3백만 원

---

① 14,400,000원　　　　　　　　　② 15,400,000원
③ 16,400,000원　　　　　　　　　④ 17,400,000원
⑤ 18,400,000원

✔**해설** 아들, 딸은 직계 존비속이다. 본인은 100%, 직계 존비속 80%, 형제·자매는 50%
㈎ − 본인 $300 +$ 동생 $200 \times 0.5 = 100$
㈏ − 딸 $200 \times 0.8 = 160$
㈐ − 본인 $300 +$ 아들 $400 \times 0.8 = 320$
㈑ − 본인 $200 +$ 딸 $200 \times 0.8 = 160$
모두 합하면 $300 + 100 + 160 + 300 + 320 + 200 + 160 = 1,540$만 원

Answer 4.① 5.②

6 다음 주어진 표를 보고 단기계약을 체결한 은영이네가 납부해야 할 수도요금으로 옳은 것은?

요금단가

원/m³

구분	계	기본요금	사용요금
원수	233.7	70.0	163.7
정수	432.8	130.0	302.8
침전수	328.0	98.0	230.0

단기계약

구분		내용
계약기간		1년 이내, 계약량 변경(6회/년) 가능
요금		기본요금 + 사용요금
계산방법	기본요금	계약량×기본요금단가 ※ 사용량이 계약량을 초과하는 경우 기본요금은 월간사용량의 120% 한도액으로 적용
	사용요금	사용량×사용요금단가 ※ 월간계약량의 120%를 초과하여 사용한 경우 다음을 가산 사용요금단가×월간계약량의 120% 초과사용량

은영이네 수도사용량

- 원수 사용
- 월간계약량 100m³
- 월간사용량 125m³

① 22,552원　　　　　　　　② 26,876원

③ 29,681원　　　　　　　　④ 31,990원

⑤ 37,651원

✔ 해설　기본요금 : $70.0 \times 120 = 8,400$원
사용요금 : $(163.7 \times 125) + (163.7 \times 5) = 20,462.5 + 818.5 = 21,281$원
요금합계 : $8,400 + 21,281 = 29,681$원

7 영식이는 자신의 업무에 필요하다고 생각하여 국제인재개발원에서 수강할 과목을 선택하려고 한다. 영식이가 선택할 과목에 대해 주변의 지인 A ~ E가 다음과 같이 진술하였는데 이 중 한 사람의 진술은 거짓이고 나머지 사람들의 진술은 모두 참인 것으로 밝혀졌다. 영식이가 반드시 수강할 과목만으로 바르게 짝지어진 것은?

> A : 영어를 수강할 경우 중국어도 수강한다.
> B : 영어를 수강하지 않을 경우, 일본어도 수강하지 않는다.
> C : 영어와 중국어 중 적어도 하나를 수강한다.
> D : 일본어를 수강할 경우에만 중국어를 수강한다.
> E : 일본어를 수강하지만 영어는 수강하지 않는다.

① 일본어   ② 영어
③ 일본어, 중국어   ④ 일본어, 영어
⑤ 일본어, 영어, 중국어

✔ **해설** A : 영어 → 중국어
　　　　B : ~영어 → ~일본어, 일본어 → 영어
　　　　C : 영어 또는 중국어
　　　　D : 일본어 ↔ 중국어
　　　　E : 일본어
　　　　㉠ B는 참이고 E는 거짓인 경우
　　　　　　영어와 중국어 중 하나는 반드시 수강한다(C).
　　　　　　영어를 수강할 경우 중국어를 수강(A), 일본어를 수강(D)
　　　　　　중국어를 수강할 경우 일본어를 수강(D), 영어를 수강(E는 거짓이므로) → 중국어도 수강(A)
　　　　　　그러므로 B가 참인 경우 일본어, 중국어, 영어 수강
　　　　㉡ B가 거짓이고 E가 참인 경우
　　　　　　일본어를 수강하고 영어를 수강하지 않으므로(E) 반드시 중국어를 수강한다(C).
　　　　　　중국어를 수강하므로 일본어를 수강한다(D).
　　　　　　그러므로 E가 참인 경우 일본어, 중국어 수강
　　　　　　영식이가 반드시 수강할 과목은 일본어, 중국어이다.

8 갑, 을, 병, 정, 무 다섯 명이 자유형, 배영, 접영, 평영을 한 번씩 사용하여 400m를 수영하려 한다. 레인은 1번부터 5번 레인을 사용하며 100m마다 다른 수영 방식을 사용한다. 단, 각 레인마다 1명씩 배정이 되며, 이웃한 레인에 있는 사람들은 같은 구간에서 동일한 수영 방식을 사용할 수 없다. 다음 중 4번 레인을 사용하는 사람의 구간별 수영 방식을 순서대로 바르게 나열한 것은?

- 2번과 4번 레인을 사용하는 사람들은 첫 번째 구간에서 같은 수영 방식을 사용하되, 자유형은 사용할 수 없다.
- 을, 정은 네 번째 구간에서만 같은 수영 방식을 사용한다.
- 갑은 3번 레인을 사용하고 두 번째 구간에서 자유형을 한다.
- 을은 네 번째 구간에서 배영을 하고, 세 번째 구간에서는 갑과 같은 수영방식을 사용한다.
- 무는 5번 레인을 사용하고, 첫 번째 구간에서는 평영, 네 번째 구간에서는 자유형을 한다.

① 접영 - 평영 - 배영 - 자유형
② 배영 - 접영 - 평영 - 자유형
③ 배영 - 평영 - 자유형 - 접영
④ 접영 - 평영 - 자유형 - 배영
⑤ 접영 - 배영 - 자유형 - 평영

✔ 해설 이웃한 레인끼리는 동일한 수영 방식을 사용할 수 없음을 주의하며 위의 조건에 따라 정리하면

레인 구간	1번 레인 을	2번 레인 병	3번 레인 갑	4번 레인 정	5번 레인 무
첫 번째 구간	자유형	접영	배영	접영	평영
두 번째 구간	접영	배영	자유형	평영	접영
세 번째 구간	평영	자유형	평영	자유형	배영
네 번째 구간	배영	평영	접영	배영	자유형

9 다음 글의 내용과 날씨를 근거로 판단할 경우 종아가 여행을 다녀온 시기로 가능한 것은?

- 종아는 선박으로 '포항→울릉도→독도→울릉도→포항' 순으로 3박 4일의 여행을 다녀왔다.
- '포항→울릉도' 선박은 매일 오전 10시, '울릉도→포항' 선박은 매일 오후 3시에 출발하며, 편도 운항에 3시간이 소요된다.
- 울릉도에서 출발해 독도를 돌아보는 선박은 매주 화요일과 목요일 오전 8시에 출발하여 당일 오전 11시에 돌아온다.
- 최대 파고가 3m 이상인 날은 모든 노선의 선박이 운항되지 않는다.
- 종아는 매주 금요일에 술을 마시는데, 술을 마신 다음날은 멀미가 심해 선박을 탈 수 없다.
- 이번 여행 중 종아는 울릉도에서 호박엿 만들기 체험을 했는데, 호박엿 만들기 체험은 매주 월·금요일 오후 6시에만 할 수 있다.

날씨

(㉠ : 최대 파고)

日	月	火	水	木	金	土
16	17	18	19	20	21	22
㉠ 1.0m	㉠ 1.4m	㉠ 3.2m	㉠ 2.7m	㉠ 2.8m	㉠ 3.7m	㉠ 2.0m
23	24	25	26	27	28	29
㉠ 0.7m	㉠ 3.3m	㉠ 2.8m	㉠ 2.7m	㉠ 0.5m	㉠ 3.7m	㉠ 3.3m

① 19일(水) ~ 22일(土)
② 20일(木) ~ 23일(日)
③ 23일(日) ~ 26일(水)
④ 25일(火) ~ 28일(金)
⑤ 26일(水) ~ 29일(土)

✔해설 ① 19일 수요일 오후 1시 울릉도 도착, 20일 목요일 독도 방문, 22일 토요일은 복귀하는 날인데 종아는 매주 금요일에 술을 마시므로 멀미로 인해 선박을 이용하지 못하므로 불가능
② 20일 목요일 오후 1시 울릉도 도착, 독도는 화요일과 목요일만 출발하므로 불가능
③ 23일 일요일 오후 1시 울릉도 도착, 24일 월요일 호박엿 만들기 체험, 25일 화요일 독도 방문, 26일 수요일 포항 도착
④ 25일 화요일 오후 1시 울릉도 도착, 27일 목요일 독도 방문, 28일 금요일 호박엿 만들기 체험은 오후 6시인데, 복귀하는 선박은 오후 3시 출발이라 불가능
⑤ 26일 수요일 오후 1시 울릉도 도착, 27일 목요일 독도 방문, 28일 금요일 호박엿 만들기 체험, 매주 금요일은 술을 마시므로 다음날 선박을 이용하지 못하며, 29일은 파고가 3m를 넘어 선박이 운항하지 않아 불가능

Answer 8.④ 9.③

10 다음 내용과 전투능력을 가진 생존자 현황을 근거로 판단할 경우 생존자들이 탈출할 수 있는 경우로 옳은 것은? (단, 다른 조건은 고려하지 않는다)

- 좀비 바이러스에 의해 라쿤 시티에 거주하던 많은 사람들이 좀비가 되었다. 건물에 갇힌 생존자들은 동, 서, 남, 북 4개의 통로를 이용해 5명씩 탈출을 시도한다. 탈출은 통로를 통해서만 가능하며, 한쪽 통로를 선택하면 되돌아올 수 없다.
- 동쪽 통로에 11마리, 서쪽 통로에 7마리, 남쪽 통로에 11마리, 북쪽 통로에 9마리의 좀비들이 있다. 선택한 통로의 좀비를 모두 제거해야만 탈출할 수 있다.
- 남쪽 통로의 경우, 통로 끝이 막혀 탈출을 할 수 없지만 팀에 폭파전문가가 있다면 다이너마이트를 사용하여 막힌 통로를 뚫고 탈출할 수 있다.
- 전투란 생존자가 좀비를 제거하는 것을 의미하며 선택한 통로에서 일시에 이루어진다.
- 전투능력은 정상인 건강상태에서 해당 생존자가 전투에서 제거하는 좀비의 수를 의미하며, 질병이나 부상상태인 사람은 그 능력이 50%로 줄어든다.
- 전투력 강화제는 건강상태가 정상인 생존자들 중 1명에게만 사용할 수 있으며, 전투능력을 50% 향상시킨다. 사용 가능한 대상은 의사 혹은 의사의 팀 내 구성원이다.
- 생존자의 직업은 다양하며, 아이와 노인은 전투능력과 보유품목이 없고 건강상태는 정상이다.

전투능력을 가진 생존자 현황

직업	인원	전투능력	건강상태	보유품목
경찰	1명	6	질병	–
헌터	1명	4	정상	–
의사	1명	2	정상	전투력 강화제 1개
사무라이	1명	8	정상	–
폭파전문가	1명	4	부상	다이너마이트

	탈출 통로	팀 구성 인원
①	동쪽 통로	폭파전문가 – 사무라이 – 노인 3명
②	서쪽 통로	헌터 – 경찰 – 아이 2명 – 노인
③	남쪽 통로	헌터 – 폭파전문가 – 아이 – 노인 2명
④	남쪽 통로	폭파전문가 – 헌터 – 의사 – 아이 2명
⑤	북쪽 통로	경찰 – 의사 – 아이 2명 – 노인

✔️ **해설** 실제 전투능력을 정리하면 경찰(3), 헌터(4), 의사(2), 사무라이(8), 폭파전문가(2)이다.
이를 토대로 탈출 통로의 좀비수와 처치 가능 좀비수를 계산해 보면
① 동쪽 통로 11마리 좀비
　폭파전문가(2), 사무라이(8)하면 10마리의 좀비를 처치 가능
② 서쪽 통로 7마리 좀비
　헌터(4), 경찰(3)하면 7마리의 좀비 모두 처치 가능
③ 남쪽 통로 11마리 좀비
　헌터(4), 폭파전문가(2) 6마리의 좀비 처치 가능
④ 남쪽 통로 11마리 좀비
　폭파전문자(2), 헌터(4)-전투력 강화제(2), 의사(2) 10마리의 좀비 처치 가능
⑤ 북쪽 통로 9마리 좀비
　경찰(3), 의사(2)-전투력 강화제(1) 6마리의 좀비 처치 가능

11 다음 내용을 근거로 판단할 때 참말을 한 사람은 누구인가?

> A 동아리 학생 5명은 각각 B 동아리 학생들과 30회씩 가위바위보 게임을 하였다. 각 게임에서 이길 경우 5점, 비길 경우 1점, 질 경우 -1점을 받는다. 게임이 모두 끝나자 A 동아리 학생 5명은 자신들이 얻은 합산 점수를 다음과 같이 말하였다.
>
> 갑 : 내 점수는 148점이다.
> 을 : 내 점수는 145점이다.
> 병 : 내 점수는 143점이다.
> 정 : 내 점수는 140점이다.
> 무 : 내 점수는 139점이다.
>
> 이들 중 한 명만 참말을 하고 있다.

① 갑   ② 을
③ 병   ④ 정
⑤ 무

✔ **해설** 가위바위보를 해서 모두 이기면 $30 \times 5 = 150$점이 된다.
여기서 한 번 비기면 총점에서 4점이 줄고, 한 번 지면 총점에서 6점이 줄어든다.
만약 29번 이기고 1번 지게 되면 $(29 \times 5) + (-1) = 144$점이 된다.
즉, 150점에서 -6, 또는 -4를 통해서 나올 수 있는 점수를 가진 사람만이 참말을 하는 것이다.
정의 점수 140점은 1번 지고, 1번 비길 경우 나올 수 있다.
$(28 \times 5) + 1 - 1 = 140$

12 다음 글의 내용이 참일 때, 반드시 참인 것은?

> 전 세계적으로 금융위기로 인해 그 위기의 근원지였던 미국의 경제가 상당히 피해를 입었다. 미국에서 는 경제 회복을 위해 통화량을 확대하는 양적완화 정책을 실시할 것인지를 두고 논란이 있었다. 미국의 양적완화는 미국 경제회복에 효과가 있겠지만, 국제 경제에 적지 않은 영향을 줄 수 있기 때문이다.
>
> 미국이 양적완화를 실시하면, 달러화의 가치가 하락하고 우리나라의 달러 환율도 하락한다. 우리나라의 달러 환율이 하락하면 우리나라의 수출이 감소한다. 우리나라 경제는 대외 의존도가 높기 때문에 경제 의 주요 지표들이 개선되기 위해서는 수출이 감소하면 안 된다.
>
> 또 미국이 양적완화를 중단하면 미국 금리가 상승한다. 미국 금리가 상승하면 우리나라 금리가 상승하 고, 우리나라 금리가 상승하면 우리나라에 대한 외국인 투자가 증가한다. 또한 우리나라 금리가 상승하 면 우리나라의 가계부채 문제가 심화된다. 가계부채 문제가 심화되는 나라의 국내 소비는 감소한다. 국 내 소비가 감소하면, 경제의 전망이 어두워진다.

① 우리나라의 수출이 증가했다면 달러화 가치가 하락했을 것이다.

② 우리나라의 가계부채 문제가 심화되었다면 미국이 양적완화를 중단했을 것이다.

③ 우리나라에 대한 외국인 투자가 감소하면 우리나라 경제의 전망이 어두워질 것이다.

④ 우리나라 경제의 주요 지표들이 개선되었다면 우리나라의 달러 환율이 하락하지 않았을 것이다.

⑤ 우리나라의 국내 소비가 감소하지 않았다면 우리나라에 대한 외국인 투자가 감소하지 않았을 것 이다.

> **✔해설** 양적완화를 실시하면 달러화 가치가 하락하고 달러 환율이 하락하면 우리나라의 수출이 감소하고 경제지 표가 악화된다.
> 양적완화를 중단하면 미국의 금리가 상승하고 우리나라의 금리도 상승하며 외국인의 투자가 증가한다. 또 한 우리나라의 금리가 상승하면 가계부채 문제가 심화되고 이는 국내 소비를 감소시키며 경제 침체를 유 발한다.
> ① 수출이 증가하면 달러화 가치는 상승한다.
> ② 우리나라의 가계부채가 미국의 양적완화에 영향을 미치지는 않는다.
> ③⑤ 외국인 투자가 우리나라 경제에 미치는 영향은 알 수 없다.

13 다음 글을 근거로 유추할 경우 옳은 내용만을 바르게 짝지은 것은?

> ◎ 9명의 참가자는 1번부터 9번까지의 번호 중 하나를 부여 받고, 동시에 제비를 뽑아 3명은 범인, 6명은 시민이 된다.
> ◎ '1번의 오른쪽은 2번, 2번의 오른쪽은 3번, …, 8번의 오른쪽은 9번, 9번의 오른쪽은 1번'과 같이 번호 순서대로 동그랗게 앉는다.
> ◎ 참가자는 본인과 바로 양 옆에 앉은 사람이 범인인지 시민인지 알 수 있다.
> ◎ "옆에 범인이 있다."라는 말은 바로 양 옆에 앉은 2명 중 1명 혹은 2명이 범인이라는 뜻이다.
> ◎ "옆에 범인이 없다."라는 말은 바로 양 옆에 앉은 2명 모두 범인이 아니라는 뜻이다.
> ◎ 범인은 거짓말만 하고, 시민은 참말만 한다.

> ㉠ 1, 4, 6, 7, 8번의 진술이 "옆에 범인이 있다."이고, 2, 3, 5, 9번의 진술이 "옆에 범인이 없다."일 때, 8번이 시민임을 알면 범인들을 모두 찾아낼 수 있다.
> ㉡ 만약 모두가 "옆에 범인이 있다."라고 진술한 경우, 범인이 부여받은 번호의 조합은 (1, 4, 7) / (2, 5, 8) / (3, 6, 9) 3가지이다.
> ㉢ 한 명만이 "옆에 범인이 없다."라고 진술한 경우는 없다.

① ㉡
② ㉢
③ ㉠㉡
④ ㉠㉢
⑤ ㉠㉡㉢

 해설 ㉠ "옆에 범인이 있다."고 진술한 경우를 ○, "옆에 범인이 없다."고 진술한 경우를 ×라고 하면

1	2	3	4	5	6	7	8	9
○	×	×	○	×	○	○	○	×
							시민	

- 9번이 범인이라고 가정하면
  9번은 "옆에 범인이 없다."고 진술하였으므로 8번과 1번 중에 범인이 있어야 한다. 그러나 8번이 시민이므로 1번이 범인이 된다. 1번은 "옆에 범인이 있다."라고 진술하였으므로 2번과 9번에 범인이 없어야 한다. 그러나 9번이 범인이므로 모순이 되어 9번은 범인일 수 없다.
- 9번이 시민이라고 가정하면
  9번은 "옆에 범인이 없다."라고 진술하였으므로 1번도 시민이 된다. 1번은 "옆에 범인이 있다."라고 진술하였으므로 2번은 범인이 된다. 2번은 "옆에 범인이 없다."라고 진술하였으므로 3번도 범인이 된다. 8번은 시민인데 "옆에 범인이 있다."라고 진술하였으므로 9번은 시민이므로 7번은 범인이 된다. 그러므로 범인은 2, 3, 7번이고 나머지는 모두 시민이 된다.
- ㉡ 모두가 "옆에 범인이 있다."라고 진술하면 시민 2명, 범인 1명의 순으로 반복해서 배치되므로 옳은 설명이다.

© 다음과 같은 경우가 있음으로 틀린 설명이다.

1	2	3	4	5	6	7	8	9
○	○	○	○	○	○	○	×	○
범인	시민	시민	범인	시민	범인	시민	시민	시민

14 취업을 준비하고 있는 A, B, C, D, E 5명이 지원한 회사는 각각 (가), (나), (다), (라), (마) 중 한 곳이다. 5명이 모두 서류전형에 합격하여 NCS 직업기초능력평가를 보러 가는데, 이때 지하철, 버스, 택시 중 한 가지를 타고 가려고 한다. 다음 중 옳지 않은 것은? (단, 한 가지 교통수단은 최대 2명만 이용할 수 있고, 한 사람도 이용하지 않는 교통수단은 없다)

> ㉠ 버스는 (가), (나), (다), (마)를 지원한 사람의 회사를 갈 수 있다.
> ㉡ A는 (다)을 지원했다.
> ㉢ E는 어떤 교통수단을 이용해도 지원한 회사에 갈 수 있다.
> ㉣ 지하철에는 D를 포함한 두 사람이 탄다.
> ㉤ B가 탈 수 있는 교통수단은 지하철뿐이다.
> ㉥ 버스와 택시가 지나가는 회사는 (가)을 제외하고 중복되지 않는다.

① B와 D는 같이 지하철을 이용한다.
② E는 택시를 이용한다.
③ A는 버스를 이용한다.
④ E는 (라)을 지원했다.
⑤ A는 (다)에 지원했다.

> ✔ 해설 ㉣㉤에 의해 B, D가 지하철을 이용함을 알 수 있다.
> ㉢㉥에 의해 E는 (가)에 지원했음을 알 수 있다.
> ㉤에 의해 B는 (라)에 지원했음을 알 수 있다.
> A와 C는 버스를 이용하고, E는 택시를 이용한다.
> A는 (다), B는 (라), C와 D는 (나) 또는 (마), E는 (가)에 지원했다.

15 다음의 내용을 근거로 판단할 때 옳은 내용만을 바르게 짝지은 것은?

- 직원이 50명인 서원각은 야유회에서 경품 추첨 행사를 한다.
- 직원들은 1명당 3장의 응모용지를 받고, 1~100 중 원하는 수 하나씩을 응모용지별로 적어서 제출한다. 한 사람당 최대 3장까지 원하는 만큼 응모할 수 있고, 모든 응모용지에 동일한 수를 적을 수 있다.
- 사장이 1~100 중 가장 좋아하는 수 하나를 고르면 해당 수를 응모한 사람이 당첨자로 결정된다. 해당 수를 응모한 사람이 없으면 사장은 당첨자가 나올 때까지 다른 수를 고른다.
- 당첨 선물은 사과 총 100개이고, 당첨된 응모용지가 n장이면 응모용지 1장당 사과를 $\dfrac{100}{n}$개씩 나누어 준다.
- 만약 한 사람이 2장의 응모용지에 똑같은 수를 써서 당첨된다면 2장 몫의 사과를 받고, 3장일 경우는 3장 몫의 사과를 받는다.

- ㉠ 직원 갑과 을이 함께 당첨된다면 갑은 최대 50개의 사과를 받는다.
- ㉡ 직원 중에 갑과 을 두 명만이 사과를 받는다면 갑은 최소 25개의 사과를 받는다.
- ㉢ 당첨된 수를 응모한 직원이 갑 밖에 없다면, 갑이 그 수를 1장 써서 응모하거나 3장 써서 응모하거나 같은 개수의 사과를 받는다.

---

① ㉠
② ㉢
③ ㉠, ㉡
④ ㉠, ㉢
⑤ ㉡, ㉢

✔ 해설 ㉠ 갑과 을이 함께 당첨이 될 경우 갑이 최대로 받기 위해서는 3장의 응모용지에 모두 같은 수를 써서 당첨이 되어야 하고, 을은 1장만 당첨이 되어야 한다. 갑은 총 4장의 응모용지 중 3장이 당첨된 것이 므로 $\dfrac{3}{4} \times 100 = 75$개, 을은 25개를 받는다. 갑은 최대 75개의 사과를 받는다.

㉡ ㉠과 같은 맥락으로 갑이 최소로 받게 되는 사과의 개수는 25개가 된다.

㉢ 갑이 1장만으로 당첨이 되었을 경우 받을 수 있는 사과의 개수는 $\dfrac{100}{1} = 100$개 갑이 3장을 써서 모두 같은 수로 당첨이 되었을 경우 받을 수 있는 사과의 개수는 $\dfrac{100}{3} \times 3 = 100$개 모두 같은 개수의 사과를 받는다.

┃16~17┃ 다음 글은 어린이집 입소기준에 대한 규정이다. 다음 글을 읽고 물음에 답하시오.

어린이집 입소기준

- 어린이집의 장은 당해시설에 결원이 생겼을 때마다 '명부 작성방법' 및 '입소 우선순위'를 기준으로 작성된 명부의 선 순위자를 우선 입소조치 한다.

명부작성방법

- 동일 입소신청자가 1·2순위 항목에 중복 해당되는 경우, 해당 항목별 점수를 합하여 점수가 높은 순으로 명부를 작성함
- 1순위 항목당 100점, 2순위 항목당 50점 산정
- 다만, 2순위 항목만 있는 경우 점수합계가 1순위 항목이 있는 자보다 같거나 높더라도 1순위 항목이 있는 자보다 우선순위가 될 수 없으며, 1순위 항목점수가 동일한 경우에 한하여 2순위 항목에 해당될 경우 추가 합산 가능함
- 영유가 2자녀 이상 가구가 동일 순위일 경우 다자녀가구 자녀가 우선입소
- 대기자 명부 조정은 매분기 시작 월 1일을 기준으로 함

입소 우선순위

- 1순위
 - 국민기초생활보장법에 따른 수급자
 - 국민기초생활보장법 제24조의 규정에 의한 차상위계층의 자녀
 - 장애인 중 보건복지부령이 정하는 장애 등급 이상에 해당하는 자의 자녀
 - 아동복지시설에서 생활 중인 영유아
 - 다문화가족의 영유아
 - 자녀가 3명 이상인 가구 또는 영유아가 2자녀 가구의 영유아
 - 산업단지 입주기업체 및 지원기관 근로자의 자녀로서 산업 단지에 설치된 어린이집을 이용하는 영유아
- 2순위
 - 한부모 가족의 영유아
 - 조손 가족의 영유아
 - 입양된 영유아

Answer 15.⑤

02. 문제해결능력 ┃ 127

16 어린이집에 근무하는 A씨가 접수합계를 내보니, 두 영유아가 1순위 항목에서 동일한 점수를 얻었다. 이 경우에는 어떻게 해야 하는가?

① 두 영유아 모두 입소조치 한다.

② 다자녀가구 자녀를 우선 입소조치 한다.

③ 한부모 가족의 영유아를 우선 입소조치 한다.

④ 2순위 항목에 해당될 경우 1순위 항목에 추가합산 한다.

⑤ 두 영유아 모두 입소조치 하지 않는다.

> ✔ 해설 명부작성방법에서 1순위 항목점수가 동일한 경우에 한하여 2순위 항목에 해당될 경우 추가합산 가능하다고 나와 있다.

17 다음에 주어진 영유아들의 입소순위로 높은 것부터 나열한 것은?

㉠ 혈족으로는 할머니가 유일하나, 현재는 아동복지시설에서 생활 중인 영유아

㉡ 아버지를 여의고 어머니가 근무하는 산업단지에 설치된 어린이집을 동생과 함께 이용하는 영유아

㉢ 동남아에서 건너온 어머니와 가장 높은 장애 등급을 가진 한국인 아버지가 국민기초생활보장법에 의한 차상위 계층에 해당되는 영유아

---

① ㉠ - ㉡ - ㉢   ② ㉡ - ㉠ - ㉢

③ ㉡ - ㉢ - ㉠   ④ ㉢ - ㉠ - ㉡

⑤ ㉢ - ㉡ - ㉠

> ✔ 해설 ㉢ 300점
> ㉡ 250점
> ㉠ 150점

18 △△부서에서 다음 년도 예산을 편성하기 위해 전년도 시행되었던 정책들을 평가하여 다음과 같은 결과를 얻었다. △△부서의 예산 편성에 대한 설명으로 옳지 않은 것은?

〈정책 평가 결과〉

정책	계획의 충실성	계획 대비 실적	성과지표 달성도
A	96	95	76
B	93	83	81
C	94	96	82
D	98	82	75
E	95	92	79
F	95	90	85

- 정책 평가 영역과 각 영역별 기준 점수는 다음과 같다
- 계획의 충실성 : 기준 점수 90점
- 계획 대비 실적 : 기준 점수 85점
- 성과지표 달성도 : 기준 점수 80점
- 평가 점수가 해당 영역의 기준 점수 이상인 경우 '통과'로 판단하고 기준 점수 미만인 경우 '미통과'로 판단한다.
- 모든 영역이 통과로 판단된 정책에는 전년과 동일한 금액을 편성하며, 2개 영역이 통과로 판단된 정책에는 10% 감액, 1개 영역이 통과로 판단된 정책에는 15% 감액하여 편성한다. 다만 '계획 대비 실적' 영역이 미통과인 경우 위 기준과 상관없이 15% 감액하여 편성한다.
- 전년도 甲부서의 A~F 정책 예산은 각각 20억 원으로 총 120억 원이었다.

① 전년도와 비교하여 예산의 삭감 없이 예산이 편성될 정책은 2개 이상이다.

② '성과지표 달성도' 평가에서 '통과'를 받았음에도 예산을 감액해야하는 정책이 있다.

③ 전년 대비 10% 감액하게 될 정책은 총 3개이다.

④ 전년 대비 15% 감액하여 편성될 정책은 모두 '계획 대비 실적'에서 '미통과' 되었을 것이다.

⑤ 甲부서의 올해 예산은 총 110억 원이 될 것이다.

✔해설 ③ 전년 대비 10% 감액하게 될 정책은 '성과지표 달성도'에서만 '통과'를 받지 못한 A와 E정책이다.
① 전년도와 비교하여 동일한 금액이 편성될 정책은 C, F이다.
② B정책은 '성과지표 달성도' 평가에서 '통과'를 받았음에도 예산을 감액해야하는 정책이다.
④ 전년 대비 15% 감액하여 편성하게 될 정책은 B, D정책으로 두 정책 모두 '계획 대비 실적'에서 '미통과' 되었다.
⑤ 전년 대비 10% 감액하여 편성하게 될 정책은 2개(A, E정책), 전년 대비 15% 감액하여 편성하게 될 정책은 2개(B, D정책)으로 총 10억이 감액되어 올해 예산은 총 110억 원이 될 것이다.

Answer 16.④ 17.⑤ 18.③

19 다음 상황과 조건을 근거로 판단할 때 옳은 것은?

〈상황〉

보건소에서는 4월 1일(월)부터 한 달 동안 재학생을 대상으로 금연교육, 금주교육, 성교육을 각각 4, 3, 2회 실시하려는 계획을 가지고 있다.

〈조건〉

• 금연교육은 정해진 같은 요일에만 주 1회 실시하고, 화·수·목요일 중 해야 한다.
• 금주교육은 월·금요일을 제외한 다른 요일에 시행하며, 주 2회 이상 실시하지 않는다.
• 성교육은 10일 이전, 같은 주에 이틀 연속으로 실시한다.
• 22~26일은 중간고사 기간이며, 이 기간에는 어떠한 교육도 실시할 수 없다.
• 교육은 하루에 하나만 실시할 수 있으며, 주말에는 교육을 실시할 수 없다.
• 모든 교육은 반드시 4월내에 완료해야 한다.

① 4월의 마지막 날에도 교육이 있다.
② 금연교육이 가능한 요일은 화·수요일이다.
③ 금주교육은 마지막 주에도 실시된다.
④ 성교육이 가능한 일정 조합은 두 가지 이상이다.
⑤ 가장 많은 교육이 실시되는 주는 4월 두 번째 주이다.

✔ 해설

월	화	수	목	금	토	일
1	2(금연)	3	4(성교육)	5(성교육)	6(X)	7(X)
8	9(금연)	10	11	12	13(X)	14(X)
15	16(금연)	17	18	19	20(X)	21(X)
22(X)	23(X)	24(X)	25(X)	26(X)	27(X)	28(X)
29	30(금연)					

• 화·수·목 중 금연교육을 4회 실시하기 위해 반드시 화요일에 해야 한다.
• 10일 이전, 같은 주에 이틀 연속으로 성교육을 실시할 수 있는 날짜는 4~5일 뿐이다.
• 금주교육은 (3,10,17), (3,10,18), (3,11,17), (3,11,18) 중 실시할 수 있다.

▌20～21▐ 다음은 S공단에서 제공하는 휴양콘도 이용 안내문이다. 다음 안내문을 읽고 이어지는 물음에 답하시오.

▲ 휴양콘도 이용대상

• 주말, 성수기 : 월평균소득이 243만 원 이하 근로자

• 평일 : 모든 근로자(월평균소득이 243만 원 초과자 포함), 특수형태근로종사자

• 이용희망일 2개월 전부터 신청 가능

• 이용희망일이 주말, 성수기인 경우 최초 선정일 전날 23시 59분까지 접수 요망. 이후에 접수할 경우 잔여 객실 선정일정에 따라 처리

▲ 휴양콘도 이용우선순위

① 주말, 성수기

 • 주말 · 성수기 선정 박수가 적은 근로자

 • 이용가능 점수가 높은 근로자

 • 월평균소득이 낮은 근로자

※ 위 기준 순서대로 적용되며, 근로자 신혼여행의 경우 최우선 선정

② 평일 : 선착순

▲ 이용 · 변경 · 신청취소

• 선정결과 통보 : 이용대상자 콘도 이용권 이메일 발송

• 이용대상자로 선정된 후에는 변경 불가 → 변경을 원할 경우 신청 취소 후 재신청

• 신청취소는 「복지서비스 > 신청결과확인」 메뉴에서 이용일 10일 전까지 취소

 ※ 9일 전～1일 전 취소는 이용점수가 차감되며, 이용당일 취소 또는 취소 신청 없이 이용하지 않는 경우 (No-Show) 1년 동안 이용 불가

• 선정 후 취소 시 선정 박수에는 포함되므로 이용우선순위에 유의(평일 제외)

 ※ 기준년도 내 선정 박수가 적은 근로자 우선으로 자동선발하고, 차순위로 점수가 높은 근로자 순으로 선 발하므로 선정 후 취소 시 차후 이용우선순위에 영향을 미치니 유의하시기 바람

• 이용대상자로 선정된 후 타인에게 양도 등 부정사용 시 신청일 부터 5년간 이용 제한

▲ 기본점수 부여 및 차감방법 안내

☞ 매년(년1회) 연령에 따른 기본점수 부여

[월평균소득 243만 원 이하 근로자]

연령대	50세 이상	40～49세	30～39세	20～29세	19세 이하
점수	100점	90점	80점	70점	60점

※ 월평균소득 243만 원 초과 근로자, 특수형태근로종사자, 고용 · 산재보험 가입사업장 : 0점

☞ 기 부여된 점수에서 연중 이용점수 및 벌점에 따라 점수 차감

구분	이용점수(1박당)			벌점	
	성수기	주말	평일	이용취소 (9~1일전 취소)	No-show (당일취소, 미이용)
차감점수	20점	10점	0점	50점	1년 사용제한

▲ 벌점(이용취소, No-show)부과 예외
• 이용자의 배우자 · 직계존비속 또는 배우자의 직계존비속이 사망한 경우
• 이용자 본인 · 배우자 · 직계존비속 또는 배우자의 직계존비속이 신체이상으로 3일 이상 의료기관에 입원하여 콘도 이용이 곤란한 경우
• 운송기관의 파업 · 휴업 · 결항 등으로 운송수단을 이용할 수 없어 콘도 이용이 곤란한 경우
※ 벌점부과 예외 사유에 의한 취소 시에도 선정박수에는 포함되므로 이용우선순위에 유의하시기 바람

20 다음 중 위의 안내문을 보고 올바른 콘도 이용계획을 세운 사람은 누구인가?

① "난 이용가능 점수도 높아 거의 1순위인 것 같은데, 올 해엔 시간이 없으니 내년 여름휴가 때 이용할 콘도나 미리 예약해 둬야겠군."

② "경태 씨, 우리 신혼여행 때 휴양 콘도 이용 일정을 넣고 싶은데 이용가능점수도 낮고 소득도 좀 높은 편이라 어려울 것 같네요."

③ "여보, 지난 번 신청한 휴양콘도 이용자 선정 결과가 아직 안 나왔나요? 신청할 때 제 전화번호를 기재했다고 해서 계속 기다리고 있는데 전화가 안 오네요."

④ "영업팀 최 부장님은 50세 이상이라서 기본점수가 높지만 지난 번 성수기에 2박 이용을 하셨으니 아직 미사용 중인 20대 엄 대리가 점수 상으로는 좀 더 선정 가능성이 높겠군."

⑤ "총무팀 박 대리는 엊그제 아버님 상을 당해서 오늘 콘도 이용은 당연히 취소하겠군. 취소야 되겠지만 벌점 때문에 내년에 재이용은 어렵겠어."

> ✔ **해설** 50세인 최 부장은 기본점수가 100점이었으나 성수기 2박 이용으로 40점(1박 당 20점)이 차감되어 60점의 기본점수가 남아 있으나 20대인 엄 대리는 미사용으로 기본점수 70점이 남아 있으므로 점수 상으로는 선정 가능성이 더 높다고 할 수 있다.
> ① 신청은 2개월 전부터 가능하므로 내년 이용 콘도를 지금 예약할 수는 없다.
> ② 신혼여행 근로자는 최우선 순위로 콘도를 이용할 수 있다.
> ③ 선정 결과는 유선 통보가 아니며 콘도 이용권을 이메일로 발송하게 된다.
> ⑤ 이용자 직계존비속 사망에 의한 취소의 경우이므로 벌점 부과 예외사항에 해당된다.

21 다음 〈보기〉의 신청인 중 올해 말 이전 휴양콘도 이용 순위가 높은 사람부터 순서대로 올바르게 나열한 것은 어느 것인가?

〈보기〉

A씨 : 30대, 월 소득 200만 원, 주말 2박 선정 후 3일 전 취소(무벌점)

B씨 : 20대, 월 소득 180만 원, 신혼여행 시 이용 예정

C씨 : 40대, 월 소득 220만 원, 성수기 2박 기 사용

D씨 : 50대, 월 소득 235만 원, 올 초 선정 후 5일 전 취소, 평일 1박 기 사용

---

① D씨 − B씨 − A씨 − C씨

② B씨 − D씨 − C씨 − A씨

③ C씨 − D씨 − A씨 − B씨

④ B씨 − D씨 − A씨 − C씨

⑤ B씨 − A씨 − D씨 − C씨

✔해설 모두 월 소득이 243만 원 이하이므로 기본점수가 부여되며, 다음과 같이 순위가 선정된다.
우선, 신혼여행을 위해 이용하고자 하는 B씨가 1순위가 된다. 다음으로 주말과 성수기 선정 박수가 적은
신청자가 우선순위가 되므로 주말과 성수기 이용 실적이 없는 D씨가 2순위가 된다. A씨는 기본점수 80
점, 3일 전 취소이므로 20점(주말 2박) 차감을 감안하면 60점의 점수를 보유하고 있으며, C씨는 기본점
수 90점, 성수기 사용 40점(1박 당 20점) 차감을 감안하면 50점의 점수를 보유하게 된다. 따라서 최종순
위는 B씨 − D씨 − A씨 − C씨가 된다.

22 신임관리자과정 입교를 앞둔 甲은 2024년 4월 13일에 출국하여 4월 27일에 귀국하는 해외여행을 계획하고 있다. 甲은 일정상 출·귀국일을 포함하여 여행기간에는 이러닝 교과목을 수강하거나 온라인 시험에 응시할 수 없는 상황이며, 여행기간을 제외한 시간에는 최대한 이러닝 교과목을 이수하려고 한다. 다음을 바탕으로 판단할 때 〈보기〉 중 옳은 것을 모두 고르면?

- 인재개발원은 신임관리자과정 입교 예정자를 대상으로 사전 이러닝 제도를 운영하고 있다. 이는 입교 예정자가 입교 전에 총 9개 과목을 온라인으로 수강하도록 하는 제도이다.
- 이러닝 교과목은 2024년 4월 10일부터 수강하며, 하루 최대 수강시간은 10시간이다.
- 필수Ⅰ 교과목은 교과목별로 정해진 시간의 강의를 모두 수강하는 것을 이수조건으로 한다.
- 필수Ⅱ 교과목은 교과목별로 정해진 시간의 강의를 모두 수강하고 온라인 시험에 응시하는 것을 이수조건으로 한다. 온라인 시험은 강의시간과 별도로 교과목당 반드시 1시간이 소요되며, 그 시험시간은 수강시간에 포함된다.
- 신임관리자과정 입교는 2024년 5월 1일이다.
- 2024년 4월 30일 24시까지 교과목 미이수시, 필수Ⅰ은 교과목당 3점, 필수Ⅱ는 교과목당 2점을 교육성적에서 감점한다.

교과목	강의시간	분류
• 사이버 청렴교육	15시간	필수Ⅰ
• 행정업무 운영제도	7시간	
• 공문서 작성을 위한 한글맞춤법	8시간	
• 관리자 복무제도	6시간	
• 역사에서 배우는 관리자의 길	8시간	필수Ⅱ
• 헌법정신에 기반한 관리자윤리	5시간	
• 판례와 사례로 다가가는 헌법	6시간	
• 관리자가 알아야 할 행정법 사례	7시간	
• 쉽게 배우는 관리자 인사실무	5시간	
계	67시간	

※ 교과목은 순서에 상관없이 여러 날에 걸쳐 시간 단위로만 수강할 수 있다.

ⓐ 甲은 계획대로라면 교육성적에서 최소 3점 감점을 받을 것이다.
ⓑ 甲이 하루 일찍 귀국하면 이러닝 교과목을 모두 이수할 수 있을 것이다.
ⓒ '판례와 사례로 다가가는 헌법', '쉽게 배우는 관리자 인사실무'를 여행 중 이수할 수 있다면, 출·귀국일을 변경하지 않고도 교육성적에서 감점을 받지 않을 것이다.

① ㉠

② ㉡

③ ㉢

④ ㉠, ㉢

⑤ ㉠, ㉡, ㉢

✔ 해설 甲이 이러닝 교과목을 수강하거나 온라인 시험에 응시할 수 있는 날은 10~12일, 28~30일로 최대 60 시간까지 가능하다. 필수Ⅰ과 필수Ⅱ를 모두 이수하기 위해서는 필수Ⅰ 36시간, 필수Ⅱ 36시간(온라인 시험 응시 포함)을 더해 총 72시간이 필요하다.

㉠ 필수Ⅰ, 필수Ⅱ를 모두 이수하기 위해 필요한 시간에서 12시간이 부족하므로 교육성적에서 최소 3점 감점을 받을 것이다. ('사이버 청렴교육' 이수 포기)

㉡ 甲이 하루 일찍 귀국해도 최대 70시간까지만 이러닝 교과목을 수강하거나 온라인 시험에 응시할 수 있으므로 모두 이수할 수는 없다.

㉢ '판례와 사례로 다가가는 헌법', '쉽게 배우는 관리자 인사실무' 이수에 필요한 13시간을 빼면 나머지 과목을 이수하는 데 59시간이 필요하므로 일정을 변경하지 않고도 교육성적에서 감점을 받지 않는다.

| 23~24 | A공사에 입사한 甲은 회사 홈페이지에서 국내 다섯 개 댐에 대해 조류 예보를 관리하는 업무를 담당하게 되었다. 다음 내용을 바탕으로 물음에 답하시오.

〈조류 예보 단계 및 발령기준〉

조류 예보 단계		발령기준(CHl–a)
파란색	평상	15mg/ 미만
노란색	주의	15mg/ 이상
주황색	경보	25mg/ 이상
빨간색	대발생	100mg/ 이상

23 다음은 甲이 지난 7개월 동안 시간 흐름에 따른 조류량 변화 추이를 댐 별로 정리한 자료이다. 이에 대한 분석으로 틀린 것은?

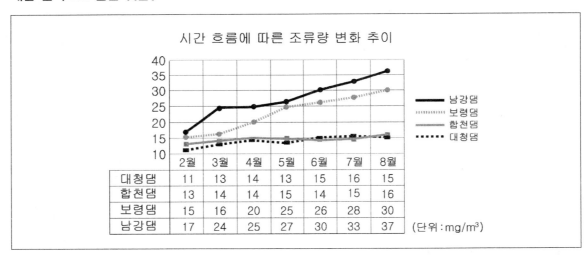

① 대청댐의 조류량이 2월부터 5월까지는 "평상" 단계였지만, 6월부터 "주의" 단계로 격상했구나.
② 합천댐은 대청댐과 마찬가지로 총 세 번의 "주의" 단계가 발령되었구나.
③ 보령댐은 2월부터 시간이 지날수록 조류량이 많아져서 줄곧 "주의" 단계였네.
④ 남강댐은 제시된 댐들 중에 매월 조류량이 가장 많고, 4월부터 "경보" 단계였구나.
⑤ 3월에 보령댐과 남강댐은 같은 단계가 발령되었구나.

✔️**해설** ③ 보령댐은 2월부터 시간이 지날수록 조류량이 많아져 2~4월은 "주의", 5~8월은 "경보" 단계였다.

24 甲이 다음과 같은 소식을 댐 관리자로부터 전달 받았을 때, 각 댐에 내려야 하는 예보가 적절하게 묶인 것은?

발신인 : 乙

수신인 : 甲

제목 : 장마에 따른 조류량 변화

• 장마로 인하여 상류로부터의 오염물질 다량유입, 수온 상승과 일조량 증가로 조류가 성장하기에 적합한 환경이 조성됨에 따라, 우점 조류인 아나베나(Anabaena)가 급증하고 있는 것으로 보입니다.

• 현재 조류량이 급격히 늘어나고 있는데, 현재 시각인 14시를 기준으로 대청댐은 27mg/, 보령댐은 26mg/, 합천댐은 22mg/, 남강댐과 주암댐은 각각 12mg/로 파악되고 있습니다. 긴급히 예보에 반영 부탁드립니다.

---

① 대청댐 − 대발생

② 보령댐 − 경보

③ 합천댐 − 경보

④ 남강댐 − 주의

⑤ 주암댐 − 경보

 해설 ① 대청댐 − 경보
③ 합천댐 − 주의
④⑤ 남강댐, 주암댐 − 평상

25 다음은 무농약농산물과 저농약농산물 인증기준에 대한 자료이다. 자신이 신청한 인증을 받을 수 있는 사람을 모두 고르면?

무농약농산물과 저농약농산물의 재배방법은 각각 다음과 같다.
1) 무농약농산물의 경우 농약을 사용하지 않고, 화학비료는 권장량의 2분의 1 이하로 사용하여 재배한다.
2) 저농약농산물의 경우 화학비료는 권장량의 2분의 1 이하로 사용하고, 농약은 살포시기를 지켜 살포 최대횟수의 2분의 1 이하로 사용하여 재배한다.

〈농산물별 관련 기준〉

종류	재배기간 내 화학비료 권장량(kg/ha)	재배기간 내 농약살포 최대횟수	농약 살포시기
사과	100	4	수확 30일 전까지
감	120	4	수확 14일 전까지
복숭아	50	5	수확 14일 전까지

甲 : 5㎢의 면적에서 재배기간 동안 농약을 전혀 사용하지 않고 20t의 화학비료를 사용하여 사과를 재배하였으며, 이 사과를 수확하여 무농약농산물 인증신청을 하였다.

乙 : 3ha의 면적에서 재배기간 동안 농약을 1회 살포하고 50kg의 화학비료를 사용하여 복숭아를 재배하였다. 하지만 수확시기가 다가오면서 병충해 피해가 나타나자 농약을 추가로 1회 살포하였고, 열흘 뒤 수확하여 저농약농산물 인증신청을 하였다.

丙 : 가로와 세로가 각각 100m, 500m인 과수원에서 감을 재배하였다. 재배기간 동안 총 2회(올해 4월 말과 8월 초) 화학비료 100kg씩을 뿌리면서 병충해 방지를 위해 농약도 함께 살포하였다. 추석을 맞아 9월 말에 감을 수확하여 저농약농산물 인증신청을 하였다.

※ 1ha=10,000㎡, 1t=1,000kg

① 甲, 乙
② 甲, 丙
③ 乙, 丙
④ 甲, 乙, 丙
⑤ 甲

✔ 해설 　甲 : 5㎢는 500ha이므로 사과를 수확하여 무농약농산물 인증신청을 하려면 농약을 사용하지 않고, 화학비료는 50,000kg(=50t)의 2분의 1 이하로 사용하여 재배해야 한다.
　乙 : 복숭아의 농약 살포시기는 수확 14일 전까지이다. 저농약농산물 인증신청을 위한 살포시기를 지키지 못 하였으므로 인증을 받을 수 없다.
　丙 : 5ha(100m×500m)에서 감을 수확하여 저농약농산물 인증신청을 하려면 화학비료는 600kg의 2분의 1 이하로 사용하고, 농약은 살포시기를 지켜(수확 14일 전까지) 살포 최대횟수인 4회의 2분의 1 이하로 사용하여 재배해야 한다.

CHAPTER 03

수리능력

1 다음은 소정연구소에서 제습기 A ~ E의 습도별 연간소비전력량을 측정한 자료이다. 이에 대한 설명 중 옳은 것끼리 바르게 짝지어진 것은?

제습기 A ~ E이 습도별 연간소비전력량

(단위 : kWh)

습도 제습기	40%	50%	60%	70%	80%
A	550	620	680	790	840
B	560	640	740	810	890
C	580	650	730	800	880
D	600	700	810	880	950
E	660	730	800	920	970

ㄱ 습도가 70%일 때 연간소비전력량이 가장 적은 제습기는 A이다.

ㄴ 각 습도에서 연간소비전력량이 많은 제습기부터 순서대로 나열하면, 습도 60%일 때와 습도 70%일 때의 순서를 동일하다.

ㄷ 습도가 40%일 때 제습기 E의 연간소비전력량은 습도가 50%일 때 제습기 B의 연간소비전력량보다 많다.

ㄹ 제습기 각각에서 연간소비전력량은 습도가 80%일 때가 40%일 때의 1.5배 이상이다.

① ㄱㄴ

② ㄱㄷ

③ ㄴㄹ

④ ㄱㄷㄹ

⑤ ㄴㄷㄹ

✔해설 ㄱ 습도가 70%일 때 연간소비전력량은 790으로 A가 가장 적다.
ㄴ 60%와 70%를 많은 순서대로 나열하면 60%일 때 D-E-B-C-A, 70%일 때 E-D-B-C-A이다.
ㄷ 40%일 때 E=660, 50%일 때 B=640이다.
ㄹ 40%일 때의 값에 1.5배를 구하여 80%와 비교해 보면 E는 1.5배 이하가 된다.

$$A = 550 \times 1.5 = 825 \qquad 840$$
$$B = 560 \times 1.5 = 840 \qquad 890$$
$$C = 580 \times 1.5 = 870 \qquad 880$$
$$D = 600 \times 1.5 = 900 \qquad 950$$
$$E = 660 \times 1.5 = 990 \qquad 970$$

Answer 25.② / 1.②

2 다음은 15개 종목이 개최된 2018 자카르타-팔렘방 아시안게임 참가국 A ~ D의 메달 획득 결과를 나타낸 자료이다. 이에 대한 설명으로 옳은 것은?

종목	A 금	A 은	A 동	B 금	B 은	B 동	C 금	C 은	C 동	D 금	D 은	D 동
배드민턴	3	1	1					1				
복싱	3	1	2	1							1	1
사격	3	1	3				1	3	2			
사이클 트랙	3	1		1						1		1
요트				1						1	1	3
기계체조		1	1	4	2	1				1	2	1
소프트볼		1										
역도	1	3					2	1	2			
유도				1			2	1	1	1	1	
롤러스포츠		1		1							1	1
다이빙				1	1	1	1	4	2			
볼링				1					1	1		
레슬링				1			7	4	3			
수영				1	2	1	1			4	2	1
태권도	1					2				2		2

※ 빈칸은 0을 의미한다.

① 동일 종목에서, A국이 획득한 모든 메달 수와 B국이 획득한 모든 메달 수를 합하여 종목별로 비교하면, 15개 종목 중 기계체조가 가장 많다.

② A국이 획득한 금메달 수와 C국이 획득한 동메달 수는 같다.

③ A국이 복싱, 사이클 트랙, 소프트볼 종목에서 획득한 모든 메달 수의 합은 C국이 레슬링 종목에서 획득한 모든 메달 수보다 많다.

④ A ~ D국 중 메달을 획득한 종목의 수가 가장 많은 국가는 D국이다.

⑤ 획득한 은메달 수가 많은 국가부터 순서대로 나열하면 C, B, A, D국이다.

✔ 해설 ① 기계체조를 기준으로 하면 A, B국의 메달 수 합은 $1+1+4+2+1=9$로 다른 종목들에 비해 가장 많다.
② A국이 획득한 금메달 수 $3+3+3+3+1+1=14$
C국이 획득한 동메달 수 $2+2+1+2+1+3=11$
③ A국이 복싱, 사이클 트랙, 소프트볼 종목에서 획득한 모든 메달 수의 합
$3+1+2+3+1+1=11$
C국이 레슬링 종목에서 획득한 모든 메달 수 $7+4+3=14$
④ A국 $5+6+7+4+2+1+4+1+1=31$
B국 $1+1+1+7+1+1+3+1+1+4+2=23$
C국 $1+6+5+4+7+1+14+1=39$
D국 $2+2+5+4+2+2+1+7+4=29$
⑤ 획득한 은메달의 수
A국 $1+1+1+1+1+1+3+1=10$
B국 $1+1+1+2+1+2=8$
C국 $1+3+1+1+4+4=14$
D국 $1+1+2+1+1+2=8$

3 다음은 우리나라 흥행순위별 2018년 영화개봉작 정보와 월별 개봉편수 및 관객수에 대한 자료이다. 이에 대한 설명으로 옳지 않은 것은?

우리나라 흥행별 2018년 영화개봉작 정보

(단위 : 천 명)

흥행순위	영화명	개봉시기	제작	관객 수
1	신과 함께라면	8월	국내	12,100
2	탐정님	12월	국내	8,540
3	베테랑인가	1월	국내	7,817
4	어벤져스팀	7월	국외	7,258
5	범죄시티	10월	국내	6,851
6	공작왕	7월	국내	6,592
7	마녀다	8월	국내	5,636
8	히스토리	1월	국내	5,316
9	미션 불가능	3월	국외	5,138
10	데드푸우	9월	국외	4,945
11	툼레이더스	10월	국외	4,854
12	공조자	11월	국내	4,018
13	택시운전수	12월	국내	4,013
14	1987년도	10월	국내	3,823
15	곰돌이	6월	국외	3,689
16	별들의 전쟁	4월	국외	3,653
17	서서히 퍼지는	4월	국외	3,637
18	빨간 스페로	7월	국외	3,325
19	독화살	9월	국내	3,279
20	통근자	5월	국외	3,050

※ 관객 수는 개봉일로부터 2018년 12월 31일까지 누적한 값이다.

우리나라의 2018년 월별 개봉편수 및 관객 수

(단위 : 편, 천 명)

구분 \ 제작 월	국내		국외	
	개봉편수	관객 수	개봉편수	관객 수
1	35	12,682	105	10,570
2	39	8,900	96	6,282
3	31	4,369	116	9,486
4	29	4,285	80	6,929
5	31	6,470	131	12,210
6	49	4,910	124	10,194
7	50	6,863	96	14,495
8	49	21,382	110	8,504
9	48	5,987	123	6,733
10	35	12,964	91	8,622
11	56	6,427	104	6,729
12	43	18,666	95	5,215
전체	495	113,905	1,271	105,969

※ 관객 수는 당월 상영영화에 대해 월말 집계한 값이다.

① 흥행순위 1~20위 내의 영화 중 한 편의 영화도 개봉되지 않았던 달에는 국외제작영화 관객 수가 국내제작영화 관객 수보다 적다.

② 10월에 개봉된 영화 중 흥행순위 1~20위 내에 든 영화는 국내제작영화일 뿐이다.

③ 국외제작영화 개봉편수는 국내제작영화 개봉편수보다 매달 많다.

④ 국외제작영화 관객 수가 가장 많았던 달에 개봉된 영화 중 흥행순위 1~20위 내에 든 국외제작영화 개봉작은 2편이다.

⑤ 흥행순위가 1위인 영화의 관객 수는 국내제작영화 전체 관객 수의 10% 이상이다.

✔해설 ① 2월은 국내 8,900명, 국외 6,282명이다.
② 툼레이더스는 국외제작영화이다.
③ 월별 개봉편수를 보면 국외제작영화 개봉편수가 매달 많다.
④ 7월의 국외제작영화 개봉작은 어벤져스팀, 빨간 스페로 2편이다.
⑤ 1위의 관객 수는 12,100천 명
국내제작영화 전체 관객 수
12,100＋8,540＋7,817＋6,851＋6,592＋5,636＋5,316＋4,018＋4,013＋3,823＋3,279＝67,985천 명

Answer 3.②

4 다음은 물품 A ~ E의 가격에 대한 자료이다. 아래 조건에 부합하는 물품의 가격으로 가장 가능한 것은?

(단위 : 원/개)

물품	가격
A	24,000
B	㉠
C	㉡
D	㉢
E	16,000

[조건]
- 갑, 을, 병의 가방에 담긴 물품은 각각 다음과 같다.
- 갑 : B, C, D
- 을 : A, C
- 병 : B, D, E
- 가방에는 해당 물품이 한 개씩만 담겨 있다.
- 가방에 담긴 물품 가격의 합이 높은 사람부터 순서대로 나열하면 갑 > 을 > 병 순이다.
- 병의 가방에 담긴 물품 가격의 합은 44,000원이다.

	㉠	㉡	㉢
①	11,000	23,000	14,000
②	12,000	14,000	16,000
③	12,000	19,000	16,000
④	13,000	19,000	15,000
⑤	13,000	23,000	15,000

✔해설 조건을 잘 보면 병의 가방에 담긴 물품 가격의 합이 44,000원
병의 가방에는 B, D, E가 들어 있고 E의 가격은 16,000원
그럼 B와 D의 가격의 합이(㉠+㉢) 44,000 − 16,000 = 28,000원이 되어야 한다.
①은 답이 될 수 없다.
가방에 담긴 물품 가격의 합이 높은 사람부터 순서대로 나열하면 갑 > 을 > 병 순이므로
을은 A와 C를 가지고 있는데 A는 24,000원, 병 44,000원보다 많아야 하므로 C의 가격(㉡)은 적어도
44,000 − 24,000 = 20,000원 이상이 되어야 한다.
②③④는 답이 될 수 없다.

5 다음은 2020 ~ 2024년 A국의 사회간접자본(SOC) 투자 규모에 대한 자료이다. 이에 대한 설명으로 옳지 않은 것은?

(단위 : 조, %)

구분 \ 연도	2020	2021	2022	2023	2024
SOC 투자규모	20.5	25.4	25.1	24.4	23.1
총지출 대비 SOC 투자규모 비중	7.8	8.4	8.6	7.9	6.9

① 2024년 총지출은 300조 원 이상이다.
② 2021년 SOC 투자규모의 전년대비 증가율은 30% 이하이다.
③ 2021 ~ 2024년 동안 SOC 투자규모가 전년에 비해 가장 큰 비율로 감소한 해는 2024년이다.
④ 2021 ~ 2024년 동안 SOC 투자규모와 총지출 대비 SOC 투자규모 비중의 전년대비 증감방향은 동일하다.
⑤ 2025년 SOC 투자규모의 전년대비 감소율이 2024년과 동일하다면, 2024년 SOC 투자규모는 20조 원 이상이다.

✔ 해설 SOC 투자규모는 계속적으로 감소하는 방향이나 총지출 대비 SOC 투자규모 비중은 2022년에 증가하다가 계속 감소하는 방향이므로 증감방향은 동일하지 않다.

6 다음은 우리나라 시·군 중 2024년 경지 면적, 논 면적, 밭 면적 상위 5개 시·군에 대한 자료이다. 이에 대한 설명 중 옳은 것들로만 바르게 짝지어진 것은?

(단위 : ha)

구분	순위	시·군	면적
경지 면적	1	해남군	35,369
	2	제주시	31,585
	3	서귀포시	31,271
	4	김제시	28,501
	5	서산시	27,285
논 면적	1	김제시	23,415
	2	해남군	23,042
	3	서산시	21,730
	4	당진시	21,726
	5	익산시	19,067
밭 면적	1	제주시	31,577
	2	서귀포시	31,246
	3	안동시	13,231
	4	해남군	12,327
	5	상주시	11,047

※ 경지 면저=논 면적+밭 면적
※ 순위는 면적이 큰 시·군부터 순서대로 부여

⊙ 해남군의 논 면적은 해남군 밭 면적의 2배 이상이다.
ⓒ 서귀포시의 논 면적은 제주시 논 면적보다 크다.
ⓒ 서산시의 밭 면적은 김제시 밭 면적보다 크다.
ⓔ 상주시의 논 면적은 익산시 논 면적의 90% 이하이다.

① ⊙, ⓒ   ② ⓒ, ⓒ
③ ⓒ, ⓔ   ④ ⊙, ⓒ, ⓔ
⑤ ⓒ, ⓒ, ⓔ

✔해설 ⊙ 해남군의 논 면적은 23,042ha 해남군 밭 면적은 12,327ha로 2배가 되지 않는다.
ⓒ 서귀포시 논 면적은 31,271 − 31,246 = 25ha이고, 제주시 논 면적은 31,585 − 31,577 = 8ha이므로 서귀포시 논 면적이 더 크다.
ⓒ 서산시의 밭 면적은 27,285 − 21,730 = 5,555ha이고, 김제시 밭 면적은 28,501 − 23,415 = 5,086ha이므로 서산시의 밭 면적이 더 크다.
ⓔ 익산시의 논 면적은 19,067ha이고 상주시의 논 면적은 경지 면적이 5위 안에 들지 않으므로 27,285ha보다 적어야 한다. 그러므로 상주시의 논 면적은 아무리 커도 16,238ha가 된다. 익산시 논 면적의 90%는 17,160ha이므로 상주시의 논 면적은 익산시 논 면적의 90% 이하가 맞다.

7 다음은 8월 1 ~ 10일 동안 도시 5곳에 대한 슈퍼컴퓨터 예측 날씨와 실제 날씨를 정리한 표이다. 이에 대한 설명으로 옳은 내용만 모두 고른 것은?

도시 \ 구분 \ 날짜		8.1.	8.2.	8.3.	8.4.	8.5.	8.6.	8.7.	8.8.	8.9.	8.10.
서울	예측	☔	☁	☼	☔	☼	☼	☔	☔	☼	☁
	실제	☔	☼	☔	☔	☼	☼	☔	☼	☼	☔
인천	예측	☼	☔	☼	☔	☁	☼	☔	☼	☼	☼
	실제	☔	☼	☼	☔	☁	☼	☔	☔	☼	☼
파주	예측	☔	☼	☔	☔	☼	☔	☼	☔	☔	☔
	실제	☔	☔	☼	☁	☔	☔	☁	☔	☔	☔
춘천	예측	☔	☔	☼	☼	☼	☔	☔	☼	☼	☔
	실제	☔	☁	☔	☔	☔	☔	☔	☔	☼	☼
태백	예측	☔	☼	☼	☔	☔	☔	☼	☁	☼	☔
	실제	☔	☔	☁	☔	☔	☼	☔	☼	☔	☼

> ㉠ 서울에서는 예측 날씨가 '비'인 날 실제 날씨도 모두 '비'였다.
> ㉡ 5개 도시 중 예측 날씨와 실제 날씨가 일치한 일수가 가장 많은 도시는 인천이다.
> ㉢ 8월 1 ~ 10일 중 예측 날씨와 실제 날씨가 일치한 도시 수가 가장 적은 날은 8월 2일이다.

① ㉠

② ㉡

③ ㉢

④ ㉡㉢

⑤ ㉠㉡㉢

✔ 해설 ㉠ 8월 8일 서울 날씨를 보면 예측 날씨가 '비'이지만 실제 날씨는 '맑음'이었다.

8 다음은 면접관 A ~ E가 신용보증기금 응시자 갑 ~ 정에게 부여한 면접 점수이다. 이에 대한 설명으로 옳은 내용만 모두 고른 것은?

(단위 : 점)

면접관 \ 응시자	갑	을	병	정	범위
A	7	8	8	6	2
B	4	6	8	10	( )
C	5	9	8	8	( )
D	6	10	9	7	4
E	9	7	6	5	4
중앙값	( )	( )	8	( )	−
교정점수	( )	8	( )	7	−

※ 범위는 해당 면접관이 각 응시자에게 부여한 면접 점수 중 최댓값에서 최솟값을 뺀 값이다.

※ 중앙값은 해당 응시자가 면접관에게서 받은 모든 면접 점수를 크기순으로 나열할 때 한가운데 값이다.

※ 교정점수는 해당 응시자가 면접관에게 받은 모든 면접 점수 중 최댓값과 최솟값을 제외한 면접 점수의 산술 평균값이다.

> ㉠ 면접관 중 범위가 가장 큰 면접관은 B이다.
> ㉡ 응시자 중 중앙값이 가장 작은 응시자는 정이다.
> ㉢ 교정점수는 병이 갑보다 크다.

① ㉠
② ㉡
③ ㉠㉢
④ ㉡㉢
⑤ ㉠㉡㉢

✔ **해설** 먼저 표를 완성하여 보면

면접관 \ 응시자	갑	을	병	정	범위
A	7	8	8	6	2
B	4	6	8	10	(6)
C	5	9	8	8	(4)
D	6	10	9	7	4
E	9	7	6	5	4
중앙값	(6)	(8)	8	(7)	−
교정점수	(6)	8	(8)	7	−

㉠ 면접관 중 범위가 가장 큰 면접관은 범위가 6인 B가 맞다.

㉡ 응시자 중 중앙값이 가장 작은 응시자는 6인 갑이다.

㉢ 교정점수는 병이 8, 갑이 6이므로 병이 크다.

9 다음은 갑국 ~ 정국의 성별 평균소득과 대학진학률의 격차지수만으로 계산한 간이 성평등지수에 대한 표이다. 이에 대한 설명으로 옳은 것만 모두 고른 것은?

(단위 : 달러, %)

항목 국가	평균소득			대학진학률			간이 성평등 지수
	여성	남성	격차지수	여성	남성	격차지수	
갑	8,000	16,000	0.50	68	48	1.00	0.75
을	36,000	60,000	0.60	( )	80	( )	( )
병	20,000	25,000	0.80	70	84	0.83	0.82
정	3,500	5,000	0.70	11	15	0.73	0.72

※ 격차지수는 남성 항목값 대비 여성 항목값의 비율로 계산하며, 그 값이 1을 넘으면 1로 한다.
※ 간이 성평등지수는 평균소득 격차지수와 대학진학률 격차지수의 산술 평균이다.
※ 격차지수와 간이 성평등지수는 소수점 셋째자리에서 반올림한다.

㉠ 갑국의 여성 평균소득과 남성 평균소득이 각각 1,000달러씩 증가하면 갑국의 간이 성평등지수는 0.80 이상이 된다.
㉡ 을국의 여성 대학진학률이 85%이면 간이 성평등지수는 을국이 병국보다 높다.
㉢ 정국의 여성 대학진학률이 4%p 상승하면 정국의 간이 성평등지수는 0.80 이상이 된다.

---

① ㉠   ② ㉡
③ ㉢   ④ ㉠㉡
⑤ ㉠㉢

✔해설 ㉠ 갑국의 평균소득이 각각 1,000달러씩 증가하면 여성 9,000, 남성 17,000

격차지수를 구하면 $\dfrac{9,000}{17,000} = 0.529 = 0.53$

간이 성평등지수를 구하면 $\dfrac{0.53+1}{2} = 0.765 = 0.77$

갑국의 간이 성평등지수는 0.80 이하이다.

㉡ 을국의 여성 대학진학률이 85%이면 격차지수는 $\dfrac{85}{80} = 1.0625 = 1$

간이 성평등지수를 구하면 $\dfrac{0.60+1}{2} = 0.8$

병국의 간이 성평등지수는 0.82, 을국의 간이 성평등지수는 0.8이므로 병국이 더 높다.

㉢ 정국의 여성 대학진학률이 4%p 상승하면 격차지수는 $\dfrac{15}{15} = 1$

간이 성평등지수는 $\dfrac{0.70+1}{2} = 0.85$

정국의 간이 성평등지수는 0.80 이상이 된다.

Answer 8.③ 9.③

10 다음은 2021년과 2024년 한국, 중국, 일본의 재화 수출액 및 수입액을 정리한 표와 무역수지와 무역특화지수에 대한 용어정리이다. 이에 대한 〈보기〉의 내용 중 옳은 것만 고른 것은?

(단위 : 억 달러)

국가 연도	수출입액 재화	한국		중국		일본	
		수출액	수입액	수출액	수입액	수출액	수입액
2021년	원자재	578	832	741	1,122	905	1,707
	소비재	117	104	796	138	305	847
	자본재	1,028	668	955	991	3,583	1,243
2024년	원자재	2,015	3,232	5,954	9,172	2,089	4,760
	소비재	138	375	4,083	2,119	521	1,362
	자본재	3,444	1,549	12,054	8,209	4,541	2,209

[용어정리]

- 무역수지＝수출액－수입액
- 우역수지 값이 양(+)이면 흑자, 음(-)이면 적자이다.
- 무역특화지수＝$\dfrac{수출액 - 수입액}{수출액 + 수입액}$
- 무역특화지수의 값이 클수록 수출경쟁력이 높다.

〈보기〉

㉠ 2024년 한국, 중국, 일본 각각에서 원자재 무역수지는 적자이다.
㉡ 2024년 한국의 원자재, 소비재, 자본재 수출액은 2021년 비해 각각 50% 이상 증가하였다.
㉢ 2024년 자본재 수출경쟁력은 일본이 한국보다 높다.

① ㉠
② ㉡
③ ㉠㉡
④ ㉠㉢
⑤ ㉡㉢

✔ 해설 ㉠ 한국 2,015 - 3,232 = -1,217, 중국 5,954 - 9,172 = -3,218, 일본 2,089 - 4,760 = -2,671 모두 적자이다.

ⓛ 소비재는 50% 이상 증가하지 않았다.

	원자재	소비재	자본재
2024	2,015	138	3,444
2021	578	117	1,028

ⓒ 자본재 수출경쟁력을 구하면 한국이 일본보다 높다.

$$한국 = \frac{3,444 - 1,549}{3,444 + 1,549} = 0.38$$

$$일본 = \frac{4,541 - 2,209}{4,541 + 2,209} = 0.34$$

11 다음 A, B 두 국가 간의 시간차와 비행시간으로 옳은 것은?

A ↔ B 국가 간의 운항 시간표

구간	출발시각	도착시각
A → B	09 : 00	13 : 00
B → A	18 : 00	06 : 00(다음날)

- 출발 및 도착시간은 모두 현지시각이다.
- 비행시간은 A → B 구간, B → A 구간 동일하다.
- A가 B보다 1시간 빠르다는 것은 A가 오전 5시일 때, B가 오전 4시임을 의미한다.

	시차	비행시간
①	A가 B보다 4시간 느리다.	12시간
②	A가 B보다 4시간 빠르다.	8시간
③	A가 B보다 2시간 느리다.	10시간
④	A가 B보다 2시간 빠르다.	8시간
⑤	A가 B보다 4시간 느리다.	10시간

✔해설 출발시각과 도착시각은 모두 현지 시각이므로 시차를 고려하지 않으면 A → B가 4시간, B

→A가 12시간 차이가 난다. 비행시간은 양 구간이 동일하므로 $\frac{4 + 12}{2} = 8$, 비행시간은 8시간이 된다.

비행시간이 8시간인데 시차를 고려하지 않은 A→B 구간의 이동시간이 4시간이므로 A가 B보다 4시간 빠르다는 것을 알 수 있다.

Answer 10.① 11.②

12 다음 표와 그림은 2024년 한국 골프 팀 A～E의 선수 인원수 및 총 연봉과 각각의 전년대비 증가율을 나타낸 것이다. 이에 대한 설명으로 옳지 않은 것은?

2024년 골프 팀 A～E의 선수 인원수 및 총 연봉

(단위 : 명, 억 원)

골프 팀	선수 인원수	총 연봉
A	5	15
B	10	25
C	8	24
D	6	30
E	6	24

※ 팀 선수 평균 연봉 $= \dfrac{\text{총 연봉}}{\text{선수 인원수}}$

2024년 골프 팀 A～E의 선수 인원수 및 총 연봉의 전년대비 증가율

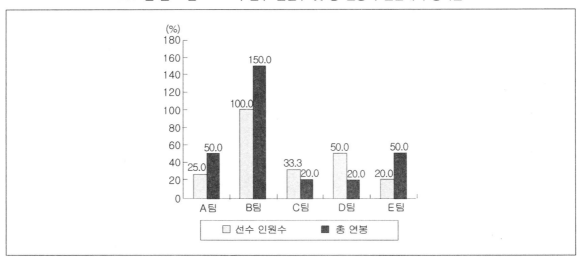

※ 전년대비 증가율은 소수점 둘째자리에서 반올림한 값이다.

① 2024년 팀 선수 평균 연봉은 D팀이 가장 많다.

② 2024년 전년대비 증가한 선수 인원수는 C팀과 D팀이 동일하다.

③ 2024년 A팀이 팀 선수 평균 연봉은 전년대비 증가하였다.

④ 2024년 선수 인원수가 전년대비 가장 많이 증가한 팀은 총 연봉도 가장 많이 증가하였다.

⑤ 2023년 총 연봉은 A팀이 E팀보다 많다.

✔ 해설

① 팀 선수 평균 연봉＝$\dfrac{총\ 연봉}{선수\ 인원수}$

      A : $\dfrac{15}{5}=3$

      B : $\dfrac{25}{10}=2.5$

      C : $\dfrac{24}{8}=3$

      D : $\dfrac{30}{6}=5$

      E : $\dfrac{24}{6}=4$

② C팀 2023년 선수 인원수 $\dfrac{8}{1.333}=6$명, 2024년 선수 인원수 8명

    D팀 2023년 선수 인원수 $\dfrac{6}{1.5}=4$명, 2024년 선수 인원수 6명

    C, D팀은 모두 전년대비 2명씩 증가하였다.

③ A팀의 2023년 총 연봉은 $\dfrac{15}{1.5}=10$억 원, 2023년 선수 인원수는 $\dfrac{5}{1.25}=4$명

    2023년 팀 선수 평균 연봉은 $\dfrac{10}{4}=2.5$억 원

    2024년 팀 선수 평균 연봉은 3억 원

④ 2023년 선수 인원수를 구해보면 A-4명, B-5명, C-6명, D-4명, E-5명
    전년대비 증가한 선수 인원수는 A-1명, B-5명, C-2명, D-2명, E-1명
    2023년 총 연봉을 구해보면 A-10억, B-10억, C-20억, D-25억, E-16억
    전년대비 증가한 총 연봉은 A-5억, B-15억, C-4억, D-5억, E-8억

⑤ 2023년 총 연봉은 A팀이 10억 원, E팀이 16억 원으로 E팀이 더 많다.

13 다음은 근무지 이동 전 ○○기업의 근무 현황에 대한 표이다. 표와 근무지 이동 지침에 따라 이동한 후 근무지별 인원수로 가능한 것은?

근무지	팀명	인원수
본관 1층	인사팀	10명
	지원팀	16명
	기획1팀	16명
본관 2층	기획2팀	21명
	영업1팀	27명
본관 3층	영업2팀	30명
	영업3팀	23명
별관	–	0명
전체		143명

※ 근무지는 본관 1, 2, 3층과 별관만 존재하며, 팀별 인원수의 변동은 없다.

[근무지 이동 지침]
• 본관 내 이동은 없고, 인사팀은 이동하지 않는다.
• 팀별로 전원 이동하며, 본관에서 별관으로 2개 팀만 이동한다.
• 1개 층에서는 최대 1개 팀만 별관으로 이동할 수 있다.
• 이동한 후 별관 인원수는 40명을 넘지 않도록 한다.

①
본관 1층	본관 2층	본관 3층	별관
26명	48명	30명	38명

②
본관 1층	본관 2층	본관 3층	별관
26명	27명	53명	37명

③
본관 1층	본관 2층	본관 3층	별관
42명	21명	43명	37명

④
본관 1층	본관 2층	본관 3층	별관
44명	21명	40명	38명

⑤
본관 1층	본관 2층	본관 3층	별관
42명	27명	30명	44명

✔ 해설 근무지 이동 지침을 보면 본관 1층의 인사팀 10명은 그대로 있어야 한다.

그리고 별관은 40명이 넘으면 안 된다. 본관 내 이동은 없으므로 2팀만 별관으로 보내면 된다.

2개 팀이 별관으로 가야 하는데 한 층에서 한 팀만 가야 하므로 가능한 조합은

지원팀 16명과 기획2팀 21명 / 기획1팀 16명과 기획2팀 21명 / 지원팀 16명과 영업3팀 23명 / 기획1팀 16명과 영업3팀 23명이 된다.

본관 1층에서는 지원팀 또는 기획1팀이 이동하게 되면 26명이 근무하게 되고,

본관 1층이 26명으로 제시된 것은 ①②만 해당한다.

본관 2층에서 만약 기획2팀이 이동하게 되면 영업1팀 27명만 근무하게 되고, 이렇게 두 팀이 이동하면 본관 3층은 변함없이 53명이 근무하게 된다.

또한 별관은 두 팀의 인원수 합이 37명 또는 39명이 되므로 ②가 가장 가능한 인원수가 된다.

14 다음은 한 통신사의 요금제별 요금 및 할인 혜택에 관한 표이다. 이번 달에 전화통화와 함께 100건 이상의 문자메시지를 사용하였는데, A요금제를 이용했을 경우 청구되는 요금은 14,000원, B요금제를 이용했을 경우 청구되는 요금은 16,250원이다. 이번 달에 사용한 문자메시지는 모두 몇 건인가?

요금제	기본료	통화요금	문자메시지요금	할인 혜택
A	없음	5원/초	10원/건	전체 요금의 20% 할인
B	5,000원/월	3원/초	15원/건	문자메시지 월 100건 무료

① 125건　　　　　　　　　　　② 150건
③ 200건　　　　　　　　　　　④ 250건
⑤ 300건

✔해설　통화량을 x, 문자메시지를 y라고 하면

A요금제 → $(5x + 10y) \times \left(1 - \dfrac{1}{5}\right) = 4x + 8y = 14,000$원

B요금제 → $5,000 + 3x + 15 \times (y - 100) = 16,250$원

두 식을 정리해서 풀면

$y = 250$, $x = 3,000$

15 다음 그림처럼 화살표에서 시작해서 시계방향으로 수와 사칙연산기호가 배열되어 있다. (?)에서 시작한 값이 마지막에 등호(=)로 연결되어 식을 완성한다. (?) 안에 알맞은 수로 옳은 것은? (단, 사칙연산기호의 연산순서는 무시하고, 그림에 있는 순서대로 계산한다)

(?)	−	9	×	5
=				÷
7				2
+				−
3	÷	12	+	4

① 11

② 12

③ 13

④ 14

⑤ 15

✔ **해설** 화살표로부터 시작해서 9를 빼고 5를 곱한 값이 짝수가 되어야 2로 나누었을 때 정수가 된다. 따라서 (?)의 수는 홀수가 되어야 한다. 그러므로 짝수는 일단 정답에서 제외해도 된다.

보기의 번호를 대입하여 계산해 보면 된다.

① $11-9=2$, $2×5=10$, $10÷2=5$, $5-4=1$, $1+12=13$, $13÷3=4.3333$ (×)

② $12-9=3$, $3×5=15$, $15÷2=7.5$ (×)

③ $13-9=4$, $4×5=20$, $20÷2=10$, $10-4=6$, $6+12=18$, $18÷3=6$, $6+7=13$

④ $14-9=5$, $5×5=25$, $25÷2=12.5$ (×)

⑤ $15-9=6$, $6×5=30$, $30÷2=15$, $15-4=11$, $11+12=23$, $23÷3=7.666$ (×)

16 다음은 2015 ~ 2024년 5개 자연재해 유형별 피해금액에 관한 자료이다. 이에 대한 설명으로 옳은 것만을 모두 고른 것은?

5개 자연재해 유형별 피해금액

(단위 : 억 원)

유형＼연도	2015	2016	2017	2018	2019	2020	2021	2022	2023	2024
태풍	3,416	1,385	118	1,609	9	0	1,725	2,183	8,765	17
호우	2,150	3,520	19,063	435	581	2,549	1,808	5,276	384	1,581
대설	6,739	5,500	52	74	36	128	663	480	204	113
강풍	0	93	140	69	11	70	2	0	267	9
풍랑	0	0	57	331	0	241	70	3	0	0
전체	12,305	10,498	19,430	2,518	637	2,988	4,268	7,942	9,620	1,720

㉠ 2015 ~ 2024년 강풍 피해금액 합계는 풍랑 피해금액 합계보다 적다.

㉡ 2023년 태풍 피해금액은 2023년 5개 자연재해 유형 전체 피해금액의 90% 이상이다.

㉢ 피해금액이 매년 10억 원보다 큰 자연재해 유형은 호우뿐이다.

㉣ 피해금액이 큰 자연재해 유형부터 순서대로 나열하면 2021년과 2022년의 순서는 동일하다.

① ㉠㉡
② ㉠㉢
③ ㉢㉣
④ ㉠㉡㉣
⑤ ㉡㉢㉣

 해설 ㉠ 주어진 기간 동안 강풍 피해금액과 풍랑 피해금액의 합계를 각각 계산하여 비교하기 보다는 소거법을 이용하여 비교하는 것이 좋다. 비슷한 크기의 값들을 서로 비교하여 소거한 뒤 남은 값들의 크기를 비교해주는 것으로 2020년 강풍과 2021년 풍랑 피해금액이 70억 원으로 동일하고 2016, 2017, 2019년 강풍 피해금액의 합 244억 원과 2020년 풍랑 피해금액 241억 원이 비슷하다. 또한 2018, 2023년 강풍 피해금액의 합 336억 원과 2018년 풍랑 피해금액 331억 원이 비슷하다. 이 값들을 소거한 뒤 남은 값들을 비교해보면 강풍 피해금액의 합계가 풍랑 피해금액의 합계보다 더 작다는 것을 알 수 있다.

㉡ 2023년 태풍 피해금액이 2023년 5개 자연재해 유형 전체 피해금액의 90% 이상이라는 것은 즉, 태풍을 제외한 나머지 4개 유형 피해금액의 합이 전체 피해금액의 10% 미만이라는 것을 의미한다. 2023년 태풍을 제외한 나머지 4개 유형 피해금액의 합을 계산하면 전체 피해금액의 10% 밖에 미치지 못함을 알 수 있다.

㉢ 피해금액이 매년 10억 원보다 큰 자연재해 유형은 호우, 대설이 있다.

㉣ 피해금액이 큰 자연재해 유형부터 순서대로 나열하면 2021년 호우, 태풍, 대설, 풍랑, 강풍이며 이 순서는 2022년의 순서와 동일하다.

17 다음은 개인 기업인 ○○상점의 총계정원장의 일부이다. 이를 통해 알 수 있는 내용으로 옳은 것을 모두 고른 것은? (단, 상품은 3분법으로 회계 처리한다.)

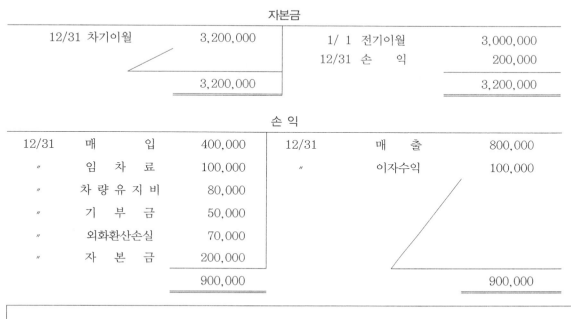

자본금

12/31 차기이월	3,200,000		1/ 1 전기이월	3,000,000
			12/31 손 익	200,000
	3,200,000			3,200,000

손 익

12/31	매 입	400,000	12/31	매 출	800,000
〃	임 차 료	100,000	〃	이자수익	100,000
〃	차 량 유 지 비	80,000			
〃	기 부 금	50,000			
〃	외화환산손실	70,000			
〃	자 본 금	200,000			
		900,000			900,000

㉠ 매출총이익은 400,000이다.
㉡ 영업외비용은 120,000이다.
㉢ 당기순손실은 200,000이다.
㉣ 기초 자본금은 3,200,000이다.

---

① ㉠㉡
② ㉠㉢
③ ㉡㉢
④ ㉡㉣
⑤ ㉢㉣

✔ 해설 ㉠ 손익 계정의 매출에서 매입을 차감한 400,000원이 매출총이익이다.
㉡ 영업외비용은 기부금과 외화환산손실을 더한 120,000원이다.
㉢ 손익 계정의 자본금 200,000원은 당기순이익이다.
㉣ 자본 계정의 전기이월액 3,000,000원이 기초 자본금이다.

18 다음은 갑국의 최종에너지 소비량에 대한 자료이다. 이에 대한 설명으로 옳은 것들로만 바르게 짝지어진 것은?

2022 ~ 2024년 유형별 최종에너지 소비량 비중

(단위 : %)

연도 \ 유형	석탄		석유제품	도시가스	전력	기타
	무연탄	유연탄				
2022	2.7	11.6	53.3	10.8	18.2	3.4
2023	2.8	10.3	54.0	10.7	18.6	3.6
2024	2.9	11.5	51.9	10.9	19.1	3.7

2024년 부문별 유형별 최종에너지 소비량

(단위 : 천TOE)

부문 \ 유형	석탄		석유제품	도시가스	전력	기타	합
	무연탄	유연탄					
산업	4,750	15,317	57,451	9,129	23,093	5,415	115,155
가정·상업	901	4,636	6,450	11,105	12,489	1,675	37,256
수송	0	0	35,438	188	1,312	0	36,938
기타	0	2,321	1,299	669	152	42	4,483
계	5,651	22,274	100,638	21,091	37,046	7,132	193,832

※ TOE는 석유 환산 톤수를 의미

┌───┐
ⓐ 2022 ~ 2024년 동안 전력소비량은 매년 증가한다.
ⓑ 2024에는 산업부문의 최종에너지 소비량이 전체 최종에너지 소비량의 50% 이상을 차지한다.
ⓒ 2022 ~ 2024년 동안 석유제품 소비량 대비 전력 소비량의 비율이 매년 증가한다.
ⓓ 2024년에는 산업부문과 가정·상업부문에서 유연탄 소비량 대비 무연탄 소비량의 비율이 각각 25% 이하이다.
└───┘

① ㉠㉡
② ㉠㉣
③ ㉡㉢
④ ㉡㉣
⑤ ㉢㉣

✔해설 ㉠ 2022 ~ 2024년 동안의 유형별 최종에너지 소비량 비중이므로 전력 소비량의 수치는 알 수 없다.

㉡ 2024년의 산업부문의 최종에너지 소비량은 115,155천TOE이므로 전체 최종 에너지 소비량인 193,832천TOE의 50%인 96,916천TOE보다 많으므로 50% 이상을 차지한다고 볼 수 있다.

㉢ 2022 ~ 2024년 동안 석유제품 소비량 대비 전력 소비량의 비율은 $\dfrac{전력}{석유제품}$으로 계산하면 2022년 $\dfrac{18.2}{53.3} \times 100 = 34.1\%$, 2023년 $\dfrac{18.6}{54} \times 100 = 34.4\%$, 2024년 $\dfrac{19.1}{51.9} \times 100 = 36.8\%$이므로 매년 증가함을 알 수 있다.

㉣ 2024년 산업부문과 가정·상업부문에서 $\dfrac{무연탄}{유연탄}$을 구하면 산업부문의 경우 $\dfrac{4,750}{15,317} \times 100 = 31\%$, 가정·상업부문의 경우 $\dfrac{901}{4,636} \times 100 = 19.4\%$이므로 모두 25% 이하인 것은 아니다.

Answer 18.③

19 다음은 A, B 두 경쟁회사의 판매 제품별 시장 내에서의 기대 수익을 표로 나타낸 자료이다. 3분기의 양사의 수익 변동에 대한 설명으로 옳은 것은? (A회사의 3분기 수익은 월 평균 수익과 동일하다)

판매 제품별 수익체계

		B회사		
		X제품	Y제품	Z제품
A회사	P 제품	(4, −3)	(5, −1)	(−2, 5)
	Q 제품	(−1, −2)	(3, 4)	(−1, 7)
	R 제품	(−3, 5)	(11, −3)	(8, −2)

- 괄호 안의 숫자는 A회사와 B회사의 제품으로 얻는 수익(억 원)을 뜻한다. (A회사 월 수익 액, B회사의 월 수익 액)
- ex) A회사가 P제품을 판매하고 B회사가 X제품을 판매하였을 때 A회사의 월 수익 액은 4억 원이고, B회사의 월 수익 액은 −3억 원이다.

B회사의 분기별 수익체계 증감 분포

	1분기	2분기	3분기	4분기
X제품	0%	30%	20%	−50%
Y제품	50%	0%	−30%	0%
Z제품	−50%	−20%	50%	20%

- 제품별로 분기에 따른 수익의 증감률을 의미한다.
- 50% : 월 수익에서 50% 증가, 월 손해에서 50% 감소
- −50% : 월 수익에서 50% 감소, 월 손해에서 50% 증가

① 두 회사의 수익의 합이 가장 커지는 제품의 조합은 변하지 않는다.
② X제품은 P제품과 판매하였을 때의 수익이 가장 많다.
③ 두 회사의 수익의 합이 가장 적은 제품의 조합은 Q제품과 X제품이다.
④ 3분기의 수익액 합이 가장 큰 B회사의 제품은 Y제품이다.
⑤ 3분기에는 B회사가 Y제품을 판매할 때의 양사의 수익액 합의 총합이 가장 크다.

✔해설 ③ 3분기에는 B회사의 수익이 분기별 증감 분포표에 따라 바뀌게 되므로 다음과 같은 수익체계표가 작성될 수 있다.

A회사		B회사		
		X제품	Y제품	Z제품
	P 제품	(4, −2.4)	(5, −1.3)	(−2, 7.5)
	Q 제품	(−1, −1.6)	(3, 2.8)	(−1, 10.5)
	R 제품	(−3, 6)	(11, −3.9)	(8, −1)

따라서 Q제품과 X제품을 판매할 때의 수익의 합이 −1−1.6=−2.6억 원으로 가장 적은 것을 알 수 있다.

① R제품, Y제품 조합에서 Q제품, Z제품의 조합으로 바뀌게 된다.

② X제품은 R제품과 함께 판매하였을 때의 수익이 6억 원으로 가장 크게 된다.

④ 3분기의 수익액 합이 가장 큰 제품은 Z(7.5 + 10.5 − 1 = 17)제품이다.

⑤ B회사가 Y제품을 판매할 때의 양사의 수익액 합의 총합은 5−1.3+3+2.8+11−3.9=16.6억 원이며, Z제품을 판매할 때의 양사의 수익액 합의 총합은 22억 원이며, X제품을 판매할 때의 양사의 수익액 합의 총합은 2억 원이 된다.

20 다음 표는 A지역 전체 가구를 대상으로 원자력발전소 사고 전·후 식수 조달원 변경에 대해 사고 후 설문조사한 결과이다. 사고 전에 비해 사고 후에 이용 가구 수가 감소한 식수 조달원의 수는 몇 개인 가? (단, A지역 가구의 식수 조달원은 수돗물, 정수, 약수, 생수로 구성되며, 각 가구는 한 종류의 식 수 조달원만 이용한다.)

〈원자력발전소 사고 전·후 A지역 조달원별 가구 수〉

(단위 : 가구)

사고 후 조달원 사고 전 조달원	수돗물	정수	약수	생수
수돗물	40	30	20	30
정수	10	50	10	30
약수	20	10	10	40
생수	10	10	10	40

① 0개
② 1개
③ 2개
④ 3개
⑤ 4개

 해설

사고 후 조달원 사고 전 조달원	수돗물	정수	약수	생수	합계
수돗물	40	30	20	30	120
정수	10	50	10	30	100
약수	20	10	10	40	80
생수	10	10	10	40	70
합계	80	100	50	140	370

수돗물은 120가구에서 80가구로, 약수는 80가구에서 50가구로 각각 이용 가구 수가 감소하였다. 정수는 100가구로 변화가 없으며, 생수는 70가구에서 140가구로 증가하였다.

따라서 사고 전에 비해 사고 후에 이용 가구 수가 감소한 식수 조달원의 수는 2개이다.

21 다음은 2022 ~ 2024년 동안 ○○지역의 용도별 물 사용량 현황을 나타낸 표이다. 이에 대한 설명으로 옳지 않은 것을 모두 고른 것은?

(단위 : m³, %, 명)

용도 \ 구분	2022 사용량	2022 비율	2023 사용량	2023 비율	2024 사용량	2024 비율
생활용수	136,762	56.2	162,790	56.2	182,490	56.1
가정용수	65,100	26.8	72,400	25.0	84,400	26.0
영업용수	11,000	4.5	19,930	6.9	23,100	7.1
업무용수	39,662	16.3	45,220	15.6	47,250	14.5
욕탕용수	21,000	8.6	25,240	8.7	27,740	8.5
농업용수	45,000	18.5	49,050	16.9	52,230	16.1
공업용수	61,500	25.3	77,900	26.9	90,300	27.8
총 사용량	243,262	100.0	289,740	100.0	325,020	100.0
사용인구	379,300		430,400		531,250	

※ 1명당 생활용수 사용량(m³/명) = $\dfrac{생활용수 \; 총 \; 사용량}{사용인구}$

> ㉠ 총 사용량은 2023년과 2024년 모두 전년대비 15% 이상 증가하였다.
> ㉡ 1명당 생활용수 사용량은 매년 증가하였다.
> ㉢ 농업용수 사용량은 매년 증가하였다.
> ㉣ 가정용수와 영업용수 사용량의 합은 업무용수와 욕탕용수 사용량의 합보다 매년 크다.

① ㉠㉡
② ㉡㉢
③ ㉡㉣
④ ㉠㉡㉣
⑤ ㉠㉢㉣

 해설 ㉠ 2023년의 총사용량은 전년대비 46,478m³ 증가하여 약 19%의 증가율을 보이며, 2024년의 총사용량은 전년대비 35,280m³ 증가하여 약 12.2%의 증가율을 보여 모두 전년대비 15% 이상 증가한 것은 아니다.

㉡ 1명당 생활용수 사용량을 보면 2022년 0.36m³/명 $\left(\dfrac{136,762}{379,300}\right)$, 2023년은 0.38m³/명 $\left(\dfrac{162,790}{430,400}\right)$,

2024년은 0.34m³/명 $\left(\dfrac{182,490}{531,250}\right)$이 되어 매년 증가하는 것은 아니다.

㉢ 45,000 → 49,050 → 52,230으로 농업용수 사용량은 매년 증가함을 알 수 있다.

㉣ 가정용수와 영업용수 사용량의 합은 업무용수와 욕탕용수의 사용량의 합보다 매년 크다는 것을 알 수 있다.
2022년 65,100 + 11,000 = 76,100 > 39,662 + 21,000 = 60,662
2023년 72,400 + 19,930 = 92,330 > 45,220 + 25,240 = 70,460
2024년 84,400 + 23,100 = 107,500 > 47,250 + 27,740 = 74,990

Answer 20.③ 21.①

22 다음은 ○○회사 직원들 갑, 을, 병, 정, 무의 국외 출장 현황과 출장 국가별 여비 기준을 나타낸 자료이다. 이 자료를 근거로 출장 여비를 지급받을 때, 출장 여비를 가장 많이 지급받는 출장자부터 순서대로 바르게 나열한 것은?

갑, 을, 병, 정, 무의 국외 출장 현황

출장자	출장국가	출장기간	숙박비 지급 유형	1박 실지출 비용($/박)	출장 시 개인 마일리지 사용여부
갑	A	3박 4일	실비지급	145	미사용
을	A	3박 4일	정액지급	130	사용
병	B	3박 5일	실비지급	110	사용
정	C	4박 6일	정액지급	75	미사용
무	D	5박 6일	실비지급	75	사용

※ 각 출장자의 출장 기간 중 매박 실지출 비용은 변동 없음

출장 국가별 1인당 여비 지급 기준액

출장국가 \ 구분	1일 숙박비 상한액($/박)	1일 식비($/일)
A	170	72
B	140	60
C	100	45
D	85	35

○ 출장 여비($)＝숙박비＋식비
ⓒ 숙박비는 숙박 실지출 비용을 지급하는 실비지급 유형과 출장국가 숙박비 상한액의 80%를 지급하는 정액지급 유형으로 구분
 • 실비지급 숙박비($)＝(1박 실지출 비용)×('박' 수)
 • 정액지급 숙박비($)＝(출장국가 1일 숙박비 상한액)×('박' 수)×0.8
ⓒ 식비는 출장 시 개인 마일리지 사용여부에 따라 출장 중 식비의 20% 추가지급
 • 개인 마일리지 미사용 시 지급 식비($)＝(출장국가 1일 식비)×('일' 수)
 • 개인 마일리지 사용 시 지급 식비($)＝(출장국가 1일 식비)×('일' 수)×1.2

① 갑, 을, 병, 정, 무
② 갑, 을, 병, 무, 정
③ 을, 갑, 정, 병, 무
④ 을, 갑, 병, 무, 정
⑤ 을, 갑, 무, 병, 정

• 갑 $= (145 \times 3) + (72 \times 4) = 435 + 288 = 723\$$
• 을 $= (170 \times 3 \times 0.8) + (72 \times 4 \times 1.2) = 408 + 345.6 = 753.6\$$
• 병 $= (110 \times 3) + (60 \times 5 \times 1.2) = 330 + 360 = 690\$$
• 정 $= (100 \times 4 \times 0.8) + (45 \times 6) = 320 + 270 = 590\$$
• 무 $= (75 \times 5) + (35 \times 6 \times 1.2) = 375 + 252 = 627\$$
순서대로 나열하면 을, 갑, 병, 무, 정

23 다음에 제시된 도시철도운영기관별 교통약자 편의시설에 대한 표를 참고할 때, 표의 내용을 올바르게 이해한 것은? (단, 한 역에는 한 종류의 편의시설만 설치된다)

구분	A도시철도운영기관		B도시철도운영기관		C도시철도운영기관	
	설치 역 수	설치 대수	설치 역 수	설치 대수	설치 역 수	설치 대수
엘리베이터	116	334	153	460	95	265
에스컬레이터	96	508	143	742	92	455
휠체어리프트	28	53	53	127	50	135

① B도시철도운영기관은 모든 종류의 교통약자 편의시설의 개수가 A, C도시철도운영기관보다 많다.

② 세 도시철도운영기관의 평균 휠체어리프트 설치 대수는 100개 미만이다.

③ 총 교통약자 편의시설의 설치 역당 설치 대수는 A도시철도운영기관이 가장 많다.

④ C도시철도운영기관의 교통약자 편의시설 중, 설치 역당 설치 대수는 엘리베이터가 가장 많다.

⑤ 휠체어리프트의 설치 역당 설치 대수는 C도시철도운영기관이 가장 많다.

⑤ A기관 : 53 ÷ 28 = 약 1.9대, B기관 : 127 ÷ 53 = 약 2.4대, C기관 : 135 ÷ 50 = 2.7대이므로 C도시철도운영기관이 가장 많다.
① 휠체어리프트는 C도시철도운영기관이 가장 많다.
② (53 + 127 + 135) ÷ 3 = 105이므로 100개보다 많다.
③ A기관 : 895 ÷ 240 = 약 3.7대, B기관 : 1,329 ÷ 349 = 약 3.8대, C기관 : 855 ÷ 237 = 약 3.6대이다.
④ 265 ÷ 95 = 약 2.8대 455 ÷ 92 = 약 4.9대 135 ÷ 50 = 2.7대이므로 에스컬레이터가 가장 많다.

24 다음은 ○○시 '가 ~ '다' 지역의 월별 아파트 실거래 가격지수를 나타낸 것이다. 이에 대한 설명으로 옳은 것은?

월 \ 지역	가	나	다
1	100.0	100.0	100.0
2	101.1	101.6	99.9
3	101.9	103.2	100.0
4	102.6	104.5	99.8
5	103.0	105.5	99.6
6	103.8	106.1	100.6
7	104.0	106.6	100.4
8	105.1	108.3	101.3
9	106.3	110.7	101.9
10	110.0	116.9	102.4
11	113.7	123.2	103.0
12	114.8	126.3	102.6

※ N월 아파트 실거래 가격지수 = $\dfrac{\text{해당 지역의 } N\text{월 아파트 실거개 가격}}{\text{해당 지역의 1월 아파트 실거래 가격}} \times 100$

① '가' 지역의 12월 아파트 실거래 가격은 '다' 지역의 12월 아파트 실거래 가격보다 높다.
② '나' 지역의 아파트 실거래 가격은 다른 두 지역의 아파트 실거래 가격보다 매월 높다.
③ '다' 지역의 1월 아파트 실거래 가격과 3월 아파트 실거래 가격은 같다.
④ '가' 지역의 1월 아파트 실거래 가격이 1억 원이라면 '가' 지역의 7월 아파트 실거래 가격은 1억 4천만 원이다.
⑤ 7 ~ 12월 동안 아파트 실거래 가격이 각 지역에서 매월 상승하였다.

✔해설 ③ 같은 지역 안에서는 월간 가격 비교가 가능하다. '다' 지역의 경우 3월 아파트 실거래 가격지수가 100.0이므로 3월의 가격과 1월의 가격이 서로 같다는 것을 알 수 있다.
① 각 지역의 아파트 실거래 가격지수의 기준이 되는 해당 지역의 1월 아파트 실거래 가격이 제시되어 있지 않으므로 다른 월의 가격도 알 수 없으므로 비교가 불가능하다.
② 아파트 실거래 가격지수가 높다고 하더라도 기준이 되는 1월의 가격이 다른 지역에 비하여 현저하게 낮다면 실제 가격은 더 낮아질 수 있으나 가격이 제시되어 있지 않으므로 비교가 불가능하다.
④ '가' 지역의 7월 아파트 실거래 가격지수가 104.0이므로 1월 가격이 1억 원일 경우, 7월 가격은 1억 4천만 원이 아니라 1억 4백만 원이 된다.
⑤ '다' 지역의 경우 12월 아파트 실거래 가격지수가 11월에 비하여 하락한 것으로 볼 때, 12월에는 전월에 비하여 가격이 하락하였음을 알 수 있다.

25 다음 표는 통신사 A, B, C의 스마트폰 소매가격 및 평가점수 자료이다. 이에 대한 〈보기〉의 설명 중 옳은 것만을 모두 고른 것은?

통신사별 스마트폰의 소매가격 및 평가점수

(단위 : 달러, 점)

통신사	스마트폰	소매가격	평가항목					종합 품질점수
			화질	내비게이션	멀티미디어	배터리 수명	통화성능	
A	a	150	3	3	3	3	1	13
	b	200	2	2	3	1	2	10
	c	200	3	3	3	1	1	11
B	d	180	3	3	3	2	1	12
	e	100	2	3	3	2	1	11
	f	70	2	1	3	2	1	9
C	g	200	3	3	3	2	2	13
	h	50	3	2	3	2	1	11
	i	150	3	2	2	3	2	12

㉠ 소매가격이 200달러인 스마트폰 중 '종합품질점수'가 가장 높은 스마트폰은 c이다.
㉡ 소매가격이 가장 낮은 스마트폰은 '종합품질점수'도 가장 낮다.
㉢ 통신사 각각에 대해서 해당 통신사 스마트폰의 '통화성능' 평가점수의 평균을 계산하여 통신사별로 비교하면 C가 가장 높다.
㉣ 평가항목 각각에 대해서 스마트폰 a~i 평가점수의 합을 계산하여 평가항목별로 비교하면 '멀티미디어'가 가장 높다.

① ㉠

② ㉢

③ ㉠㉡

④ ㉡㉣

⑤ ㉢㉣

✔해설 ㉠ 200달러인 스마트폰 중 종합품질점수가 가장 높은 스마트폰은 g이다.
㉡ 소매가격이 가장 낮은 스마트폰은 h이며, 종합품질점수가 가장 낮은 스마트폰은 f이다.
㉢ A : $\frac{1+2+1}{3} = \frac{4}{3}$, B : $\frac{1+1+1}{3} = 1$, C : $\frac{2+1+2}{3} = \frac{5}{3}$
㉣ 화질 : 3+2+3+3+2+2+3+3+3 = 24
내비게이션 : 3+2+3+3+3+1+3+2+2 = 22
멀티미디어 : 3+3+3+3+3+3+3+3+2 = 26
배터리 수명 : 3+1+1+2+2+2+2+2+3 = 18
통화성능 : 1+2+1+1+1+1+2+1+2 = 12

CHAPTER 04

정보능력

1 다음 자료를 참고할 때, B7 셀에 '=SUM(B2:CHOOSE(2,B3,B4,B5))'의 수식을 입력했을 때 표시되는 결과값으로 올바른 것은?

	A	B
1	성명	성과점수
2	오 과장	85
3	민 대리	90
4	백 사원	92
5	최 대리	88
6		
7	부분합계	

① 175   ② 355

③ 267   ④ 177

⑤ 265

✔ **해설** CHOOSE 함수는 'CHOOSE(인수,값1,값2,…)'과 같이 표시하며, 인수의 번호에 해당하는 값을 구하게 된다. 다시 말해, 인수가 1이면 값1을, 인수가 2이면 값2를 선택하게 된다. 따라서 두 번째 인수인 B4가 해당되어 B2:B4의 합계를 구하게 되므로 정답은 267이 된다.

2 다음은 그래픽(이미지) 데이터의 파일 형식에 대한 설명이다. 각 항목의 설명과 파일명을 올바르게 짝지은 것은?

⊙ Windows에서 기본적으로 지원하는 포맷으로, 고해상도 이미지를 제공하지만 압축을 사용하지 않으므로 파일의 크기가 크다.

ⓒ 사진과 같은 정지 영상을 표현하기 위한 국제 표준 압축 방식으로 24비트 컬러를 사용하여 트루컬러로 이미지를 표현한다.

ⓒ 인터넷 표준 그래픽 파일 형식으로, 256가지 색을 표현하지만 애니메이션으로도 표현할 수 있다.

ⓔ Windows에서 사용하는 메타파일 방식으로, 비트맵과 벡터 정보를 함께 표현하고자 할 경우 적합하다.

ⓜ 데이터의 호환성이 좋아 응용프로그램 간 데이터 교환용으로 사용하는 파일 형식이다.

ⓗ GIF와 JPEG의 효과적인 기능들을 조합하여 만든 그래픽 파일 포맷이다.

---

① ⊙ – JPG(JPEG)　　　　　　② ⓒ – WMF

③ ⓒ – GIF　　　　　　　　④ ⓔ – PNG

⑤ ⓗ – BMP

3 '수량'과 '품목코드'별 단가를 이용하여 금액을 다음과 같이 산출하였다. 다음 중 'D2' 셀에 사용된 함수식으로 올바른 것은?

	A	B	C	D
1	매장명	품목코드	수량	총금액
2	갑 지점	ST-03	15	45,000
3	을 지점	KL-15	25	125,000
4	병 지점	ST-03	30	90,000
5	정 지점	DY-20	35	245,000
6				
7		품목코드	단가	
8		ST-03	3000	
9		KL-15	7000	
10		DY-20	5000	

① =C2*VLOOKUP(B2,$B$8:$C$10,1,1)

② =B2*HLOOKUP(C2,$B$8:$C$10,2,0)

③ =B2*VLOOKUP(B2,$B$8:$C$10,1,1)

④ =C2*VLOOKUP(B2,$B$8:$C$10,2,0)

⑤ =C2*HLOOKUP($B$8:$C$10,2,B2)

✔해설 VLOOKUP은 범위의 첫 열에서 찾을 값에 해당하는 데이터를 찾은 후 찾을 값이 있는 행에서 열 번호 위치에 해당하는 데이터를 구하는 함수이다. 단가를 구하기 위해서는 열에 대하여 품목코드를 찾아 단가를 구하므로 VLOOKUP 함수를 사용해야 한다.
찾을 방법은 TRUE(1) 또는 생략할 경우, 찾을 값의 아래로 근삿값, FALSE(0)이면 정확한 값을 표시한다. VLOOKUP(B2,$B$8:$C$10,2,0)은 'B8:C10' 영역의 첫 열에서 ST-03에 해당하는 데이터를 찾아 2열에 있는 단가 값인 3000을 구하게 된다. 따라서 '=C2* VLOOKUP(B2,$B$8:$C$10,2,0)'은 15*3000이 되어 결과값은 45,000이 된다.

4 다음은 한글 Windows XP의 휴지통에 관한 설명이다. 올바른 설명을 모두 고른 것은?

> (가) 각 드라이브마다 휴지통의 크기를 다르게 설정하는 것이 가능하다.
>
> (나) 원하는 경우 휴지통에 보관된 폴더나 파일을 직접 실행할 수도 있고 복원할 수도 있다.
>
> (다) 지정된 휴지통의 용량을 초과하면 가장 오래 전에 삭제되어 보관된 파일부터 지워진다.
>
> (라) 휴지통은 지워진 파일뿐만 아니라 시간, 날짜, 파일의 경로에 대한 정보까지 저장하고 있다.

① (가), (나), (다), (라)

② (가), (나), (라)

③ (나), (다), (라)

④ (가), (나), (다)

⑤ (가), (다), (라)

> ✔해설 (나) 휴지통 내에 보관된 파일은 직접 사용할 수 없으며, 원래의 저장 위치로 복원한 다음 원래의 위치에서 실행이 가능하다.

┃ 5~6 ┃ 다음은 H사의 물품 재고 창고에 적재되어 있는 제품 보관 코드 체계이다. 다음 표를 보고 이어지는 질문에 답하시오.

〈예시〉

2021년 12월에 중국 '2 Stars' 사에서 생산된 아웃도어 신발의 15번째 입고 제품
→ 2112 – 1B – 04011 – 00015

생산 연월	공급처		입고 분류				입고품 수량
	원산지 코드	제조사 코드	용품 코드		제품별 코드		
	1 중국	A All-8	01 캐주얼		001	청바지	
		B 2 Stars			002	셔츠	
		C Facai			003	원피스	
	2 베트남	D Nuyen	02	여성	004	바지	
		E N-sky			005	니트	
	3 멕시코	F Bratos			006	블라우스	
2018년 9월		G Fama			007	점퍼	00001부터
– 1809	4 한국	H 혁진사	03	남성	008	카디건	다섯 자리
		I K상사			009	모자	시리얼 넘버가
2020년 11월		J 영스타			010	용품	부여됨.
– 2011	5 일본	K 왈러스	04	아웃 도어	011	신발	
		L 토까이			012	래쉬가드	
		M 히스모	05	베이비	013	내복	
	6 호주	N 오즈본			014	바지	
		O Island					
	7 독일	P Kunhe					
		Q Boyer					

5 2021년 10월에 생산된 '왈러스' 사의 여성용 블라우스로 10,215번째 입고된 제품의 코드로 알맞은 것은 무엇인가?

① 2010 − 5K − 02006 − 00215
② 2010 − 5K − 02060 − 10215
③ 2110 − 5K − 02006 − 10215
④ 2110 − 5L − 02005 − 10215
⑤ 2110 − 5K − 02006 − 01021

> ✔ 해설 2021년 10월 생산품이므로 2110의 코드가 부여되며, 일본 '왈러스' 사는 5K, 여성용 02와 블라우스 해당 코드 006, 10,215번째 입고품의 시리얼 넘버 10215가 제품 코드로 사용되므로 2110 − 5K − 02006 − 10215가 된다.

6 제품 코드 2010 − 3G − 04011 − 00910에 대한 설명으로 옳지 않은 것은 무엇인가?

① 해당 제품의 입고 수량은 적어도 910개 이상이다.
② 중남미에서 생산된 제품이다.
③ 여름에 생산된 제품이다.
④ 캐주얼 제품이 아니다.
⑤ 아웃도어용 비의류 제품이다.

> ✔ 해설 2020년 10월에 생산되었으며, 멕시코 Fama사의 생산품이다. 또한, 아웃도어용 신발을 의미하며 910번째로 입고된 제품임을 알 수 있다.

┃7~9┃ 다음 자료는 J회사 창고에 있는 가전제품 코드 목록이다. 다음을 보고 물음에 답하시오.

SE−11−KOR−3A−1912	CH−08−CHA−2C−2008	SE−07−KOR−2C−1903
CO−14−IND−2A−2211	JE−28−KOR−1C−1908	TE−11−IND−2A−1811
CH−19−IND−1C−2001	SE−01−KOR−3B−1811	CH−26−KOR−1C−2001
NA−17−PHI−2B−1805	AI−12−PHI−1A−1902	NA−16−IND−1B−2011
JE−24−PHI−2C−1801	TE−02−PHI−2C−1903	SE−08−KOR−2B−1907
CO−14−PHI−3C−2208	CO−31−PHI−1A−2201	AI−22−IND−2A−1903
TE−17−CHA−1B−2201	JE−17−KOR−1C−1906	JE−18−IND−1C−1904
NA−05−CHA−3A−1811	SE−18−KOR−1A−1903	CO−20−KOR−1C−2202
AI−07−KOR−2A−2201	TE−12−IND−1A−1911	AI−19−IND−1A−1903
SE−17−KOR−1B−1902	CO−09−CHA−3C−2204	CH−28−KOR−1C−2001
TE−18−IND−1C−1910	JE−19−PHI−2B−1807	SE−16−KOR−2C−1905
CO−19−CHA−3A−2209	NA−06−KOR−2A−1801	AI−10−KOR−1A−1909

〈코드 부여 방식〉

[제품 종류]−[모델 번호]−[생산 국가]−[공장과 라인]−[제조연월]

〈예시〉

TE−13−CHA−2C−2201

2022년 1월에 중국 2공장 C라인에서 생산된 텔레비전 13번 모델

제품 종류 코드	제품 종류	생산 국가 코드	생산 국가
SE	세탁기	CHA	중국
TE	텔레비전	KOR	한국
CO	컴퓨터	IND	인도네시아
NA	냉장고	PHI	필리핀
AI	에어컨		
JE	전자레인지		
GA	가습기		
CH	청소기		

7 위의 코드 부여 방식을 참고할 때 옳지 않은 내용은?

① 창고에 있는 기기 중 세탁기는 모두 한국에서 제조된 것들이다.

② 창고에 있는 기기 중 컴퓨터는 모두 2022년에 제조된 것들이다.

③ 창고에 있는 기기 중 청소기는 있지만 가습기는 없다.

④ 창고에 있는 기기 중 2020년에 제조된 것은 청소기 뿐이다.

⑤ 창고에 텔레비전은 5대가 있다.

✔해설 NA-16-IND-1B-2011이 있으므로 2020년에 제조된 냉장고도 창고에 있다.

8 J회사에 다니는 Y씨는 가전제품 코드 목록을 파일로 불러와 검색을 하고자 한다. 검색의 결과로 옳지 않은 것은?

① 창고에 있는 세탁기가 몇 개인지 알기 위해 'SE'를 검색한 결과 7개임을 알았다.

② 창고에 있는 기기 중 인도네시아에서 제조된 제품이 몇 개인지 알기 위해 'IND'를 검색한 결과 10개임을 알았다.

③ 모델 번호가 19번인 제품을 알기 위해 '19'를 검색한 결과 4개임을 알았다.

④ 1공장 A라인에서 제조된 제품을 알기 위해 '1A'를 검색한 결과 6개임을 알았다.

⑤ 2022년 1월에 제조된 제품을 알기 위해 '2201'를 검색한 결과 3개임을 알았다.

✔해설 ② 인도네시아에서 제조된 제품은 9개이다.

9 2021년 4월에 한국 1공장 A라인에서 생산된 에어컨 12번 모델의 코드로 옳은 것은?

① AI - 12 - KOR - 2A - 2104

② AI - 12 - KOR - 1A -2104

③ AI - 11 - PHI - 1A - 2104

④ CH - 12 - KOR - 1A - 2105

⑤ CH - 11 - KOR - 3A - 2105

✔해설 [제품 종류] - [모델 번호] - [생산 국가] - [공장과 라인] - [제조연월]
AI(에어컨) - 12 - KOR - 1A -2104

Answer 7.④ 8.② 9.②

10 다음 설명을 참고할 때, 'ISBN 89-349-0490'코드를 EAN코드로 바꾼 것으로 옳은 것은?

한국도서번호란 국제적으로 표준화된 방법에 의해, 전 세계에서 생산되는 각종 도서에 부여하는 국제표준도서번호(International Standard Book Number : ISBN) 제도에 따라 우리나라에서 발행되는 도서에 부여하는 고유번호를 말한다. 또한 EAN(European Article Number)은 바코드 중 표준화된 바코드를 말한다. 즉, EAN코드는 국내뿐만 아니라 전 세계적으로 코드체계(자리수와 규격 등)가 표준화되어 있어 소매점이 POS시스템 도입이나 제조업 혹은 물류업자의 물류관리 등에 널리 사용이 가능한 체계이다.

ISBN코드를 EAN코드로 변환하는 방법은 다음과 같다. 먼저 9자리로 구성된 ISBN코드의 맨 앞에 3자리 EAN 도서번호인 978을 추가한다. 이렇게 연결된 12자리 숫자의 좌측 첫 자리 수부터 순서대로 번갈아 1과 3을 곱한다. 그렇게 곱해서 산출된 모든 수들을 더하고, 다시 10으로 나누게 된다. 이때 몫을 제외한 '나머지'의 값이 다음과 같은 체크기호와 대응된다.

나머지	0	1	2	3	4	5	6	7	8	9
체크기호	0	9	8	7	6	5	4	3	2	1

나머지에 해당하는 체크기호가 확인되면 처음의 12자리 숫자에 체크기호를 마지막에 더하여 13자리의 EAN코드를 만들 수 있게 된다.

① EAN 9788934904909

② EAN 9788934904908

③ EAN 9788934904907

④ EAN 9788934904906

⑤ EAN 9788934904905

> ✔해설 ISBN코드의 9자리 숫자는 893490490이다. 따라서 다음과 같은 단계를 거쳐 EAN코드의 체크기호를 산출할 수 있다.
> 1단계 : ISBN코드의 맨 앞에 3자리 EAN 도서번호인 978을 추가 → 978893490490
> 2단계 : 좌측 첫 자리 수부터 순서대로 번갈아 1과 3을 곱한 값을 모두 더함 → $(9 \times 1) + (7 \times 3) + (8 \times 1) + (8 \times 3) + (9 \times 1) + (3 \times 3) + (4 \times 1) + (9 \times 3) + (0 \times 1) + (4 \times 3) + (9 \times 1) + (0 \times 3) = 132$
> 3단계 : 2단계 결과값을 10으로 나누기 → $132 \div 10 = 13 \cdots 2$
> 4단계 : 3단계 결과값 중 나머지 2의 체크기호는 8
> 5단계 : 처음 12자리에 체크기호를 추가 → 9788934904908
> 따라서 13자리의 EAN코드는 EAN 9788934904908이 된다.

11 다음은 H회사의 승진후보들의 1차 고과 점수 및 승진시험 점수이다. "생산부 사원"의 승진시험 점수의 평균을 알기 위해 사용해야 하는 함수는 무엇인가?

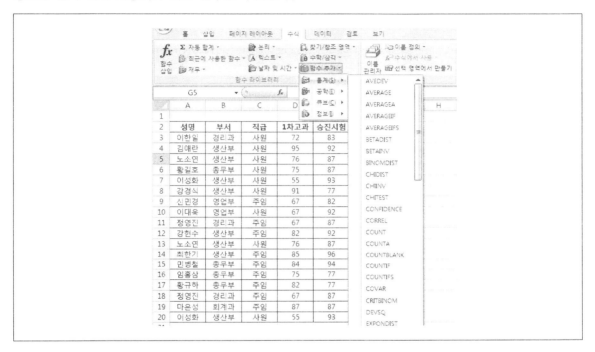

① AVERAGE
② AVERAGEA
③ AVERAGEIF
④ AVERAGEIFS
⑤ COUNTIF

✔해설 구하고자 하는 값은 "생산부 사원"의 승진시험 점수의 평균이다. 주어진 조건에 따른 평균값을 구하는 함수는 AVERAGEIF와 AVERAGEIFS인데 조건이 1개인 경우에는 AVERAGEIF, 조건이 2개 이상인 경우에는 AVERAGEIFS를 사용한다.
[=AVERAGEIFS(E3:E20, B3:B20, "생산부", C3:C20, "사원")]

12 다음의 알고리즘에서 인쇄되는 S는?

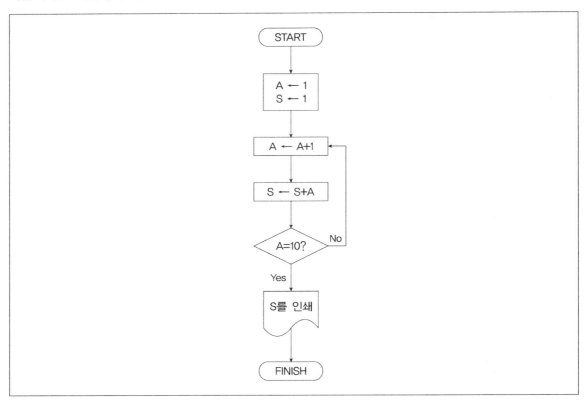

① 36

② 45

③ 55

④ 66

⑤ 77

✔ 해설 A＝1, S＝1
A＝2, S＝1＋2
A＝3, S＝1＋2＋3
…
A＝10, S＝1＋2＋3＋…＋10
∴ 출력되는 S의 값은 55이다.

13 T회사에서 근무하고 있는 N씨는 엑셀을 이용하여 작업을 하고자 한다. 엑셀에서 바로 가기 키에 대한 설명이 다음과 같을 때 괄호 안에 들어갈 내용으로 알맞은 것은?

> 통합 문서 내에서 (㉠) 키는 다음 워크시트로 이동하고 (㉡) 키는 이전 워크시트로 이동한다.

	㉠	㉡
①	⟨Ctrl⟩+⟨Page Down⟩	⟨Ctrl⟩+⟨Page Up⟩
②	⟨Shift⟩+⟨Page Down⟩	⟨Shift⟩+⟨Page Up⟩
③	⟨Tab⟩+←	⟨Tab⟩+→
④	⟨Alt⟩+⟨Shift⟩+↑	⟨Alt⟩+⟨Shift⟩+↓
⑤	⟨Ctrl⟩+⟨Shift⟩+⟨Page Down⟩	⟨Ctrl⟩+⟨Shift⟩+⟨Page Up⟩

✔해설 엑셀 통합 문서 내에서 다음 워크시트로 이동하려면 ⟨Ctrl⟩+⟨Page Down⟩을 눌러야 하며, 이전 워크시트로 이동하려면 ⟨Ctrl⟩+⟨Page Up⟩을 눌러야 한다.

14 다음 중 아래 시트에서 야근일수를 구하기 위해 [B9] 셀에 입력할 수식으로 옳은 것은?

	A	B	C	D	E
1			4월 야근 현황		
2	날짜	도준영	전아롱	이진주	강석현
3	4월15일		V		V
4	4월16일	V		V	
5	4월17일	V		V	
6	4월18일		V	V	V
7	4월19일	V		V	
8	4월20일	V			
9	야근일수				
10					

① =COUNTBLANK(B3:B8)   ② =COUNT(B3:B8)

③ =COUNTA(B3:B8)   ④ =SUM(B3:B8)

⑤ =AVERAGEA(B3:B8)

✔해설 COUNTBLANK 함수는 비어있는 셀의 개수를 세어준다. COUNT 함수는 숫자가 입력된 셀의 개수를 세어주는 반면 COUNTA 함수는 숫자는 물론 문자가 입력된 셀의 개수를 세어준다. 즉, 비어있지 않은 셀의 개수를 세어주기 때문에 이 문제에서는 COUNTA 함수를 사용해야 한다.

Answer   12.③   13.①   14.③

▌15~16 ▌ 다음은 선택정렬에 관한 설명과 예시이다. 이를 보고 물음에 답하시오.

선택정렬(Selection sort)는 주어진 데이터 중 최솟값을 찾고 최솟값을 정렬되지 않은 데이터 중 맨 앞에 위치한 값과 교환한다. 교환은 두 개의 숫자가 서로 자리를 맞바꾸는 것을 말한다. 정렬된 데이터를 제외한 나머지 데이터를 같은 방법으로 교환하여 반복하면 정렬이 완료된다.

〈예시〉

68, 11, 3, 82, 7을 정렬하려고 한다.

• 1회전 (최솟값 3을 찾아 맨 앞에 위치한 68과 교환)

68	11	3	82	7

3	11	68	82	7

• 2회전 (정렬이 된 3을 제외한 데이터 중 최솟값 7을 찾아 11과 교환)

3	11	68	82	7

3	7	68	82	11

• 3회전 (정렬이 된 3, 7을 제외한 데이터 중 최솟값 11을 찾아 68과 교환)

3	7	68	82	11

3	7	11	82	68

• 4회전 (정렬이 된 3, 7, 11을 제외한 데이터 중 최솟값 68을 찾아 82와 교환)

3	7	11	82	68

3	7	11	68	82

15 다음 수를 선택정렬을 이용하여 오름차순으로 정렬하려고 한다. 2회전의 결과는?

5, 3, 8, 1, 2

① 1, 2, 8, 5, 3   ② 1, 2, 5, 3, 8

③ 1, 2, 3, 5, 8   ④ 1, 2, 3, 8, 5

⑤ 1, 2, 8, 3, 5

✔ **해설** ㉠ 1회전

5	3	8	1	2
1	3	8	5	2

ⓛ 2회전

1	3	8	5	2
1	2	8	5	3

16 다음 수를 선택정렬을 이용하여 오름차순으로 정렬하려고 한다. 3회전의 결과는?

55, 11, 66, 77, 22

① 11, 22, 66, 55, 77   ② 11, 55, 66, 77, 22

③ 11, 22, 66, 77, 55   ④ 11, 22, 55, 77, 66

⑤ 11, 22, 55, 66, 77

 ㉠ 1회전

55	11	66	77	22
11	55	66	77	22

ⓛ 2회전

11	55	66	77	22
11	22	66	77	55

ⓒ 3회전

11	22	66	77	55
11	22	55	77	66

17 다음 워크시트에서 [A2] 셀 값을 소수점 첫째자리에서 반올림하여 [B2] 셀에 나타내도록 하고자 한다. [B2] 셀에 알맞은 함수식은?

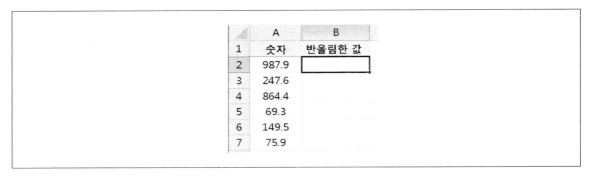

① ROUND(A2, −1)

② ROUND(A2, 0)

③ ROUNDDOWN(A2, 0)

④ ROUNDUP(A2, −1)

⑤ ROUND(A3, 0)

> ✔해설 ROUND(number, num_digits)는 반올림하는 함수이며, ROUNDUP은 올림, ROUNDDOWN은 내림하는 함수이다. ROUND(number, num_digits)에서 number는 반올림하려는 숫자를 나타내며, num_digits는 반올림할 때 자릿수를 지정한다. 이 값이 0이면 소수점 첫째자리에서 반올림하고 −1이면 일의자리 수에서 반올림한다. 따라서 주어진 문제는 소수점 첫째자리에서 반올림하는 것이므로 ②가 답이 된다.

18 다음 시트처럼 한 셀에 두 줄 이상 입력하려는 경우 줄을 바꿀 때 사용하는 키는?

① 〈Shift〉+〈Ctrl〉+〈Enter〉   ② 〈Alt〉+〈Enter〉

③ 〈Alt〉+〈Shift〉+〈Enter〉   ④ 〈Shift〉+〈Enter〉

⑤ 〈Ctrl〉+〈Enter〉

> ✔해설 한 셀에 두 줄 이상 입력하려고 하는 경우 줄을 바꿀 때는 〈Alt〉+〈Enter〉를 눌러야 한다.

19 다음 워크시트에서 과일의 금액 합계를 나타내는 '＝SUM(B2:B7)' 수식에서 '＝SUM(B2B7)'와 같이 범위 참조의 콜론(:)이 빠졌을 경우 나타나는 오류 메시지는?

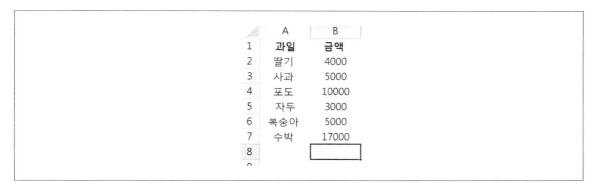

	A	B
1	**과일**	**금액**
2	딸기	4000
3	사과	5000
4	포도	10000
5	자두	3000
6	복숭아	5000
7	수박	17000
8		

① ＃NAME?   ② ＃REF!

③ ＃VALUE!   ④ ＃DIV/0

⑤ ＃NUM!

 ① ＃NAME? : 지정하지 않은 이름을 사용한 때나 함수 이름을 잘못 사용한 때, 인식할 수 없는 텍스트를 수식에 사용했을 때
② ＃REF! : 수식이 있는 셀에 셀 참조가 유효하지 않을 때
③ ＃VALUE! : 잘못된 인수나 피연산자를 사용하거나 수식 자동고침 기능으로 수식을 고칠 수 없을 때
④ ＃DIV/0 : 나누는 수가 빈 셀이나 0이 있는 셀을 참조하였을 때
⑤ ＃NUM! : 표현할 수 있는 숫자의 범위를 벗어났을 때

20 다음 워크시트는 학생들의 수리영역 성적을 토대로 순위를 매긴 것이다. 다음 중 [C2] 셀의 수식으로 옳은 것은?

	A	B	C
1		수리영역	순위
2	이순자	80	3
3	이준영	95	2
4	정소이	50	7
5	금나라	65	6
6	윤민준	70	5
7	도성민	75	4
8	최지애	100	1

① =RANK(B2,$B$2:$B$8)

② =RANK(B2,$B$2:$B$8,1)

③ =RANK(C2,$B$2:$B$8)

④ =RANK(C2,$B$2:$B$8,0)

⑤ =RANK(C2,$B$2:$B$8,1)

✔해설 RANK(number,ref,[order]) : number는 순위를 지정하는 수이므로 B2, ref는 범위를 지정하는 것이므로 $B$2:$B$8이다. oder는 0이나 생략하면 내림차순으로 순위가 매겨지고 0이 아닌 값을 지정하면 오름차순으로 순위가 매겨진다.

21 귀하는 중견기업 영업관리팀 사원으로 매출분석업무를 담당하고 있다. 아래와 같이 엑셀 워크시트로 서울에 있는 강북, 강남, 강서, 강동 등 4개 매장의 '수량'과 '상품코드'별 단가를 이용하여 금액을 산출하고 있다. 귀하가 다음 중 [D2] 셀에서 사용하고 있는 함수식으로 옳은 것은 무엇인가? (금액 = 수량 × 단가)

자료

지역	상품코드	수량	금액
강북	AA-10	15	45,000
강남	BB-20	25	125,000
강서	AA-10	30	90,000
강동	CC-30	35	245,000

상품코드	단가
AA-10	3,000
BB-20	7,000
CC-30	5,000

① =C2*VLOOKUP(B2,$B$8:$C$10, 1, 1)

② =B2*HLOOKUP(C2,$B$8:$C$10, 2, 0)

③ =C2*VLOOKUP(B2,$B$8:$C$10, 2, 0)

④ =C2*HLOOKUP($B$8:$C$10, 2, B2)

⑤ =C2*HLOOKUP($B$8:$C$10, 2, 1)

✔ 해설 상품코드별 단가가 수직(열)형태로 되어 있으므로, 그 단가를 가져오기 위해서는 VLOOKUP함수를 이용해야 되며, 상품코드별 단가에 수량(C2)를 곱한다. $B$8:$C$10에서 단가는 2열이고 반드시 같은 상품코드 (B2)를 가져와야 되므로, 0 (False)를 사용하여 VLOOKUP (B2,$B$8:$C$10, 2, 0)처럼 수식을 작성해야 한다.

22 다음 자료는 '발전량' 필드를 기준으로 발전량과 발전량이 많은 순위를 엑셀로 나타낸 표이다. 태양광의 발전량 순위를 구하기 위한 함수식으로 'C3'셀에 들어가야 할 알맞은 것은 어느 것인가?

	A	B	C
1	<에너지원별 발전량(단위: Mwh)>		
2	에너지원	발전량	순위
3	태양광	88	2
4	풍력	100	1
5	수력	70	4
6	바이오	75	3
7	양수	65	5

① =ROUND(B3,$B$3:$B$7,0)

② =ROUND(B3,$B$3:$B$7,1)

③ =RANK(B3,$B$3:$B$7,1)

④ =RANK(B3,$B$2:$B$7,0)

⑤ =RANK(B3,$B$3:$B$7,0)

> ✔ 해설 지정 범위에서 인수의 순위를 구하는 경우 'RANK' 함수를 사용한다. 이 경우, 수식은 '=RANK(인수, 범위, 결정 방법)'이 된다. 결정 방법은 0 또는 생략하면 내림차순, 0 이외의 값은 오름차순으로 표시하게 된다.

23 다음 워크시트에서처럼 주민등록번호가 입력되어 있을 때, 이 셀의 값을 이용하여 [C1] 셀에 성별을 '남' 또는 '여'로 표시하고자 한다. [C1] 셀에 입력해야 하는 수식은? (단, 주민등록번호의 8번째 글자가 1이면 남자, 2이면 여자이다)

	A	B	C
1	임나라	870808-2235672	
2	정현수	850909-1358527	
3	김동하	841010-1010101	
4	노승진	900202-1369752	
5	은봉미	890303-2251547	

① =CHOOSE(MID(B1,8,1), "여", "남")

② =CHOOSE(MID(B1,8,2), "남", "여")

③ =CHOOSE(MID(B1,8,1), "남", "여")

④ =IF(RIGHT(B1,8)="1", "남", "여")

⑤ =IF(RIGHT(B1,8)="2", "남", "여")

✔해설 MID(text, start_num, num_chars)는 텍스트에서 원하는 문자를 추출하는 함수이다. 주민등록번호가 입력된 [B1] 셀에서 8번째부터 1개의 문자를 추출하여 1이면 남자, 2면 여자라고 하였으므로 답이 ③이 된다.

24 다음 표에 제시된 통계함수와 함수의 기능이 서로 잘못 짝지어진 것은 어느 것인가?

함수명	기능
㉠ AVERAGEA	텍스트로 나타낸 숫자, 논리값 등을 포함, 인수의 평균을 구함
㉡ COUNT	인수 목록에서 공백이 아닌 셀과 값의 개수를 구함
㉢ COUNTIFS	범위에서 여러 조건을 만족하는 셀의 개수를 구함
㉣ LARGE(범위, k번째)	범위에서 k번째로 큰 값을 구함
㉤ RANK	지정 범위에서 인수의 순위를 구함

① ㉠   ② ㉡

③ ㉢   ④ ㉣

⑤ ㉤

✔해설 'COUNT' 함수는 인수 목록에서 숫자가 들어 있는 셀의 개수를 구할 때 사용되는 함수이며, 인수 목록에서 공백이 아닌 셀과 값의 개수를 구할 때 사용되는 함수는 'COUNTA' 함수이다.

Answer 22.⑤ 23.③ 24.②

25 다음의 알고리즘에서 인쇄되는 A는?

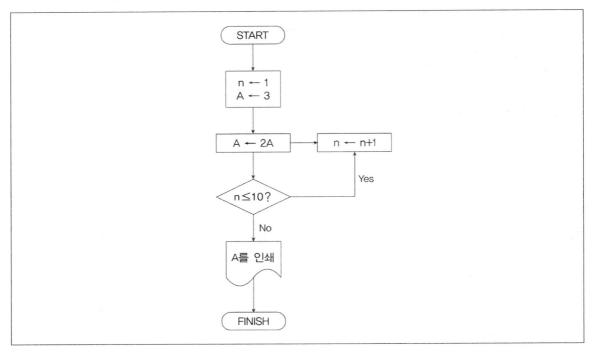

① $2^8 \cdot 3$

② $2^9 \cdot 3$

③ $2^{10} \cdot 3$

④ $2^{11} \cdot 3$

⑤ $2^{12} \cdot 3$

✔ 해설 n=1, A=3

n=1, A=2 · 3

n=2, A=2^2 · 3

n=3, A=2^3 · 3

...

n=11, A=2^{11} · 3

∴ 출력되는 A의 값은 $2^{11} \cdot 3$이다.

CHAPTER 05

자원관리능력

1 물적자원은 자연자원과 인공자원으로 구분된다. 이러한 물적자원을 바르게 관리하는 방법으로 볼 수 없는 것은?

① 언제 발생할지 모르는 재난 상황을 대비해 복구용 장비를 준비해 둔다.

② 희소성이 있는 자원의 향후 판매 가치를 높이기 위하여 일부 수량의 사용을 자제한다.

③ 긴급한 사용이 예상되는 물건은 개수가 부족하지 않게 충분히 구비한다.

④ 꼭 필요한 상황을 대비하여 항상 최소 물량은 확보해 둔다.

⑤ 보유 자원의 분실 및 훼손을 방지하기 위해 보관 창고 점검 횟수를 늘린다.

> ✔ 해설 긴급 상황이나 재난 상황에서 물적자원의 관리 소홀이나 부족 등은 더욱 큰 손실을 야기할 수 있으며, 꼭 필요한 상황에서 확보를 위한 많은 시간을 낭비하여 필요한 활동을 하지 못하는 상황이 벌어질 수 있다. 따라서 개인 및 조직에 필요한 물적자원을 확보하고 적절히 관리하는 것은 매우 중요하다고 할 수 있다.
> ② 물적자원을 영리 추구의 목적으로 보관하는 것은 효율적인 사용을 위한 관리의 중요성 차원과는 거리가 먼 것이다.

Answer 25.④ / 1.②

2 다음은 A의류매장의 판매 직원이 매장 물품 관리 시스템에 대하여 설명한 내용이다. 이를 참고할 때, bar code와 QR 코드 관리 시스템의 특징으로 적절하지 않은 것은?

> "저희 매장의 모든 제품은 입고부터 판매까지 스마트 기기와 연동된 전산화 시스템으로 운영되고 있어요. 제품 포장 상태에 따라 bar code와 QR 코드로 구분하여 아주 효과적인 관리를 하는 거지요. 이 조그만 전산 기호 안에 필요한 모든 정보가 입력되어 있어 간단한 스캔만으로 제품의 이동 경로와 시기 등을 손쉽게 파악하는 겁니다. 제품군을 분류하여 관리하거나 적정 재고량을 파악하는 데에도 매우 효율적인 관리 시스템인 셈입니다."

① QR 코드는 bar code보다 많은 양의 정보를 담을 수 있다.
② bar code는 제품군과 특성을 기준으로 물품을 대/중/소분류에 의해 관리한다.
③ bar code는 물품의 정보를 기호화하여 관리하는 것이다.
④ 최근 유통업계는 QR 코드 도입에 앞장서고 있다.
⑤ bar code의 정보는 검은 막대의 개수와 숫자로 구분된다.

> ✔해설 현대사회에서는 물적자원에 대한 관리가 매우 중요한 사안이며 bar code와 QR 코드뿐 아니라 이를 지원하는 다양한 기법이나 프로그램들이 개발되고 있어 bar code와 QR 코드에 대한 이해가 필요하다.
> ⑤ bar code의 정보는 검은 막대와 하얀 막대의 서로 다른 굵기의 조합에 의해 기호화 되는 것이며, 제품군과 특성을 기준으로 물품을 대/중/소분류에 의해 관리하게 된다.

3 실제중량이 5kg이며, 가로, 세로, 높이가 각각 30.5cm, 55cm, 24.5cm의 박스 3개를 항공화물로 운송하고자 할 때 운임적용 중량은? (단, 계산결과는 반올림하여 정수로 산정한다)

① 15kg   ② 20kg
③ 21kg   ④ 42kg
⑤ 45kg

> ✔해설 용적(부피)중량에 의한 방법은 용적계산 (가로×세로×높이)의 방식으로 계산하며, 직육면체 또는 정육면체가 아닌 경우 (최대 가로×최대 세로×최대 높이)로 계산한다. 가볍고 용적이 큰 화물에 대해 용적을 중량으로 환산하는 방법은 (가로×세로×높이÷6,000)이며, 높이 중량단계의 낮은 요율을 적용하여 운임이 낮아질 경우 그대로 이 운임을 적용하므로 $30.5×55×24.5×3÷6,000＝20.549375 ≒ 21kg$이 된다.

4 A는 철도교통팀의 물류팀장으로 근무하고 있다. 첫 프로젝트로 물류의 흐름을 이용해 최적의 시간으로써 고객만족을 높이려 한다. 아래 그림은 이러한 물류의 단계별 흐름을 나타낸 것이다. 이 때 아래 그림을 보고 A 팀장이 이해한 것으로 옳은 것을 고르면?

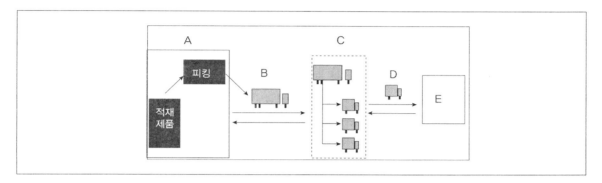

① A : 창고 → B : 수송 → C : 크로스독 운송 → D : 루트 배송 → E : 고객
② A : 창고 → B : 수송 → C : 루트 배송 → D : 크로스독 운송 → E : 고객
③ A : 창고 → B : 크로스독 운송 → C : 수송 → D : 루트 배송 → E : 고객
④ A : 수송 → B : 창고 → C : 크로스독 운송 → D : 루트 배송 → E : 고객
⑤ A : 수송 → B : 루트 배송 → C : 크로스독 운송 → D : 창고 → E : 고객

✔ 해설 크로스 도크 (Cross Dock)방식을 사용할 경우 대내 운송품은 유통센터에 하역되고 목적지별로 정렬되고 이어 트럭에 다시 실리는 과정을 거치게 된다. 재화는 실제로 전혀 창고에 들어가지 않으며 단지 도크를 거쳐 이동할 뿐이며, 이로 인해 최소 재고를 유지하고, 유통비용을 줄일 수 있다.

5 다음은 S공사의 지역본부 간 인사이동과 관련된 자료이다. 이에 대한 〈보고서〉의 내용 중 옳지 않은 것은?

〈2020년 직원 인사이동 현황〉

전출 \ 전입	A지역본부	B지역본부	C지역본부	D지역본부
A지역본부		190명	145명	390명
B지역본부	123명		302명	260명
C지역본부	165명	185명		110명
D지역본부	310명	220명	130명	

※ 인사이동은 A~D지역본부 간에서만 이루어진다.
※ 2020년 인사이동은 2020년 1월 1일부터 12월 31일까지 발생하며 동일 직원의 인사이동은 최대 1회로 제한된다.
※ 위 표에서 190은 A지역본부에서 B지역본부로 인사이동하였음을 의미한다.

〈2020~2021년 지역본부별 직원 수〉

지역본부 \ 연도	2020년	2021년
A지역본부	3,232명	3,105명
B지역본부	3,120명	3,030명
C지역본부	2,931명	( )명
D지역본부	3,080명	( )명

※ 직원 수는 매년 1월 1일 0시를 기준으로 한다.
※ 직원 수는 인사이동에 의해서만 변하며, 신규로 채용되거나 퇴사한 직원은 없다.

〈보고서〉

S공사의 지역본부 간 인사이동을 파악하기 위해 ① 2020년의 전입·전출을 분석한 결과 총 2,530명이 근무지를 이동한 것으로 파악되었다. S공사의 4개 지역본부 가운데 ② 전출직원 수가 가장 많은 지역본부는 A이다. 반면, ③ 전입직원 수가 가장 많은 지역본부는 A, B, D로부터 총 577명이 전입한 C이다. 2020년 인사이동 결과, ④ 2021년 직원이 가장 많은 지역본부는 D이며, ⑤ 2020년과 2021년의 직원 수 차이가 가장 큰 지역본부는 A이다.

해설 ③ 전입직원 수가 가장 많은 지역부터 순서대로 나열하면 D(760)>A(598)>B(595)>C(577)이다.

① 2020년 직원 인사이동 현황표에 따르면 총 2,530명이 이동하였다.

② 전출직원 수가 가장 많은 지역본부부터 순서대로 나열하면 A(725)>B(685)>D(660)>C(460)이다.

④ 2021년 직원이 가장 많은 지역부터 순서대로 나열하면 D(3,180)>A(3,105)>C(3,048)>B(3,030)이다.

⑤ 2020년과 2021년의 직원 수 차이가 가장 큰 지역부터 순서대로 나열하면 A(127명 감소)>C(117명 증가)>D(100명 증가)>B(90명 감소)이다.

6 다음은 신입사원 A가 2022년 1월에 현금으로 지출한 생활비 내역이다. 만약 A가 카드회사에서 권유한 A~C카드 중 하나를 발급받아 2022년 2월에도 1월과 동일하게 발급받은 카드로만 생활비를 지출하였다면 예상청구액이 가장 적은 카드는 무엇인가?

〈신입사원 A의 2022년 1월 생활비 지출내역〉

분류	세부항목			금액(만 원)
교통비	버스 · 지하철 요금			8
	택시 요금			2
	KTX 요금			10
식비	외식비		평일	10
			주말	5
	카페 지출액			5
	식료품 구입비		대형마트	5
			재래시장	5
의류구입비	온라인			15
	오프라인			15
여가 및 자기계발비	영화관람료(1만 원/회 × 2회)			2
	도서구입비 (2만 원/권 × 1권, 1만 5천 원/권 × 2권, 1만 원/권 × 3권)			8
	학원 수강료			20

〈신용카드별 할인혜택〉

A신용카드	• 버스 · 지하철, KTX 요금 20% 할인(단, 할인액의 한도는 월 2만 원) • 외식비 주말 결제액 5% 할인 • 학원 수강료 15% 할인 • 최대 총 할인한도액 없음 • 연회비 1만 5천 원이 발급 시 부과되어 합산됨
B신용카드	• 버스 · 지하철, KTX 요금 10% 할인(단, 할인액의 한도는 월 1만 원) • 온라인 의류구입비 10% 할인 • 도서구입비 권당 3천 원 할인(단, 권당 가격이 1만 2천 원 이상인 경우에만 적용) • 최대 총 할인한도액은 월 3만 원 • 연회비 없음
C신용카드	• 버스 · 지하철, 택시 요금 10% 할인(단, 할인액의 한도는 월 1만 원) • 카페 지출액 10% 할인 • 재래시장 식료품 구입비 10% 할인 • 영화관람료 회당 2천 원 할인(월 최대 2회) • 최대 총 할인한도액은 월 4만 원 • 연회비 없음

① A   ② B

③ C   ④ A와 C

⑤ B와 C

각 신용카드별 할인혜택을 통해 갑이 할인받을 수 있는 내역은 다음과 같다.

신용카드	할인금액
A	• 버스 · 지하철, KTX 요금 20% 할인(단, 한도 월 2만 원) → 2만 원 • 외식비 주말 결제액 5% 할인 → 2,500원 • 학원 수강료 15% 할인 → 3만 원 ※ 최대 총 할인한도액은 없고 연회비 1만 5천 원이 부과되므로 줄어드는 금액은 총 37,500원이다.
B	• 버스 · 지하철, KTX 요금 10% 할인(단, 한도 월 1만 원) → 1만 원 • 온라인 의류구입비 10% 할인 → 1만 5천원 • 도서구입비 권당 3천 원 할인(단, 정가 1만 2천 원 이상 적용) → 9,000원 ※ 연회비는 없지만, 최대 총 할인한도액이 월 3만 원이므로 줄어드는 금액은 총 3만 원이다.
C	• 버스 · 지하철, 택시 요금 10% 할인(단, 한도 월 1만 원) → 1만 원 • 카페 지출액 10% 할인 → 5,000원 • 재래시장 식료품 구입비 10% 할인 → 5,000원 • 영화관람료 회당 2천 원 할인(월 최대 2회) → 4,000원 ※ 최대 총 할인한도액은 월 4만 원이고 연회비가 없으므로 줄어드는 금액은 총 24,000원이다.

Answer 6.①

7 다음 글과 〈조건〉을 근거로 판단할 때, 중국으로 출장 가는 사람으로 짝지어진 것은?

C회사에서는 업무상 외국 출장이 잦은 편이다. 인사부 A씨는 매달 출장 갈 직원들을 정하는 업무를 맡고 있다. 이번 달에는 총 4국가로 출장을 가야 하며 인원은 다음과 같다.

미국	영국	중국	일본
1명	4명	3명	4명

출장을 갈 직원은 이과장, 김과장, 신과장, 류과장, 임과장, 장과장, 최과장이 있으며, 개인별 출장 가능한 국가는 다음과 같다.

직원 국가	이과장	김과장	신과장	류과장	임과장	장과장	최과장
미국	○	×	○	×	×	×	×
영국	○	×	○	○	○	×	×
중국	×	○	○	○	○	×	○
일본	×	×	○	×	○	○	○

※ ○ : 출장 가능, × : 출장 불가능
※ 어떤 출장도 일정이 겹치진 않는다.

〈조건〉
• 한 사람이 두 국가까지만 출장 갈 수 있다.
• 모든 사람은 한 국가 이상 출장을 가야 한다.

① 김과장, 최과장, 류과장
② 김과장, 신과장, 류과장
③ 신과장, 류과장, 임과장
④ 김과장, 임과장, 최과장
⑤ 신과장, 류과장, 최과장

✔해설 모든 사람이 한 국가 이상 출장을 가야 한다고 했으므로 김과장은 꼭 중국을 가야 하며, 장과장은 꼭 일본을 가야 한다. 또한 영국으로 4명이 출장을 가야 되고, 출장 가능 직원도 4명이므로 이과장, 신과장, 류과장, 임과장이 영국을 가야한다. 4개 국가 출장에 필요한 직원은 12명인데 김과장과 장과장이 1개 국가 밖에 못가므로 나머지 5명이 2개 국가씩 출장가야 한다는 것에 주의한다.

	출장가는 직원
미국(1명)	이과장
영국(4명)	류과장, 이과장, 신과장, 임과장
중국(3명)	김과장, 최과장, 류과장
일본(4명)	장과장, 최과장, 신과장, 임과장

│8~9│ 다음 예제를 보고 물음에 답하시오.

〈프로젝트의 단위활동〉

활동	직전 선행활동	활동시간(일)
A	–	3
B	–	5
C	A	3
D	B	2
E	C, D	4

〈프로젝트의 PERT 네트워크〉

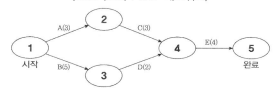

이 프로젝트의 단위활동과 PERT 네트워크를 보면
• A와 B활동은 직전 선행활동이 없으므로 동시에 시작할 수 있다.
• A활동 이후에 C활동을 하고, B활동 이후에 D활동을 하며, C와 D활동이 끝난 후 E활동을 하므로 한 눈에 볼 수 있는 표로 나타내면 다음과 같다.

A(3일)	C(3일)		E(4일)
B(5일)		D(2일)	

∴ 이 프로젝트를 끝내는 데는 최소한 11일이 걸린다.

Answer 7.①

8 R회사에 근무하는 J대리는 Z프로젝트의 진행을 맡고 있다. J대리는 이 프로젝트를 효율적으로 끝내기 위해 위의 예제를 참고하여 일의 흐름도를 다음과 같이 작성하였다. 이 프로젝트를 끝내는 데 최소한 며칠이 걸리겠는가?

〈Z프로젝트의 단위활동〉

활동	직전 선행활동	활동시간(일)
A	–	7
B	–	5
C	A	4
D	B	2
E	B	4
F	C, D	3
G	C, D, E	2
H	F, G	2

〈Z프로젝트의 PERT 네트워크〉

① 15일　　　　　　　　　　　② 16일
③ 17일　　　　　　　　　　　④ 18일
⑤ 20일

✔해설

A(7일)		C(4일)		F(3일)		H(2일)
B(5일)	D(2일)			G(2일)		
	E(4일)					

9 위의 문제에서 A활동을 7일에서 3일로 단축시킨다면 전체 일정은 며칠이 단축되겠는가?

① 1일　　　　　　　　　　　　　② 2일

③ 3일　　　　　　　　　　　　　④ 4일

⑤ 5일

 해설

A(3일)	C(4일)	F(3일)		H(2일)
B(5일)	D(2일)			
	E(4일)		G(2일)	

총 13일이 소요되므로 전체일정은 3일이 단축된다.

10 다음은 2019년 H기업이 지출한 물류비 내역이다. 이 중에서 자가물류비와 위탁물류비는 각각 얼마인가?

㉠ 노무비 8,500만 원	㉡ 전기료 200만 원
㉢ 지급운임 300만 원	㉣ 이자 150만 원
㉤ 재료비 2,500만 원	㉥ 지불포장비 50만 원
㉦ 수수료 50만 원	㉧ 가스·수도료 250만 원
㉨ 세금 50만 원	㉩ 상·하차용역비 350만 원

① 자가물류비 12,150만 원, 위탁물류비 350만 원

② 자가물류비 11,800만 원, 위탁물류비 700만 원

③ 자가물류비 11,650만 원, 위탁물류비 750만 원

④ 자가물류비 11,600만 원, 위탁물류비 900만 원

⑤ 자가물류비 11,450만 원, 위탁물류비 1,050만 원

해설 ㉠ 자가물류비＝노무비＋재료비＋전기료＋이자＋가스·수도료＋세금＝8,500만 원＋2,500만 원＋200만 원 ＋150만 원＋250만 원＋50만 원＝11,650원
　　㉡ 위탁물류비＝지급운임＋지불포장비＋수수료＋상·하차용역비＝300만 원＋50만 원＋50만 원＋350만 원 ＝750만 원

11 근로자의 근로 여건에 대한 다음 자료를 바탕으로 〈보기〉에서 옳은 것을 모두 고르면?

〈근로자 근로시간 및 임금〉

(단위 : 일, 시간, 천 원)

구분	2018	2019	2020	2021
근로일수	21.3	21.1	20.9	21.1
근로시간	179.9	178.1	177.1	178.4
임금총액	3,178	3,299	3,378	3,490

〈보기〉

㈎ 1일 평균 근로시간은 2020년이 가장 많다.
㈏ 1일 평균 임금총액은 매년 증가하였다.
㈐ 1시간 당 평균 임금총액은 매년 증가하였다.
㈑ 근로시간이 더 많은 해에는 임금총액도 더 많다.

① ㈎, ㈏   ② ㈏, ㈐
③ ㈐, ㈑   ④ ㈎, ㈏, ㈐
⑤ ㈏, ㈐, ㈑

 해설 ㈎ 1일 평균 근로시간은 '근로시간 ÷ 근로일수'로 계산할 수 있으며, 연도별로 8.45시간, 8.44시간, 8.47 시간, 8.45시간으로 2020년이 가장 많다. (O)
㈏ 1일 평균 임금총액은 '임금총액 ÷ 근로일수'로 계산할 수 있으며, 연도별로 149.2천 원, 156.4천 원, 161.6천 원, 165.4천 원으로 매년 증가하였다. (O)
㈐ 1시간 당 평균 임금총액은 '임금총액 ÷ 근로시간'으로 계산할 수 있으며, 연도별로 17.7천 원, 18.5천 원, 19.1천 원, 19.6천 원으로 매년 증가하였다. (O)
㈑ 2018년~2020년의 수치로 확인해 보면, 근로시간이 더 많은 해에 임금총액도 더 많다고 할 수 없으므로 비례관계가 성립하지 않는다. (X)

12 J회사 관리부에서 근무하는 L씨는 소모품 구매를 담당하고 있다. 2022년 4월 중에 다음 조건 하에서 A4 용지와 토너를 살 때, 총 비용이 가장 적게 드는 경우는? (단, 2022년 4월 1일에는 A4용지와 토너는 남아 있다고 가정하며, 다 썼다는 말이 없으면 그 소모품들은 남아있다고 가정한다)

> • A4용지 100장 한 묶음의 정가는 1만 원, 토너는 2만 원이다. (A4용지는 100장 단위로 구매함)
> • J회사와 거래하는 ◇◇오피스는 매달 15일에 전 품목 20% 할인 행사를 한다.
> • ◇◇오피스에서는 5월 5일에 A사 카드를 사용하면 정가의 10%를 할인해 준다.
> • 총 비용이란 소모품 구매가격과 체감비용(소모품을 다 써서 느끼는 불편)을 합한 것이다.
> • 체감비용은 A4용지와 토너 모두 하루에 500원이다.
> • 체감비용을 계산할 때, 소모품을 다 쓴 당일은 포함하고 구매한 날은 포함하지 않는다.
> • 소모품을 다 쓴 당일에 구매하면 체감비용은 없으며, 소모품이 남은 상태에서 새 제품을 구입할 때도 체감비용은 없다.

① 3일에 A4용지만 다 써서, 5일에 A사 카드로 A4용지와 토너를 살 경우

② 13일에 토너만 다 써서 당일 토너를 사고, 15일에 A4용지를 살 경우

③ 10일에 A4용지와 토너를 다 써서 15일에 A4용지와 토너를 같이 살 경우

④ 3일에 A4용지만 다 써서 당일 A4용지를 사고, 13일에 토너를 다 써서 15일에 토너만 살 경우

⑤ 3일에 토너를 다 써서 5일에 A사 카드로 토너를 사고, 7일에 A4용지를 다 써서 15일에 A4용지를 살 경우

 해설 ① 1,000원(체감비용)＋27,000원＝28,000원
  ② 20,000원(토너)＋8,000원(A4용지)＝28,000원
  ③ 5,000원(체감비용)＋24,000원＝29,000원
  ④ 10,000원(A4용지)＋1,000원(체감비용)＋16,000원(토너)＝27,000원
  ⑤ 1,000원(체감비용)＋18,000(토너)＋4,000원(체감비용)＋8,000(A4용지)＝31,000원

13 인사팀 신입사원 민기씨는 회사에서 NCS채용 도입을 위한 정보를 얻기 위해 NCS기반 능력중심채용 설명회를 다녀오려고 한다. 민기씨는 오늘 오후 1시까지 김대리님께 보고서를 작성해서 드리고 30분 동안 피드백을 받기로 했다. 오전 중에 정리를 마치려면 시간이 빠듯할 것 같다. 다음에 제시된 설명회 자료와 교통편을 보고 민기씨가 생각한 것으로 틀린 것은?

최근 이슈가 되고 있는 공공기관의 NCS 기반 능력중심 채용에 관한 기업들의 궁금증 해소를 위하여 붙임과 같이 설명회를 개최하오니 많은 관심 부탁드립니다.

감사합니다.

−붙임−

설명회 장소	일시	비고
서울고용노동청(5층) 컨벤션홀	2021. 11. 13(금) PM 15:00~17:00	설명회의 원활한 진행을 위해 설명회 시작 15분 뒤부터는 입장을 제한합니다.

오시는 길

지하철 : 2호선 을지로입구역 4번 출구(도보 10분 거리)

버스 : 149, 152번 ○○센터(도보 5분 거리)

• 회사에서 버스정류장 및 지하철역까지 소요시간

출발지	도착지	소요시간	
회사	×× 정류장	도보	30분
		택시	10분
	지하철역	도보	20분
		택시	5분

• 서울고용노동청 가는 길

교통편	출발지	도착지	소요시간
지하철	잠실역	을지로입구역	1시간(환승포함)
버스	×× 정류장	○○센터 정류장	50분(정체 시 1시간 10분)

① 택시를 타지 않아도 버스를 타고 가면 늦지 않게 설명회에 갈 수 있다.

② 어떤 방법으로 이동하더라도 설명회에 입장은 가능하다.

③ 택시를 타지 않아도 지하철을 타고 가면 늦지 않게 설명회에 갈 수 있다.

④ 정체가 되지 않는다면 버스를 타고 가는 것이 지하철보다 빠르게 갈 수 있다.

⑤ 택시를 이용할 경우 늦지 않게 설명회에 갈 수 있다.

✔ 해설 ① 도보로 버스정류장까지 이동해서 버스를 타고 가게 되면 도보(30분), 버스(50분), 도보(5분)으로 1시간 25분이 걸리지만 버스가 정체될 수 있으므로 1시간 45분으로 계산하는 것이 바람직하다. 민기씨는 1시 30분에 출발할 수 있으므로 3시 15분에 도착하게 되고 입장은 할 수 있으나 늦는다.

※ 소요시간 계산

　㉠ 도보-버스 : 도보(30분), 버스(50분), 도보(5분)이므로 총 1시간 25분(정체 시 1시간 45분) 걸린다.

　㉡ 도보-지하철 : 도보(20분), 지하철(1시간), 도보(10분)이므로 총 1시간 30분 걸린다.

　㉢ 택시-버스 : 택시(10분), 버스(50분), 도보(5분)이므로 총 1시간 5분(정체 시 1시간 25분) 걸린다.

　㉣ 택시-지하철 : 택시(5분), 지하철(1시간), 도보(10분)이므로 총 1시간 15분 걸린다.

14 다음은 전력수급 현황을 나타내고 있는 자료이다. 다음 자료에 대한 〈보기〉의 설명 중 올바른 것만을 모두 고른 것은 어느 것인가?

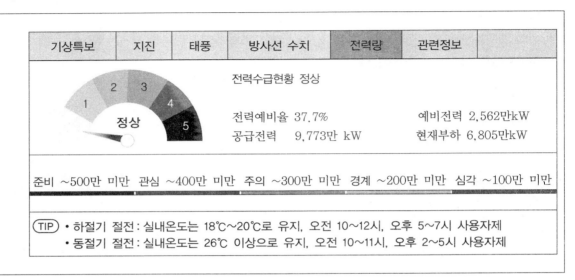

기상특보	지진	태풍	방사선 수치	전력량	관련정보	

전력수급현황 정상

전력예비율 37.7%　　　　　　　예비전력 2,562만kW
공급전력　9,773만 kW　　　　　현재부하 6,805만kW

준비 ~500만 미만　관심 ~400만 미만　주의 ~300만 미만　경계 ~200만 미만　심각 ~100만 미만

TIP • 하절기 절전 : 실내온도는 18℃~20℃로 유지, 오전 10~12시, 오후 5~7시 사용자제
　　 • 동절기 절전 : 실내온도는 26℃ 이상으로 유지, 오전 10~11시, 오후 2~5시 사용자제

〈보기〉
가. 공급능력에 대한 예비전력의 비율이 전력예비율이다.
나. 예비전력이 현재의 10분의 1 수준이라면 주의단계에 해당된다.
다. 오전 10~11시경은 여름과 겨울에 모두 전력소비가 많은 시간대이다.
라. 일정한 공급능력 상황에서 현재부하가 올라가면 전력예비율은 낮아지게 된다.

① 나, 다, 라　　　　　　　　② 가, 다, 라
③ 가, 나, 라　　　　　　　　④ 가, 나, 다
⑤ 가, 나, 다, 라

✔해설　㉮ 전력예비율은 현재부하에 대한 예비전력의 비율이 된다.(2,562÷6,805×100=약 37.7%)
　　　　㉯ 현재의 예비전력이 2,562만kW이므로 10분의 1 수준이면 약 250만kW가 되므로 300만kW미만의 주의단계에 해당된다.
　　　　㉰ 하절기와 동절기에 모두 사용자제가 요구되는 시간대이므로 전력소비가 많은 때이다.
　　　　㉱ 전력예비율은 예비전력÷현재부하에 대한 비율이므로 일정한 공급능력 상황에서 현재부하가 올라가면 전력예비율은 낮아지게 된다.

15 S공사에서는 육상운송과의 효율적 자원관리를 하기 위한 일환으로 운송망에서 최단경로(Shortest Path)법에 의해 출발지 O로부터 목적지 D까지 최단운송거리를 계산하고자 한다. 계산과정에서 잘못 설명된 것은?

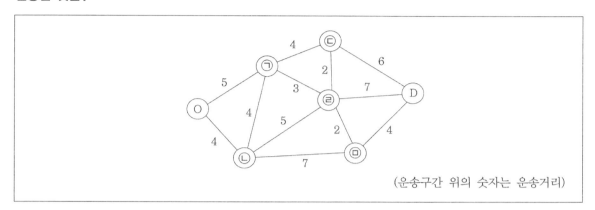

(운송구간 위의 숫자는 운송거리)

① 출발지에서 중간목적지 ⑩까지의 최단거리는 10이다.
② 출발지에서 최종목적지까지의 최단경로는 O → ㉠ → ㉢ → D이다.
③ 출발지에서 최종목적지까지의 최단거리의 합은 14이다.
④ 출발지에서 중간목적지 ㉢까지의 최단거리는 9이다.
⑤ 출발지에서 최종목적지까지의 최단경로에 중간목적지 ㉠이 포함된다.

✔️ **해설** 출발지 O에서 최종목적지 D까지의 최단경로는 'O → ㉠ → ㉣ → ⑩ → D'이다.

16 (주) Mom에서는 A라는 상품의 재고를 정량발주법으로 관리하고 있다. 이 상품에 대한 연간 수요량이 400개, 구매가격은 단위당 10,000원, 연간 단위당 재고유지비는 구매가격의 10%이고, 1회 주문비용은 8,000원이다. 단 1년은 365일로 한다. 이 경우에 주문주기는?

① 33일   ② 50일
③ 73일   ④ 80일
⑤ 93일

✔️ **해설**
㉠ 경제적 발주량 $= \sqrt{\dfrac{2 \times 수요량 \times 회당 주문비용}{단위당 재고유지비용}} = \sqrt{\dfrac{2 \times 400 \times 8,000}{1,000}} = 80$개

㉡ 주문주기 $= 365 \times \dfrac{80개}{400개} = 73$일

17~18 푸르미펜션을 운영하고 있는 K씨는 P씨에게 예약 문의전화를 받았다. 아래의 예약일정과 정보를 보고 K씨가 P씨에게 안내할 사항으로 옳은 것을 고르시오.

〈푸르미펜션 1월 예약 일정〉

일	월	화	수	목	금	토
					1	2
					• 매 가능 • 난 가능 • 국 완료 • 죽 가능	• 매 가능 • 난 완료 • 국 완료 • 죽 가능
3	4	5	6	7	8	9
• 매 완료 • 난 가능 • 국 완료 • 죽 가능	• 매 가능 • 난 가능 • 국 가능 • 죽 가능	• 매 가능 • 난 가능 • 국 가능 • 죽 가능	• 매 가능 • 난 가능 • 국 가능 • 죽 가능	• 매 가능 • 난 가능 • 국 가능 • 죽 가능	• 매 완료 • 난 가능 • 국 완료 • 죽 완료	• 매 완료 • 난 가능 • 국 완료 • 죽 완료
10	11	12	13	14	15	16
• 매 가능 • 난 완료 • 국 완료 • 죽 가능	• 매 가능 • 난 가능 • 국 가능 • 죽 가능	• 매 가능 • 난 가능 • 국 가능 • 죽 가능	• 매 가능 • 난 가능 • 국 가능 • 죽 가능	• 매 가능 • 난 가능 • 국 가능 • 죽 가능	• 매 가능 • 난 완료 • 국 완료 • 죽 가능	• 매 가능 • 난 완료 • 국 완료 • 죽 가능

※ 완료 : 예약완료, 가능 : 예약가능

〈푸르미펜션 이용요금〉

(단위 : 만 원)

객실명	인원		이용요금			
			비수기		성수기	
	기준	최대	주중	주말	주중	주말
매	12	18	23	28	28	32
난	12	18	25	30	30	35
국	15	20	26	32	32	37
죽	30	35	30	34	34	40

※ 주말 : 금-토, 토-일, 공휴일 전날-당일
  성수기 : 7~8월, 12~1월
※ 기준인원초과 시 1인당 추가 금액 : 10,000원

K씨 : 감사합니다. 푸르미펜션입니다.

P씨 : 안녕하세요. 회사 워크숍 때문에 예약문의를 좀 하려고 하는데요. 1월 8~9일이나 15~16일에 "국"실에 예약이 가능할까요? 웬만하면 8~9일로 예약하고 싶은데….

K씨 : 인원이 몇 명이시죠?

P씨 : 일단 15명 정도이고요 추가적으로 3명 정도 더 올 수도 있습니다.

K씨 : _____ ㉠ _____

P씨 : 기준 인원이 12명으로 되어있던데 너무 좁지는 않겠습니까?

K씨 : 두 방 모두 "국"실보다 방 하나가 적긴 하지만 총 면적은 비슷합니다. 하지만 화장실 등의 이용이 조금 불편하실 수는 있겠군요. 흠…. 8~9일로 예약하시면 비수기 가격으로 해드리겠습니다.

P씨 : 아, 그렇군요. 그럼 8~9일로 예약 하겠습니다. 그럼 가격은 어떻게 됩니까?

K씨 : _____ ㉡ _____ 인원이 더 늘어나게 되시면 1인당 10,000원씩 추가로 결재하시면 됩니다. 일단 10만 원만 홈페이지의 계좌로 입금하셔서 예약 완료하시고 차액은 당일에 오셔서 카드나 현금으로 계산하시면 됩니다.

17 ㉠에 들어갈 K씨의 말로 가장 알맞은 것은?

① 죄송합니다만 1월 8~9일, 15~16일 모두 예약이 모두 차서 이용 가능한 방이 없습니다.

② 1월 8~9일이나 15~16일에는 "국"실 예약이 모두 차서 예약이 어렵습니다. 15명이시면 1월 8~9일에는 "난"실, 15~16일에는 "매"실에 예약이 가능하신데 어떻게 하시겠습니까?

③ 1월 8~9일에는 "국"실 예약 가능하시고 15~16일에는 예약이 완료되었습니다. 15명이시면 15~16일에는 "매"실에 예약이 가능하신데 어떻게 하시겠습니까?

④ 1월 8~9일에는 "국"실 예약이 완료되었고 15~16일에는 예약 가능하십니다. 15명이시면 8~9일에는 "난"실에 예약이 가능하신데 어떻게 하시겠습니까?

⑤ 1월 8~9일이나 15~16일 모두 "국"실 예약이 가능하십니다.

> ✔️ 해설 8~9일, 15~16일 모두 "국"실은 모두 예약이 완료되었다. 워크숍 인원이 15~18명이라고 했으므로 "매"실 또는 "난"실을 추천해주는 것이 좋다. 8~9일에는 "난"실, 15~16일에는 "매"실의 예약이 가능하다.

18 ㉡에 들어갈 K씨의 말로 가장 알맞은 것은?

① 그럼 1월 8~9일로 "난"실 예약 도와드리겠습니다. 15인일 경우 기본 30만 원에 추가 3인 하셔서 총 33만 원입니다.

② 그럼 1월 8~9일로 "난"실 예약 도와드리겠습니다. 15인일 경우 기본 35만 원에 추가 3인 하셔서 총 38만 원입니다.

③ 그럼 1월 8~9일로 "매"실 예약 도와드리겠습니다. 15인일 경우 기본 28만 원에 추가 3인 하셔서 총 31만 원입니다.

④ 그럼 1월 8~9일로 "매"실 예약 도와드리겠습니다. 15인일 경우 기본 32만 원에 추가 3인 하셔서 총 35만 원입니다.

⑤ 그럼 1월 8~9일로 "매"실 예약 도와드리겠습니다. 15인일 경우 기본 32만 원에 추가 3인 하셔서 총 38만 원입니다.

> **✔ 해설** 8~9일로 예약하겠다고 했으므로 예약 가능한 방은 "난"실이다. 1월은 성수기이지만 비수기 가격으로 해주기로 했으므로 비수기 주말 가격인 기본 30만 원에 추가 3만 원으로 안내해야 한다.

❚19~20 ❚ 다음은 A병동 11월 근무 일정표 초안이다. A병동은 1~4조로 구성되어 있으며, 3교대로 돌아간다. 주어진 정보를 보고 물음에 답하시오.

	일	월	화	수	목	금	토
	1	2	3	4	5	6	7
오전	1조	1조	1조	1조	1조	2조	2조
오후	2조	2조	2조	3조	3조	3조	3조
야간	3조	4조	4조	4조	4조	4조	1조
	8	9	10	11	12	13	14
오전	2조	2조	2조	3조	3조	3조	3조
오후	3조	4조	4조	4조	4조	4조	1조
야간	1조	1조	1조	1조	2조	2조	2조
	15	16	17	18	19	20	21
오전	3조	4조	4조	4조	4조	4조	1조
오후	1조	1조	1조	1조	2조	2조	2조
야간	2조	2조	3조	3조	3조	3조	3조
	22	23	24	25	26	27	28
오전	1조	1조	1조	1조	2조	2조	2조
오후	2조	2조	3조	3조	3조	3조	3조
야간	4조	4조	4조	4조	4조	1조	1조

	29	30	
			• 1조 : 나경원(조장), 임채민, 조은혜, 이가희, 김가은
오전	2조	2조	• 2조 : 김태희(조장), 이샘물, 이가야, 정민지, 김민경
오후	4조	4조	• 3조 : 우채원(조장), 황보경, 최희경, 김희원, 노혜은
야간	1조	1조	• 4조 : 전혜민(조장), 고명원, 박수진, 김경민, 탁정은

※ 한 조의 일원이 개인 사유로 근무가 어려울 경우 당일 오프인 조의 일원(조장 제외) 중 1인이 대체 근무를 한다.

※ 대체근무의 경우 오전근무 직후 오후근무 또는 오후근무 직후 야간근무는 가능하나 야간근무 직후 오전근무는 불가능하다.

※ 대체근무가 어려운 경우 휴무자가 포함된 조의 조장이 휴무자의 업무를 대행한다.

Answer 18.①

19 다음은 직원들의 휴무 일정이다. 배정된 대체근무자로 적절하지 못한 사람은?

휴무일자	휴무 예정자	대체 근무 예정자
11월 3일	임채민	① 노혜은
11월 12일	황보경	② 이가희
11월 17일	우채원	③ 이샘물
11월 24일	김가은	④ 이가야
11월 30일	고명원	⑤ 최희경

✔해설 11월 12일 황보경(3조)은 오전근무이다. 1조는 바로 전날 야간근무를 했기 때문에 대체해줄 수 없다. 따라서 이가희가 아닌 우채원(3조 조장)이 황보경의 업무를 대행한다.

20 다음은 직원들의 휴무 일정이다. 배정된 대체근무자로 적절하지 못한 사람은?

휴무일자	휴무 예정자	대체 근무 예정자
11월 7일	노혜은	① 탁정은
11월 10일	이샘물	② 최희경
11월 20일	김희원	③ 임채민
11월 29일	탁정은	④ 김희원
11월 30일	이가희	⑤ 황보경

✔해설 11월 20일 김희원(3조)는 야간근무이다. 1조는 바로 다음 날 오전근무를 해야 하기 때문에 대체해줄 수 없다. 따라서 임채민이 아닌 우채원(3조 조장)이 김희원의 업무를 대행한다.

21 다음 표와 보기는 대중교통 환승유형과 환승정책에 관한 자료이다. 신규 환승정책 시행 전과 후를 비교할 때 환승유형 종류 중 연간 총 교통요금 절감액이 큰 순서대로 바르게 나열한 것은?

〈표〉 연간 환승유형별 이용건수

환승유형	환승내용	연간 환승유형 이용건수
A	버스 → 버스	1,650
B	버스 → 지하철	1,700
C	지하철 → 버스	1,150
D	버스 → 버스 → 버스	800
E	버스 → 지하철 → 버스	600

〈보기〉

• 모든 승객은 교통카드만 이용하고, 교통카드를 통해서 환승유형이 확인되었다.
• 신규 환승정책 시행 전후, 지하철과 버스의 기본요금은 각각 950원이고, 기본요금에 대한 할인요금은 없다.
• 신규 환승정책 시행 전에는 대중교통 수단을 이용할 때마다 각각의 기본요금을 지불하였다.
• 신규 환승정책 시행 후에는 환승유형 이용 1건당 지불요금은 다음과 같다.
−최초 탑승시 기본요금
−동일 교통수단으로 환승시 마다 150원의 환승요금
−다른 교통수단으로 환승시 마다 200원의 환승요금

① A−B−D−C−E
② A−D−B−E−C
③ B−A−D−C−E
④ D−A−B−E−C
⑤ D−B−A−C−E

 해설

	시행 전 요금	시행 후 요금	정책 시행 후 절감액	연간환승유형 이용건수	총 절감액
A	1,900	1,100	800	1,650	1,320,000
B	1,900	1,150	750	1,700	1,275,000
C	1,900	1,150	750	1,150	862,500
D	2,850	1,250	1,600	800	1,280,000
E	2,850	1,350	1,500	600	900,000

Answer 19.② 20.③ 21.②

22 OO지자체의 예산으로 다음과 같이 귀농인을 지원하려고 한다. OO지자체의 공무원은 누구를 지원하여 야 하는가?

신청자격
OO지자체에 소재하는 귀농가구 중 거주기간이 6개월 이상이고, 가구주의 연령이 20세 이상 60세 이 하인 가구

심사기준 및 점수 산정방식
• 다음 심사기준별 점수를 합산한다.
• 심사기준별 점수
- 거주기간 : 10점(3년 이상), 8점(2년 이상 3년 미만), 6점(1년 이상 2년 미만), 4점(6개월 이상 1년 미만)
- 가족 수 : 10점(4명 이상), 8점(3명), 6점(2명), 4점(1명)
  ※ 가족 수에는 가구주가 포함된 것으로 본다.
- 영농규모 : 10점(1.0ha 이상), 8점(0.5ha 이상 1.0 미만), 6점(0.3ha 이상 0.5ha 미만), 4점 (0.3ha 미만)
- 주택노후도 10점(20년 이상), 8점(15년 이상 20년 미만), 6점(10년 이상 15년 미만), 4점(5년 이 상 10년 미만)
- 사업시급성 : 10점(매우 시급), 7점(시급), 4점(보통)

지원내용
• 지원목적 : 귀농인의 안정적인 정착을 도모하기 위해 일정 기준을 충족하는 귀농가구의 주택 개 · 보 수 비용을 지원
• 예산액 : 6,000,000원
• 지원액 : 가구당 3,000,000원
• 지원대상 : 심사기준별 점수의 총점이 높은 순으로 2가구를 지원(총점이 동점일 경우 가구주의 연령 이 높은 가구를 지원)

〈심사 기초 자료〉

귀농가구	가구주 연령(세)	거주기간	가족수(명)	영농규모(ha)	주택노후도(년)	사업 시급성
A	48	4년 4개월	1	0.2	20	매우 시급
B	47	11개월	3	1.1	14	매우 시급
C	55	1년 9개월	2	0.7	22	매우 시급
D	60	7개월	4	0.3	14	보통
E	35	2년 7개월	1	1.4	17	시급

① A, B   ② A, C

③ B, C   ④ C, E

⑤ D, E

✔해설 심사기준별 점수를 합산해보면 다음과 같다.

귀농가구	거주기간	가족수	영농규모	주택 노후도	사업 시급성	총점
A	10	4	4	10	10	38
B	4	8	10	6	10	38
C	6	6	8	10	10	40
D	4	10	6	6	4	30
E	8	4	10	8	7	37

C가 총점이 가장 높으므로 C가 지원대상이 되며, A와 B는 총점이 동일하므로 가구주의 연령이 높은 A가 지원대상이 된다.

23 A국에서는 다음과 같이 여성폭력피해자 보호시설에 대해 보조금을 지급하려고 한다. 甲, 乙, 丙, 丁의 4개 보호시설에 대해 보조금을 지급한다면 필요한 예산의 총액은 얼마인가?

---

1. 여성폭력피해자 보호시설 운영비
   - 종사자 1~2인 시설 : 200백만 원
   - 종사자 3~4인 시설 : 300백만 원
   - 종사자 5인 이상 시설 : 400백만 원
   ※ 단, 평가등급이 1등급인 보호시설에는 해당 지급액의 100%를 지급하지만, 2등급인 보호시설에는 80%, 3등급인 보호시설에는 60%를 지급한다.

2. 여성폭력피해자 보호시설 사업비
   - 종사자 1~3인 시설 : 60백만 원
   - 종사자 4인 이상 시설 : 80백만 원

3. 여성폭력피해자 보호시설 종사자 장려수당
   - 종사자 1인당 50백만 원

4. 여성폭력피해자 보호시설 입소자 간식비
   - 입소자 1인당 1백만 원

〈여성폭력피해자 보호시설 현황〉

보호시설	평가등급	종사자 수(인)	입소자 수(인)
甲	1	4	7
乙	1	2	8
丙	2	4	10
丁	3	5	12

---

① 2,067백만 원　　　　　　　　　　② 2,321백만 원

③ 2,697백만 원　　　　　　　　　　④ 2,932백만 원

⑤ 3,137백만 원

✔ **해설**　甲 : 300+80+200+7=587(백만 원)
乙 : 200+60+100+8=368(백만 원)
丙 : 240+80+200+10=530(백만 원)
丁 : 240+80+250+12=582(백만 원)
따라서 587+368+530+582=2,067(백만 원)이다.

▌24~25 ▌ 공장 주변지역의 농경수 오염에 책임이 있는 기업이 총 70억 원의 예산을 가지고 피해 현황 심사와 보상을 진행한다고 한다. 다음 글을 읽고 물음에 답하시오.

총 500건의 피해가 발생했고, 기업측에서는 실제 피해 현황을 심사하여 보상하기로 하였다. 심사에 소요되는 비용은 보상 예산에서 사용한다. 심사를 통해 좀 더 정확한 피해 규모를 파악할 수 있지만, 그에 따라 소요되는 비용 또한 증가하게 된다.

	1일째	2일째	3일째	4일째
일별 심사 비용(억 원)	0.5	0.7	0.9	1.1
일별 보상대상 제외건수	50	45	40	35

• 보상금 총액＝예산－심사 비용
• 표는 누적수치가 아닌, 하루에 소요되는 비용을 말함
• 일별 심사 비용은 매일 0.2억씩 증가하고 제외건수는 매일 5건씩 감소함
• 제외건수가 0이 되는 날, 심사를 중지하고 보상금을 지급함

24 기업측이 심사를 중지하는 날까지 소요되는 일별 심사 비용은 총 얼마인가?

① 15억 원　　　　　　　　　　② 15.5억 원
③ 16억 원　　　　　　　　　　④ 16.5억 원
⑤ 17억 원

✔해설 제외건수가 매일 5건씩 감소한다고 했으므로 11일째 되는 날 제외건수가 0이 되고 일별 심사 비용은 총 16.5억 원이 된다.

25 심사를 중지하고 총 500건에 대해서 보상을 한다고 할 때, 보상대상자가 받는 건당 평균 보상금은 대략 얼마인가?

① 약 1천만 원　　　　　　　　② 약 2천만 원
③ 약 3천만 원　　　　　　　　④ 약 4천만 원
⑤ 약 5천만 원

✔해설 (70억－16.5억)/500건＝1,070만 원

Answer 23.① 24.④ 25.①

PART

04

직무수행능력평가

CHAPTER 01

경영학

1 다음의 그림에 관련한 설명으로 가장 거리가 먼 것은?

① 자사의 제품판매 증대를 위해 중간상들에게 동기부여를 제공하기에는 다소 어려운 부분이 있다.

② 이러한 점포들이 많아질수록 통제하기가 어려워질 수 있다.

③ 가장 대표적인 형태로 선매품이 주로 활용된다.

④ 구매의 편의성을 제공한다.

⑤ 충동구매를 증가시킨다.

> ✔**해설** 위 그림은 경로 커버리지 유통경로 중 집중적(= 개방적) 유통을 표현한 것이다. 이 방식은 유통경로의 목
> 적을 달성하기 위해 가능한 한 많은 점포들이 자사의 제품을 취급할 수 있도록 하기 위한 경로전략으로
> 주로 편의품(음료, 치약, 스타킹 등)이 이에 속한다.

2 어떤 기업이 매출목표 달성을 위해 신기술을 도입하였다. 그 결과 전년 대비 생산량이 증가하고 생산 원가는 감소하였으나, 제품이 소비자의 관심을 끌지 못하여 매출목표를 달성하지 못하였다. 신기술 도 입의 효과성과 효율성에 대한 설명으로 적절한 것은?

① 효과적이고 효율적이다.

② 효과적이지 않지만 효율적이다.

③ 효과적이지만 효율적이지 않다.

④ 효과적이지 않고 효율적이지도 않다.

⑤ 효과적이지만 효율적인지는 알 수 없다.

> ✔해설 효율성을 넓은 의미의 능률성으로 볼 때, 생산원가는 감소하고 생산량이 증가하였으므로 효율적이지만, 매출목표를 달성하지 못하였으므로 효과적이지는 않다.

3 직무만족 및 불만족에 대한 설명으로 옳은 것은?

① 직무불만족을 증가시키는 개인적 성향은 긍정적 정서와 긍정적 자기평가이다.

② 역할 모호성, 역할 갈등, 역할 과다를 경험한 사람들은 직무만족이 높다.

③ 직무만족이란 직무를 통해 그 가치를 느끼고 업무 성취감을 느끼는 긍정적 감정 상태를 말한다.

④ 종업원과 상사 사이의 공유된 가치관은 직무만족을 감소시킨다.

⑤ 이양된 권한에 비해 책임이 큰 종업원은 직무만족이 높을 가능성이 크다.

> ✔해설 ① 직무불만족을 증가시키는 개인적 성향은 부정적 정서와 부정적 자기평가이다.
> ② 역할 모호성, 역할 갈등, 역할 과다를 경험한 사람들의 직무만족은 낮다.
> ④ 종업원과 상사 사이의 공유된 가치관은 직무만족을 증가시킨다.
> ⑤ 이양된 권한에 비해 책임이 큰 종업원의 직무만족은 낮을 가능성이 크다.

Answer 1.③ 2.② 3.③

4 다음은 전통적 마케팅 경로를 나타낸 것인데, 이에 관련한 설명으로 부적절한 것을 고르면?

> 제조업자 → 도매업자 → 소매업자 → 소비자

① 서로 상호 독립적인 경로구성원들로 구성된다.
② 제조업자는 하위 요소들에 대한 통제력이 없고 갈등발생 시에 이를 해결할 공식적인 기구가 없기 때문에 각 경로구성원들 간 조정은 협상과정을 통해 이루어진다.
③ 각 경로구성원들의 충성심 및 결속력이 약하다.
④ 생산으로부터 소비까지 마케팅 흐름을 조정 및 통합해 규모의 경제를 달성할 수 있게끔 만들어진 경로 시스템이다.
⑤ 시장의 변화에 따른 탄력적인 대처가 가능하다.

> ✔ 해설 ④번은 수직적 마케팅 시스템에 관한 내용이다. 수직적 마케팅 시스템은 체계적인 프로그램에 의해 관리되는 경로조직이지만, 이와는 반대로 전통적 마케팅 시스템은 각 구성원 간 통제력이 약하므로 상황에 따른 탄력적인 경로변경이 가능한 시스템 구조이다.

5 지식기반사회의 인적자원에 대한 설명으로 옳지 않은 것은?

① 타인과 협력하는 태도도 중요하다.
② 암묵적 지식보다 명시적 지식이 중요하다.
③ 경험이나 지혜도 인적자원의 구성요소에 포함된다.
④ 논리적 지식(Know-Why)과 정보적 지식(Know-Who)이 중요하다.
⑤ 인적자원은 다른 자원과의 연계성이 뛰어나다.

> ✔ 해설 ② 지식기반사회는 명시적 지식뿐만 아니라 개인 경험의 과정에서 획득되고 재구성되는 방법적, 암묵적 지식까지 포함하는 총체적 지식을 강조한다.

6 마이어스(C. Myers)의 자본조달순서이론(pecking order theory)에 따를 경우, 기업이 가장 선호하는 투자자금 조달방식은?

① 회사채

② 내부유보자금(유보이익)

③ 우선주

④ 보통주

⑤ 부채

> ✔해설 기업이 사업에 필요한 자본을 조달할 때는 우선순위가 있는데 이를 자본조달 우선순위 이론이라고 한다. 그 선호하는 순위는 내부자금 → 부채 → 전환사채 → 주식 순이다.

7 ㈜○○의 6월 제품 판매가격과 원가구조는 다음과 같다. ㈜○○이 세전순이익 4,000을 달성하기 위한 6월 매출액은? (단, 판매량은 생산량과 동일하며, 법인세율은 30%이다)

> • 제품 단위당 판매가격 : 5
> • 공헌이익률 : 20%
> • 고정원가 : 10,000

① 60,000

② 70,000

③ 80,000

④ 90,000

⑤ 100,000

> ✔해설 0.2 × 매출액 − 10,000 = 4,000이 성립할 경우의 매출액은 70,000이다.

8 다음 중 High/Low 가격 전략에 관한 내용으로 적절하지 않은 것을 고르면?

① 세일은 재고를 줄이는 효과를 가져다준다.

② 세일은 소비자들을 흥분시키는 효과를 발생시킨다.

③ 주로 대형 할인마트에서 활용하는 가격결정방법이다.

④ 소비자들은 가격이 제품의 품질을 결정짓는 척도라 인지하며, 이로 인해 제품에 대한 품질의 신뢰성을 가질 수 있다.

⑤ 동일한 제품으로 인해 다양한 소비자들의 특성에 소구할 수 있다.

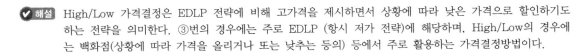 High/Low 가격결정은 EDLP 전략에 비해 고가격을 제시하면서 상황에 따라 낮은 가격으로 할인하기도 하는 전략을 의미한다. ③번의 경우에는 주로 EDLP (항시 저가 전략)에 해당하며, High/Low의 경우에는 백화점(상황에 따라 가격을 올리거나 또는 낮추는 등의) 등에서 주로 활용하는 가격결정방법이다.

9 경영이론에 대한 설명으로 옳은 것은?

① 테일러(F. Taylor)의 과학적 관리론에서는 고정적 성과급제를 통한 조직관리를 강조하였다.

② 페이욜(H. Fayol)은 중요한 관리활동으로 계획수립, 조직화, 지휘, 조정, 통제 등을 제시하였다.

③ 바나드(C. Barnard)의 학습조직이론에서는 인간을 제한된 합리성을 갖는 의사결정자로 보았다.

④ 호손실험을 계기로 활발하게 전개된 인간관계론은 공식적 작업 집단만이 작업자의 생산성에 큰 영향을 미친다고 주장하였다.

⑤ 오우치(W. Ouchi)는 기업의 성공을 위하여 단기계획과 단기고용, 빠른 승진제도를 채택해야 한다고 주장하였다.

✔해설 ① 테일러는 기준과업의 달성 정도에 따라 임금을 차별하여 지급하는 차별능률급제를 주장하였다.
③ 바나드는 인간은 조직과의 관계에 있어서도 자유의사에 기초한 의사결정력을 가지고 있다고 보았다.
④ 인간관계론은 조직구성원들의 사회적·심리적 욕구와 조직 내 비공식집단 등을 중시한다.
⑤ 오우치는 기업의 성공을 위하여 장기계획과 장기고용, 느린 승진제도를 채택해야 한다고 주장하였다.

10 신제품 가격 전략에 대한 설명으로 옳지 않은 것은?

① 신제품 출시 초기 높은 가격에도 잠재 수요가 충분히 형성되어 있는 경우 스키밍 가격전략 (market-skimming pricing)이 효과적이다.

② 목표 소비자들의 가격 민감도가 높은 경우 시장침투 가격전략(market-penetration pricing)이 효과적이다.

③ 시장 진입장벽이 높아 경쟁자의 진입이 어려운 경우 시장침투 가격전략(market-penetration pricing)이 많이 활용된다.

④ 특허기술 등의 이유로 제품이 보호되는 경우 스키밍 가격전략(market-skimming pricing)이 많이 활용된다.

⑤ 후발주자가 기존 경쟁제품으로부터 고객을 빼앗아 시장점유율을 확보하기 위해서는 시장침투 가격전략(market-penetration pricing)이 효과적이다.

> **✔해설** ③ 시장침투 가격전략은 소비자들이 가격에 민감하게 반응하는 시장이거나 규모의 경제가 존재하여 가격 인하에도 이익을 확보할 수 있는 경우, 제품의 차별화가 어려운 경우, 혹은 시장의 후발주자가 기존 경쟁 제품으로부터 고객을 빼앗고 시장점유율을 확보하기 위해 사용한다. 시장 진입장벽이 높아 경쟁자의 진입이 어려운 경우 스키밍 가격전략이 많이 활용된다.
> ※ 스키밍 가격전략과 시장침투 가격전략
> ㉠ **스키밍 가격전략**: 시장에 신제품을 선보일 때 고가로 출시한 후 점차적으로 가격을 낮추는 전략으로 브랜드 충성도가 높거나 제품의 차별점이 확실할 때 사용한다.
> ㉡ **시장침투 가격전략**: 신제품을 시장에 선보일 때 초기에는 낮은 가격으로 제시한 후 시장점유율을 일정 수준 이상 확보하면 가격을 점차적으로 인상하는 전략이다.

11 다음 중 성격이 다른 하나를 고르면?

① 국민연금보험   ② 국민건강보험

③ 산업재해보험   ④ 고용보험

⑤ 경조사 지원 및 동호회 지원

> **✔해설** ①②③④번은 법정 복리후생제도에 속하는 것으로 종업원의 개인적인 의사나 기업의 정해진 방침과는 상관없이 국가에서 정한 법률에 의해서 강제적으로 실시해야 하는 반면에 ⑤번은 법정 외 복리후생제도로써 기업의 역량 내에서 구성원들에게 제공 가능한 복리후생에 해당된다.

12 다음 〈보기〉에서 금융부채에 해당하지 않는 것을 모두 고르면 몇 개인가?

〈보기〉

㉠ 미지급금   ㉡ 사채
㉢ 미지급법인세   ㉣ 차입금
㉤ 선수금   ㉥ 매입채무

① 1개   ② 2개
③ 3개   ④ 4개
⑤ 5개

> ✔해설 미지급법인세와 선수금은 금융부채에 해당하지 않는다. 금융부채는 의제의무나 법률상의 의무가 아닌 계약상의 의무여야 한다.

13 다음 사례의 밑줄 친 내용에 가장 부합되는 것을 고르면?

카카오는 곧 출시 예정인 모바일 대리운전 호출 서비스 '카카오드라이버' 사전예약을 시작한다고 밝혔다. 카카오는 "합리적 요금제와 편리한 결제시스템이 특징"이라며 "기존 주먹구구식 요금이 아닌 카카오가 고안한 표준요금제가 도입 된다"고 설명했다. 카카오에 따르면 카카오 드라이버는 택시처럼 기본료에 거리와 시간에 따른 추가요금이 더해지는 식이다. 카카오 측은 "대리운전기사협회와 합의를 거쳐 이용자와 공급자가 모두 만족할 만한 수준으로 기본료를 책정할 것"이라고 말했다. 이와 함께 카카오 페이 자동결제 기능을 이용해 신용카드를 등록해 두면 매번 카드, 현금 결제를 따로 할 필요가 없어진다.

① Two Party Price   ② Customary Price
③ Lowest Acceptable Price   ④ Value-Added Price
⑤ Reference Price

> ✔해설 이분가격 결정방식은 기본가격에 추가사용료 등의 수수료를 더하는 방식의 가격결정방식을 의미하며, 다른 말로 이중요율이라고 한다.

14 다음을 참고할 때, 메이요 팀이 펴낸 「산업화와 인간관계론」에 수록된 내용으로 적절하지 않은 것을 고르면?

> 연구자들이 고개를 저었다. 방향을 잡기 어려워서다. 무대는 1924년 AT & T사의 자회사인 웨스턴 일렉트릭 호손(Hawthorne) 공장. 작업환경 개선이 생산성을 올려주는지 알아보기 위한 실험에서 연구팀은 먼저 작업장의 조명을 밝게 바꿨다. 예상대로 생산성이 높아졌다. 문제는 아무런 변화를 주지 않은 비교집단에서도 비슷한 생산성 향상이 나타났다는 점이다. 난관에 봉착한 연구팀은 1927년 전문가를 불렀다. 초빙자는 엘턴 메이요(Elton Mayo) 하버드대학 경영대학원 교수로, 메이요 팀은 노동시간 단축, 휴식시간 확대, 간식 제공 등 노동여건을 개선시켰다. 예측대로 생산성이 높아졌지만 뜻밖의 결과도 나왔다. 노동조건을 원래대로 돌렸을 때 역시 생산성이 떨어지지 않았던 것이다. 메이요는 실험의 주역으로 선발됐다는 여공들의 자부심이 어떤 경우에서도 고효율을 낳은 요인이라는 결론을 내렸다. 1932년까지 연구를 진행한 메이요 팀은 이듬해 「산업화와 인간관계론」을 펴냈다. 종업원의 소속감과 안정감 · 참여의식이 생산성을 결정하고 인간관계로 형성된 사내 비공식조직이 경영성과를 좌우한다는 메이요의 주장은 파장을 일으켰다.

① 호손 공장의 실험으로 인해 인간의 사회 · 심리적인 조건 등을 중요시하는 계기가 되었다.
② 구성원들의 만족감 증가는 성과로 연결된다.
③ 기업조직은 경제적, 기술적, 사회적 시스템이다.
④ 비공식 조직보다 공식 조직을 강조하였다.
⑤ 조직 내에서의 의사전달 및 참여가 존중되어야 한다.

> ✔ **해설** ④ 메이요 교수의 호손 공장의 실험으로 인해 인간에 대한 존중, 감성 등이 인정받게 되었고 이로 인해 비공식 조직을 강조하게 되었다.

15 ㈜○○은 주당 액면금액 5,000인 보통주 100주를 800,000에 유상증자하였다. 유상증자 시 ㈜○○의 장부에는 110,000의 주식할인발행차금이 계상되어 있었고, 주식 발행과 직접 관련된 원가 50,000과 간접원가 15,000이 발생하였다. ㈜○○의 유상증자로 인한 자본의 증가액은 얼마인가?

① 625,000
② 640,000
③ 735,000
④ 750,000
⑤ 850,000

> ✔해설 주식발생과 직접 관련된 원가는 주식의 발행가액과 상계하여 처리한다. 주식발행간접원가는 비용으로 인식한다.
>
> | 차변 | | 대변 | |
> |---|---|---|---|
> | 현금 | 750,000 | 자본금 | 500,000 |
> | | | 주식할인발행차금 | 110,000 |
> | | | 주식발행초과금 | 140,000 |
>
> 따라서 자본의 증가액은 주식의 발행가액 − 주식발행직접원가 800,000 − 50,000 = 750,000이다.

16 다음은 소주 시장에 대해 소비자들에게 시장조사를 한 후 목표시장 선정에 해당하는 시장의 한 형태를 그림으로 도식화한 것이다. 아래의 그림과 같은 시장에 관련한 설명으로 가장 옳지 않은 내용은?

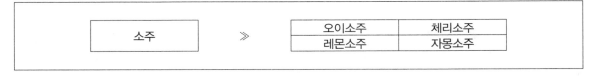

소주	≫	오이소주	체리소주
		레몬소주	자몽소주

① 이 시장은 하나의 전체 시장을 여러 개의 세분시장으로 나누고, 이들 모두를 목표시장으로 삼아 각기 다른 세분시장의 상이한 욕구에 부응할 수 있는 마케팅믹스를 개발해서 이를 적용함으로서 기업의 마케팅 목표를 달성하고자 하는 것이다.
② 이러한 시장의 경우 전체 시장의 매출은 증가하게 된다.
③ 하나의 전체 시장에서 각각의 세분시장에 차별화된 제품 및 광고 판촉 등을 제공하기 위해 비용 또한 늘어나게 되는 문제점이 발생하게 된다.
④ 이 경우에 대상으로 하는 세분시장의 규모가 축소되거나 경쟁자가 해당 시장에 뛰어들 경우 위험이 크다.
⑤ 이러한 경우 자원이 풍부한 대기업 등에서 많이 활용한다.

> ✔해설 위 그림은 차별적 마케팅 전략에 대한 그림이다.
> ④ 집중적 마케팅 전략에 대한 설명이다.

17 다음의 사례는 서비스의 특징 중 무엇에 관한 내용인가?

> 2019년 하계휴가를 손꼽아 기다려온 원모는 서울역에서 2019년 7월 29일 오전 8시 KTX 승차권을 전날 저녁에 예매하였다. 출발 당일 원모는 오전 7시 30분에 서울역에 도착하였으나 가장 친한 친구인 연철이가 교통사고를 당했다는 말을 듣고 열차 예매 좌석을 포기한 채 부랴부랴 병원에 다녀온 후 혼자 이런 생각을 하였다. "비록 오늘 예정된 휴가와 사용하지 못한 열차 좌석 값은 아까웠지만 가장 친한 친구의 병문안을 다녀올 수 있어서 다행이었다"고...

① 무형성
② 소멸성
③ 비분리성
④ 이질성
⑤ 특수성

> ✔해설 소멸성은 판매 또는 사용되지 않은 서비스는 사라지며 이를 재고로 보관할 수 없다는 것을 말한다. 설령, 구매되었다 하더라도 이는 1회로서 소멸을 하고, 더불어 서비스의 편익도 사라지게 된다. 즉, 서비스는 제공되는 순간 사라지고 기억만 남게 된다.

18 아래의 내용을 참조하여 이 글이 의미하는 것을 바르게 고른 것은?

> 이러한 조직의 경우 서로 상호보완적인 소수가 공동의 목표달성을 위해 책임을 공유하고 더불어 문제 해결을 위해 노력하게 되는 수평적인 조직이다. 특히 능력 및 적성에 의해 탄력적으로 인재를 운용하고 동등한 책임 하에 구분되어진 업무를 수행하면서 상호유기적인 관계를 유지하는 조직형태를 취하고 있다.

① 매트릭스 조직
② 네트워크 조직
③ 프로젝트 조직
④ 팀제 조직
⑤ 라인 조직

> ✔해설 팀(제)조직은 책임을 공유하고 문제 해결을 위해 서로 노력하게 되는 수평적인 조직이고, 성과를 높일 수 있으며, 그로 인해 해당 조직의 유연성을 제고하여 탄력적인 운영이 가능하며, 구성원들에 대한 창조적인 학습과 인재육성이 가능한 형태를 취한다.

Answer 15.④ 16.④ 17.② 18.④

19 핵크맨(Hackman)과 올드햄(Oldham)이 제시한 직무특성모형에서 핵심직무차원에 해당하는 것만을 모두 고르면 몇 개인가?

㉠ 기술 다양성	㉡ 과업 표준성
㉢ 과업 정체성	㉣ 과업 중요성
㉤ 과업 교차성	㉥ 자율성 · 피드백

① 1개   ② 2개

③ 3개   ④ 4개

⑤ 5개

✔ 해설 직무특성모형

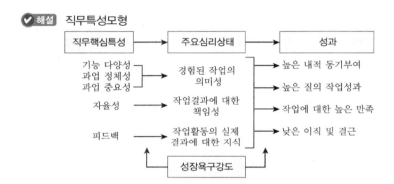

20 재무제표 표시에 대한 설명으로 옳은 것은?

① 재무상태표에 자산과 부채는 반드시 유동성 순서에 따라 표시하여야 한다.

② 정상적인 영업활동과 구분되는 거래나 사건에서 발생하는 것으로 그 성격이나 미래의 지속성에 차이가 나는 특별손익 항목은 포괄손익계산서에 구분해서 표시하여야 한다.

③ 부적절한 회계정책이라도 공시나 주석 또는 보충 자료를 통해 잘 설명된다면 정당화될 수 있다.

④ 재무제표 항목의 표시와 분류방법의 적절한 변경은 회계정책 변경에 해당된다.

⑤ 기타포괄손익의 항목(재분류조정 포함)과 관련한 법인세비용 금액은 포괄손익계산서나 주석에 공시하지 않는다.

✔ 해설 ① 재무상태표에 자산과 부채는 유동성 순서, 유동 · 비유동 구분 그리고 혼합하여 표시하는 것이 인정된다.
② 수익과 비용의 어떤 항목도 특별손익 항목으로 표시할 수 없다.
③ 부적절한 회계정책은 공시나 주석 또는 보충자료를 통해서 정당화될 수 없다.
⑤ 기타포괄손익의 항목과 관련된 법인세비용 금액은 포괄손익계산서에 공시하거나 주석에 공시하여야 한다.

21 다음의 그림을 보고 그래프의 정점(성숙기)에 이르렀을 때에 대한 설명으로 가장 옳지 않은 설명을 고르면?

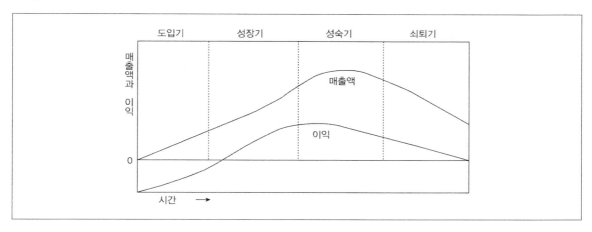

① 경쟁심화를 유발시킨다.
② 제품개선 및 주변제품개발을 위한 R&D 예산을 늘리게 된다.
③ 경쟁자들을 이기기 위해서 제품에 대한 마진을 줄이게 된다.
④ 판매성장률은 둔화되기 시작한다.
⑤ 제품수정이 이루어지지 않은 기본형 제품이 생산된다.

✔해설 그래프에서 정점은 바로 성숙기를 말하는 것이다. 이 시점에는 매출 및 이익이 최고조에 다다를 때이다.
⑤번은 제품이 시장에 처음 출시된 제품수정이 없는 초기 상태의 기본형 제품을 말하는 것으로 이는 도입기에 해당하는 내용이다.

22 다음 로크가 말한 목표설정이론에서 좋은 목표의 요건에 대한 연결이 바르지 않은 것은?

① 난이도 – 능력 범위 내에서 약간 어려운 것이 좋다.
② 수용성 – 일반적으로 지시한 것보다는 상대가 동의한 목표가 좋다.
③ 능력 – 능력이 낮을수록 동기부여를 제시해 어려운 목표가 좋다.
④ 합리적 보상 – 목표달성에 상응하는 보상이 주어져야 한다.
⑤ 참여성 – 목표설정 과정에 당사자가 참여하는 것이 바람직하다.

✔해설 능력 – 능력이 높을수록 어려운 목표가 좋다.

Answer 19.④ 20.④ 21.⑤ 22.③

23 다음 BCG(Boston Consulting Group) 매트릭스에 대한 설명으로 옳은 것으로만 묶은 것은?

> ㉠ 시장성장률이 높다는 것은 그 시장에 속한 사업부의 매력도가 높다는 것을 의미한다.
> ㉡ 매트릭스 상에서 원의 크기는 전체 시장규모를 의미한다.
> ㉢ 유망한 신규사업에 대한 투자재원으로 활용되는 사업부는 현금젖소(Cash Cow) 사업으로 분류된다.
> ㉣ 상대적 시장점유율은 시장리더기업의 경우 항상 1.0이 넘으며 나머지 기업은 1.0이 되지 않는다.

① ㉠, ㉡　　　　　　　　　　　　　　② ㉠, ㉢
③ ㉡, ㉢　　　　　　　　　　　　　　④ ㉡, ㉣
⑤ ㉢, ㉣

✔해설　㉠ BCG 매트릭스는 각 사업부의 시장성장률과 상대적 시장점유율을 기준으로 경쟁사 대비 성과를 계산해 4분위면에 표시하는 방법이다. 시장성장률은 사업부가 위치한 산업의 성장이 고성장인지 저성장인지를 가려낸다. BCG 매트릭스의 변형인 GE 매트릭스는 시장성장률과 시장점유율 대신 시장매력도와 기업의 강점을 기준으로 사업부의 경쟁적 위치를 파악한다.
　　　　㉡ 매트릭스 상에서 원의 크기는 매출액 규모를 의미한다.

24 유인가격(leader pricing) 및 단수가격(odd pricing)에 대한 설명으로 옳지 않은 것은?

① 유인가격 전략은 일부 상품을 싸게 판매하면서 고객을 유인하는 전략이다.
② 유인가격 전략은 우유, 과일, 화장지 등의 제품 판매에 많이 적용되는 경향이 있다.
③ 단수가격 전략은 판매 가격의 끝자리를 미세한 단위로 조정하여 소비자가 받아들이는 심리적 가격 차이를 증가시키는 것이다.
④ 국내 의류회사가 고가 의류 100벌을 한정하여 판매한 경우, 유인가격 전략을 적용한 것이다
⑤ 단수가격은 소비자에게 상품가격이 정확한 계산에 의해 책정되었다는 느낌과 최하의 가능선에서 결정되었다는 인상을 준다.

✔해설　유인가격과 단수가격
　　　　㉠ 유인가격 : 특정 제품의 가격을 낮게 책정하여 소비자를 유인할 때 사용하는 가격전략으로, 소비자들이 싼 가격에 이끌려 제품을 구매하도록 유인하고 다른 제품도 가격이 저렴하다는 인상을 심어 다른 제품의 판매까지 유도한다.
　　　　㉡ 단수가격 : 가격의 단위를 1,000원, 10,000원 등이 아닌 990원, 9,900원 등으로 설정해서 소비자들이 심리적으로 저렴하게 느끼도록 하는 것이다.

25 아래에 제시된 표에 관한 설명으로 가장 거리가 먼 것을 고르면?

평가 요소 피 평가자	직무의 양	직무의 질	지식	협조성	적극성	신뢰성	순위 합계	종합 순위
A	2	1	2	3	1	2	11	2
B	1	3	1	1	2	1	9	1
C	3	2	3	2	3	3	16	3
D	4	5	5	4	5	5	28	5
E	5	4	4	5	4	4	26	4

① 조직의 종업원 근무능력 및 근무성적에 대해서 순위를 매기는 방법이다.

② 간단하면서도 실시가 용이하다.

③ 비용이 저렴하다.

④ 피고과자의 수가 많게 되면 서열을 결정하기가 힘들고, 수가 너무 적게 되면 고과의 의미가 없게 된다.

⑤ 동일하지 않은 직무에 대해서만 적용이 가능한 방법이다.

> ✔해설 위 표는 서열법을 나타내고 있다. 서열법은 구성원들의 근무능력 및 근무성적에 대해 순위를 매기는 방법으로 동일한 직무에 대해서만 적용이 가능한 방법이다.

26 금융자산이 손상되었다는 객관적인 증거에 해당하지 않는 것은?

① 금융자산의 발행자나 지급의무자의 유의적인 재무적 어려움

② 이자지급의 지연과 같은 계약 위반

③ 금융자산 관련 무위험이자율이 하락하는 경우

④ 채무자의 파산

⑤ 재무적 어려움으로 당해 금융자산에 대한 활성거래시장의 소멸

> ✔해설 ③ 이자율의 하락은 금융자산 가격의 상승을 야기하기 때문에 손상의 객관적인 증거에 해당하지 않는다.

27 다음 중 연공주의에 관한 설명으로 가장 옳지 않은 것을 고르면?

① 사회행동의 가치기준은 전통적 기준, 정의적 기준을 따른다.

② 합리성 여부로 볼 때 비합리적 기준에 해당한다.

③ 승진기준은 주로 직무중심이다.

④ 승진요소는 주로 근무연수, 학력, 경력, 연령 등이다.

⑤ 승진제도는 연공승진제도를 기반으로 한다.

> ✔해설 연공주의의 승진기준은 주로 사람중심(신분중심)으로 이루어진다. ③번의 직무중심은 능력주의에 해당하는 내용이다.

28 인쇄소에 대기작업이 3개 있고, 이들의 예상 작업시간과 납기시간은 다음 표와 같다. 긴급률(critical ratio) 규칙에 따라 작업을 진행하였다면 평균납기지연시간은?

작업	작업시간	납기시간
가	4	6
나	4	5
다	5	9

① 1.5시간 ② 2.0시간

③ 2.5시간 ④ 3.0시간

⑤ 3.5시간

> ✔해설 긴급률(CR)은 '잔여납기일수 / 잔여작업일수 = (납기일 − 현재) / 잔여작업일수'로, 긴급률 규칙에 따를 경우 긴급률 값이 작은 작업부터 우선적으로 처리한다.
>
> | 작업 | 긴급률 | 지연시간 |
> |------|--------|----------|
> | 가 | 6 / 4 = 1.5 | (4 + 4) − 6 = 2 |
> | 나 | 5 / 4 = 1.25 | 0 |
> | 다 | 9 / 5 = 1.8 | (4 + 4 + 5) − 9 = 4 |
>
> 따라서 작업은 나 → 가 → 다의 순서로 진행하며, 평균납기지연시간은 $\dfrac{0+2+4}{3} = 2.0$시간이다.

29 루블(Ruble)과 토마스(Thomas)의 갈등관리(갈등해결) 전략유형에 대한 설명으로 옳지 않은 것은?

① 강요(competing) 전략은 위기 상황이나 권력 차이가 큰 경우에 이용한다.

② 회피(avoiding) 전략은 갈등 당사자 간 협동을 강요하지 않으며 당사자 한 쪽의 이익을 우선시 하지도 않는다.

③ 수용(accommodating) 전략은 사회적 신뢰가 중요하지 않은 사소한 문제에서 주로 이용된다.

④ 타협(compromising) 전략은 갈등 당사자의 협동과 서로 이익을 절충하는 것으로 서로의 부분적 이익 만족을 추구한다.

⑤ 협동(collaboration) 전략은 당사자 모두의 만족을 극대화하려는 win-win 전략이다.

✔ 해설 ③ 수용 전략은 자신의 욕구를 희생하고 상대방의 주장을 받아들이는 것으로, 상대방과 화합하고 조직의 안정과 사회적 신뢰를 중요시할 때 주로 이용된다.

30 여러분들은 무한경쟁을 뚫고 한국농어촌공사의 신입사원으로 채용되었다. 이제 회사에서는 업무를 보면서 여러분들을 상대로 각 부서에서 신입교육을 시작(서류, 전화업무 등)하려고 한다. 이러한 방식의 교육훈련에 관련한 내용으로 가장 부적절한 것을 고르면?

① 이러한 교육훈련은 실제적이면서도 많이 쓰이는 방식이다.

② 종업원들은 현업의 부담에서 벗어나 훈련에만 집중하므로 교육의 효율성이 제고된다.

③ 일을 하면서 훈련을 할 수 있다.

④ 낮은 비용으로 훈련이 가능하다.

⑤ 다수의 종업원을 훈련하는 데에는 부적절하다.

✔ 해설 위 문제는 "업무를 보면서 여러분들을 상대로 각 부서에서 신입교육을 시작하려고~"에서 보면 알 수 있 듯이 사내교육훈련(OJT)을 말하고 있음을 알 수 있다. OJT는 조직에서 종업원이 업무에 대한 기술 및 지식을 현업에 종사하면서 감독자의 지휘 하에 훈련받는 현장실무 중심의 교육훈련 방식을 의미한다. ② 번은 사외교육훈련(OFF JT)에 관한 내용이다.

31 2017년 2월부터 4월까지의 ㈜○○의 예상 상품 매출액은 다음과 같다. 매월 기말재고액은 다음 달 예상 매출원가의 50%이며, 상품의 매출총이익률은 40%이다. ㈜○○의 3월 예상 상품 매입액은 얼마인가?

월별	예상 매출액
2월	460,000
3월	500,000
4월	400,000

① 270,000 ② 280,000

③ 290,000 ④ 300,000

⑤ 310,000

> ✔해설 3월의 예상매출원가 = 500,000 × 0.6 = 300,000(매출원가는 매출액의 60%이므로)
> 2월 말의 기말재고액 = 300,000 × 0.5 = 150,000(3월 매출원가의 50%이므로)
> 4월의 예상매출원가 = 240,000
> 3월 말의 기말재고액 = 120,000
> 3월의 예상 매입액 = 3월 말 재고 + 3월의 매출원가 − 2월 말의 재고 = 270,000

32 자동차 제조회사 경영자는 최근 경영환경 변화에 효과적으로 대응하여 경영성과를 극대화하기 위해 사업확장을 추구하고자 한다. 그는 사업확장 방안으로 전방통합을 추진하고자 하는데, 전방통합의 이점으로 옳지 않은 것은?

① 시장에 대한 통제력 증대를 통해 독점적 지위를 유지할 수 있다.

② 판매 및 분배 경로를 통합함으로써 제품의 안정적 판로를 확보할 수 있다.

③ 부품의 자력 공급을 통해 제품차별화 가능성을 높일 수 있다.

④ 적정 생산규모를 유지함으로써 생산비용을 절감할 수 있다.

⑤ 보다 정확한 재고관리로 재고비용을 감소시킬 수 있다.

> ✔해설 전방통합(forward integration)은 최종소비자의 행동을 포함하는 경영활동 영역의 확장으로 예를 들면 자동차 제조업자가 최종소비자를 위한 자동차 판매 영역으로 경영활동을 확장하는 것이다. 한편 후방통합(backward integration)은 자동차 제조업체가 철강공장을 구입하는 것과 같이 제품 생산에 필요한 생산시설을 구입하거나 만드는 과정을 말한다.
> ③ 후방통합의 이점이다.

33 자원투입·위험의 크기와 통제수준에 따른 기업의 해외시장 진출과정을 순서대로 바르게 나열한 것은?

① 직접수출 → 간접수출 → 단독투자 → 합작투자
② 직접수출 → 간접수출 → 합작투자 → 단독투자
③ 간접수출 → 직접수출 → 단독투자 → 합작투자
④ 간접수출 → 직접수출 → 합작투자 → 단독투자
⑤ 간접수출 → 합작투자 → 직접수출 → 단독투자

✔해설 기업의 해외시장 진출과정

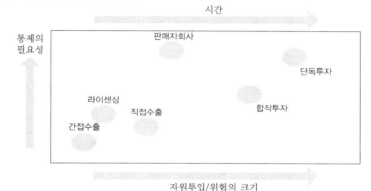

34 경영조직론 관점에서 기계적 조직과 유기적 조직에 대한 설명으로 옳지 않은 것은?

① 기계적 조직은 효율성과 생산성 향상을 목표로 한다.
② 기계적 조직에서는 공식적 커뮤니케이션이 주로 이루어지고, 상급자가 조정자 역할을 한다.
③ 유기적 조직에서는 주로 분권화된 의사결정이 이루어진다.
④ 유기적 조직은 고객의 욕구 및 환경이 안정적이고 예측가능성이 높은 경우에 효과적이다.
⑤ 유기적 조직은 기업의 기술 및 경제적 환경에 관한 전문적인 지식·기술 등이 중요시되고 평가된다.

✔해설 ④ 유기적 조직은 고객의 욕구 및 환경이 변화무쌍하며 예측가능성이 낮은 경우에 효과적이다.

Answer 31.① 32.③ 33.④ 34.④

35 다음은 전통적 및 근대적 조직관에 관한 설명이다. 이 중 옳지 못한 사항을 고르면?

① 전통적 조직관은 구성원들을 기계의 연장으로서의 인간 또는 소모품으로서의 인간으로 취급한다.

② 근대적 조직관은 최적의 과업분화를 지향한다.

③ 전통적 조직관은 감독자 또는 전문스태프 및 엄격한 절차에 따른 외부통제의 방식으로 이루어진다.

④ 근대적 조직관은 조직의 목적만을 중요시한다.

⑤ 전통적 조직관은 다계층 조직을 지향한다.

> ✔ **해설** 근대적 조직관의 목적관은 구성원들의 목적과 사회의 목적 또한 동시에 중요하게 여기고 있다. 조직의 목적만으로 중요시하게 여기는 것은 전통적 조직관이다.

36 재무비율 중 레버리지 비율에 해당하지 않는 것은?

① 유동비율

② 부채비율

③ 이자보상비율

④ 고정비율

⑤ 자기자본비율

> ✔ **해설** 레버리지 비율은 기업이 타인자본에 어느 정도 의존하고 있는가를 측정하기 위한 비율로, 크게 부채비율, 자기자본비율, 이자보상비율로 나뉜다. 유동성비율과 함께 단기 채권자의 재무위험을 측정하는 데 이용되며 부채성비율이라고도 한다.

37 통상적으로 복리후생은 임금과는 다른 성격을 지니게 되는 데 다음 중 복리후생에 관한 설명으로 가장 바르지 않은 사항은?

① 복리후생은 개인적인 보상의 성격을 가진다.
② 복리후생은 필요성의 원칙에 의해서 지급된다.
③ 복리후생은 한 가지 형태가 아닌 다양한 형태로 지급된다.
④ 복리후생은 용도가 제한되어 있다.
⑤ 복리후생은 기대소득의 성격을 가진다.

> ✔해설 복리후생은 기업 조직이 종업원과 가족들의 생활수준을 높이기 위해서 마련한 임금 이외의 제반급부를 말하는 것으로 어느 개인만을 위해 존재하는 것이 아니므로 복리후생은 집단적인 보상의 성격을 지닌다.

38 제품의 포지셔닝(positioning)에 관한 설명으로 가장 옳지 않은 것은?

① 효과적인 포지셔닝을 위한 마케팅 커뮤니케이션에서는 일관성뿐만 아니라 반복성도 중요하다.
② 경쟁제품이 많은 시장에서 자사제품의 차별적 이미지를 소비자에게 인식시키기 위해서는 일관된 마케팅 커뮤니케이션이 중요하다.
③ 포지셔닝은 제품의 속성, 사용상황, 제품사용자, 경쟁제품 등 다양한 이슈로 이루어진다.
④ 일반적으로 한 번 정해진 포지셔닝 전략은 장기적으로 꾸준히 유지하는 것이 바람직하다.
⑤ 세분된 시장 중 표적시장을 정한 후 경쟁제품과는 다른 차별적 요소를 표적시장 내 목표고객의 머릿속에 인식시키기 위한 마케팅활동이라고 할 수 있다.

> ✔해설 ④ 포지셔닝 전략은 시간의 흐름과 환경의 변화에 따라 당초 포지셔닝이 더 이상 적절하지 않으면 다시 설정해야 하는데, 이를 리포지셔닝이라고 한다.

39 다음의 내용을 읽고 괄호 안에 들어갈 말로 가장 적절한 것을 고르면?

2007년 9월 나는 심리학과 대학원에 입학했다. 다시 느끼는 캠퍼스의 젊은 열정은 소진되었던 나의 마음에 생기를 불어 넣어줬다. 대학을 갓 졸업한 젊은 동기들은 미래에 대한 불안을 자주 토로했지만, 회사생활도 해보고 결혼도 한 나는 오히려 안정감 있게 공부에 집중할 수 있었다. 학교에서는 내가 '부수적 존재'인 것도, 남편과의 관계에서 '수동적인 존재'가 되어간다는 느낌도 잊을 수 있었다. 오롯한 나 자신이 된 느낌이었다.

동시에 우리 부부는 아기를 기다리고 있었다. 원하던 대학원에 입학했으니, 그리고 결혼한 지 1년도 넘었으니, 당연히 아이를 가져야한다고 생각했다. 그 해 10월 중순 월경 예정일이 며칠 지나서도 소식이 없었다. 설레는 마음으로 병원에 갔다. 임신이었다.

- 중략 -

'엄마'. 이 단어가 참 어색하게 들렸다. 분명 수술실에 들어갈 땐 "이름이 뭐예요? 송주연씨 맞죠"라고 물었는데, 수술실에서 나오자 모든 간호사와 의사들은 나를 '엄마'라고 불렀다. 소독하고 실밥을 풀때도 "엄마, 조금 따가워도 참으세요", 수유하러 오라고 부를 때도 "엄마, 수유하러 오세요"였다. 수유실에서 여러 명의 산모가 함께 수유를 할 때에도 우리는 모두 그냥 '엄마'라고 불렸다. 우리는 '엄마'였을 뿐, 개성을 가진 개인이 아니었다. 나는 이렇게 이름 대신 엄마로 불리기 시작했다. 그리고 퇴원 후 집에 돌아와 진짜 엄마로서의 삶이 시작되었을 때 나는 곧 알 수 있었다. '엄마'로 불린다는 것은 나 자신의 삶이 사라진다는 것을 의미함을 말이다.

엄마가 된 나는 먹고, 자고, 싸고, 씻는 나의 모든 (   )를 아기에게 맞춰야만 했다. 처음 몇 달은 아기의 신체리듬에 맞춰 밤에도 2~3시간마다 깨는 일이 가장 힘들었다. 아기가 5시간 이상 연속 자게 된다는 '100일 기적'을 기대하며 버텼다. 하지만, 우리 아이는 매우 예민한 기질의 아이였고 '100일의 기적'과 함께 '100일의 낯가림'을 시작했다.

① 자아실현의 욕구　　　　　　　　② 존경의 욕구

③ 애정과 소속감의 욕구　　　　　　④ 안전의 욕구

⑤ 생리적 욕구

✔해설 생리적 욕구는 욕구단계설의 가장 첫 머리에 위치하는 것으로 이는 인간에게 가장 기본이 되는 단계이다. 즉 인간이 취하게 되는 기본적인 의식주를 해결하는 단계라 할 수 있다. "엄마가 된 나는 먹고, 자고, 싸고, 씻는~"에서의 내용으로 미루어 보아 생리적 욕구임을 알 수 있다.

40 재무정보의 질적 특성 중 중요성에 대한 설명으로 옳은 것은?

① 근본적 질적 특성인 표현충실성을 갖추기 위한 요소이다.

② 인식을 위한 최소요건으로 정보이용자가 항목 간의 유사점과 차이점을 식별할 수 있게 한다.

③ 의사결정에 영향을 미칠 수 있도록 정보이용자가 정보를 적시에 이용 가능하게 하는 것을 의미한다.

④ 기업마다 다를 수 있기 때문에 기업 특유의 측면을 고려해야 한다.

⑤ 정보이용자가 이해하는 데 필요한 기술과 설명 등 모든 정보를 포함해야 한다.

> **✔해설** ① 근본적 질적 특성인 목적적합성을 갖추기 위한 요소이다.
> ② 비교가능성에 대한 설명이다.
> ③ 적시성에 대한 설명이다.
> ⑤ 완전성에 대한 설명이다.

CHAPTER 02

경제학

1 쌀의 수요함수 $Q = 1,000 - 20P$, 공급함수 $Q = 600 + 20P$이다. 만일 정부가 쌀의 최고가격을 15로 정한다면 어떤 변화가 나타날까?

① 초과 수요의 발생 (1,000)
② 초과 공급의 발생 (2,000)
③ 초과 공급의 발생 (200)
④ 초과 수요의 발생 (200)
⑤ 변화가 없다.

> ✔해설 ⑤ $1,000-20P=600+20P$를 풀면 $P=10$이다. 최고가격을 시장의 균형가격 10보다 높은 수준 15로 설정하면 아무런 변화도 나타나지 않는다.

2 다음 중 시장의 자유경쟁으로 인해 나타나는 결과가 아닌 것을 고르면?

① 경기 안정
② 가격 하락
③ 서비스 개선
④ 제품의 다양성
⑤ 제품 품질 향상

> ✔해설 시장경제의 특징 가운데 하나는 자유로운 경쟁이다. 많은 고객을 확보하려는 기업(판매자)들의 경쟁은 좀 더 나은 제품과 서비스를 좀 더 저렴한 가격에 공급하는 결과를 낳는다. 자유경쟁의 결과 재화나 서비스의 가격은 하락하고 서비스는 개선된다. 또 혁신이 촉진됨으로써 제품은 다양해지고 품질은 향상된다. 그 결과 국민들의 전반적인 삶의 수준은 높아지게 된다. 시장경제는 민주주의의 원리인 '1인 1표'가 아니라 '1원 1표'가 적용된다. 하지만 자유경쟁이 경기를 안정시키는 역할을 하는 건 아니다. 또 시장경제는 효율성을 높이는 것이지 공평성까지 보장하지는 않는다.

3 다음 〈보기〉에서 독점적 경쟁의 특징으로 맞는 것을 모두 고르면 몇 개인가?

> 〈보기〉
> ㉠ 기업들은 소비자의 성향에 따라 제품을 차별화 한다.
> ㉡ 산출량 수준이 비효율적이다.
> ㉢ 유휴설비가 존재한다.
> ㉣ 상품의 질, A/S 등의 비가격경쟁을 한다.
> ㉤ 이윤극대화 보다 판매극대화 전략의 영업전략을 세운다.

① 1개   ② 2개
③ 3개   ④ 4개
⑤ 5개

> ✔**해설** ㉤ 독점적 경쟁기업 역시 이윤극대화 전략을 우선으로 한다.

4 자국 甲국의 연금리가 6%, 타국 乙국의 연금리가 3%, 乙국 통화 1단위에 대한 현재환율이 980원, 그리고 90일부 선물환이 985원에 거래되며, 거래비용이 전혀 발생하지 않는다면, 이자율평가설에 의하면, 90일간 가용자본이 있을 경우 자본의 활용에 대한 설명이 가장 적절한 것은? (단, 환전비용, 자본이전 및 추가적 금융비용은 전혀 발생하지 않고, 1년은 360일로 가정한다)

① 어느 국가에 투자하거나 수익 변화가 없다.
② 甲국 투자가 乙국 투자보다 2.73% 추가적 이익
③ 甲국 투자가 乙국 투자보다 2.73% 추가적 손실
④ 甲국 투자가 乙국 투자보다 0.24% 추가적 이익
⑤ 甲국 투자가 乙국 투자보다 0.24% 추가적 손실

> ✔**해설** ④ 甲국에 예금하면 금리가 연금리가 6%일 때 90일 동안 1.5%의 수익을 얻을 수 있다. 현물환율이 980원이고, 선물환율이 985원이므로 1원을 乙국에 투자할 때의 원리금은 1.0126원이다. 그러므로 1원을 乙국에 3개월간 투자할 때의 수익률은 1.26%이다. 甲국에 투자할 때의 수익률이 1.5%이고, 乙국에 투자할 때의 수익률이 1.26%이므로 甲국에 투자할 경우 乙국에 투자할 때보다 0.24%의 추가적인 수익을 얻을 수 있다.

Answer 1.⑤ 2.① 3.④ 4.④

5 아래의 〈표〉는 노동 투입에 따른 총생산을 보여주고 있다. 상품의 가격이 개당 4만 원으로 일정할 때, 자료를 옳게 분석한 것을 〈보기〉에서 고른 것은?

노동(단위)	0	1	2	3	4	5	6
총생산(단위)	0	16	26	34	40	44	47

〈보기〉
가. 네 번째 노동의 한계생산 가치는 160만 원이다.
나. 임금이 15만 원이라면 5단위째 노동을 고용한다.
다. 임금이 45만 원이라면 현재 상품 가격에서는 노동을 수요하지 않는다.
라. 상품 가격이 8만 원으로 오르고, 임금이 30만 원이라면 노동 5단위를 고용한다.

① 가, 나   ② 가, 다
③ 나, 다   ④ 나, 라
⑤ 다, 라

> ✔해설 한계 생산량을 구한 후에 상품가격을 곱하면 한계생산 가치를 구할 수 있다. 기업은 한계생산가치가 임금보다 크면 해당 노동을 고용한다. 네 번째 노동의 한계생산은 6개이다. 상품가격이 개당 4만 원이므로 한계생산 가치는 24만 원이다. 마찬가지로 5단위 노동의 한계생산 가치는 16만 원이므로 임금이 15만 원이라면 5단위째 노동을 고용한다.

6 다음 내용 중 최저임금제를 실시할 시에 나타나게 되는 일반적인 현상으로 바르지 않은 것은?

① 노동 공급이 늘어나 실업률이 높아진다.
② 청소년의 일자리가 더 많이 늘어날 가능성이 있다.
③ 고용주가 불법 고용을 시도할 가능성이 더 높아진다.
④ 최저 임금 이상으로 임금 수준이 상승하여 기업에 부담이 된다.
⑤ 일자리가 있는 미숙련 근로자의 소득을 증가시킬 가능성이 있다.

> ✔해설 가격하한제도는 시장에서 형성된 가격이 너무 낮다고 판단될 경우 정부가 거래 가격의 하한선을 정하게 되는데 이를 최저가격제라고 한다. 공급자를 보호하기 위한 정책으로 최저임금제 등이 이에 해당한다. 최저가격제가 시행되면 규제가격에서 수요보다 공급이 많아 초과공급이 발생하기 때문에 일자리가 줄어들 가능성이 있다.

7 다음 〈보기〉에서 정보의 비대칭성으로 인하여 발생할 수 있는 현상을 모두 고르면 몇 개인가?

〈보기〉

㉠ 도덕적 해이(moral hazard)   ㉡ 역선택(adverse selection)

㉢ 신호보내기(signaling)   ㉣ 골라내기(screening)

① 1개   ② 2개
③ 3개   ④ 4개
⑤ 없다

 정보의 비대칭성(information asymmetry) … 시장에서 정보의 불완전하고 불공평한 배분을 뜻한다.
     ㉠ 도덕적 해이(moral hazard) : 정보를 더 많이 가진 쪽이 정보의 비대칭을 이용해 이득을 취하는 것을 말한다.
     ㉡ 역선택(adverse selection) : 정보를 덜 가진 쪽이 정보의 비대칭 때문에 원하는 대로 선택을 하지 못하는 것을 말한다.
     ㉢ 신호보내기(signaling) : 정보가 있는 쪽이 정보가 없는 상대방에게 사적 정보를 신빙성 있게 전달하기 위해 취하는 행동이다.
     ㉣ 골라내기(screening) : 정보가 부족한 쪽이 상대방의 사적 정보를 얻어내기 위해 유도하는 행위이다.

8 철수의 연간 영화 관람에 대한 수요함수는 $Q = 30 - (P/400)$이고, 비회원의 1회 관람가격은 8,000원이지만, 연회비를 내는 회원의 1회 관람가격은 4,000원으로 할인된다. 철수가 회원이 되려고 할 때 지불할 용의가 있는 최대 연회비는? (단, Q는 연간 영화 관람 횟수, P는 1회 관람가격이다)

① 70,000원   ② 60,000원
③ 50,000원   ④ 40,000원
⑤ 30,000원

✔해설 ㉠ 비회원인 경우 영화관람 횟수 : $Q = 30 - (8,000/400)$, $Q = 10$(회)
     ㉡ 회원인 경우 영화관람 횟수 : $Q = 30 - (4,000/400)$, $Q = 20$(회)
지불할 수 있는 연회비의 최대금액은 소비자잉여에 해당하며 연회원으로 가입할 때의 소비자잉여가 비회원일 때의 소비자잉여보다 커야 철수는 연회비를 지불할 것이다. 따라서 이때 지불할 수 있는 최대금액은 $(10 \times 4,000) + \left(\frac{1}{2} \times 10 \times 4,000\right) = 60,000$원이다.

9 A 공장에서 처음 열 사람의 근로자가 1인당 평균 20개의 상품을 생산하였는데 이 때 근로자 한 사람을 더 고용하니 1인당 평균 생산량이 19개로 줄어들었다. 근로자 1명을 추가 고용했을 때 한계생산은 몇 개인가?

① 1 　　　　　　　　　　　　　　　② 5
③ 9 　　　　　　　　　　　　　　　④ 19
⑤ 20

> **해설** 평균 생산량은 총생산량을 근로자수로 나눠 구한다. 총생산량은 평균 생산량×근로자수다. 한계생산은 근로자 한 사람을 추가로 고용해서 늘어나게 되는 추가적인 생산량이다. 그러므로 처음 10명이 평균 20개를 생산했으므로 총생산량은 200개이다. 그런데 1명을 더 고용했더니 평균생산량이 19개로 감소하였으므로 11명의 총생산량은 11×19=209개이다. 따라서 11번째 근로자의 한계생산은 9가 된다.

10 두 나라 간의 자유무역협정(FTA)이 체결되어 농산물 수입관세가 철폐되었다. 이 자유무역협정으로부터 이득을 보기 어려운 계층을 모두 묶은 것은?

㉠ 농산물 수입국의 농가	㉡ 농산물 수입국의 소비자
㉢ 농산물 수입국의 정부	㉣ 농산물 수출국의 농가
㉤ 농산물 수출국의 소비자	

① ㉠, ㉢ 　　　　　　　　　　　　② ㉡, ㉣
③ ㉡, ㉢, ㉣ 　　　　　　　　　　④ ㉡, ㉣, ㉤
⑤ ㉠, ㉢, ㉤

> **해설** ㉠ 국내가격의 하락에 따른 국내생산의 감소와 생산자잉여 감소로 인해 수입국 농가가 불리해진다.
> ㉢ 국제수지의 악화로 수입이 증가하고 재정수입이 감소하면서 수입국 정부가 불리해진다.
> ㉤ 수출국의 경우 농산물 수출 증가에 따라 국내 가격이 상승하면서 소비자는 불리해진다.

11 다음 박스 안의 내용이 설명하고 있는 것은 무엇인가?

> 보험회사에서 사고확률을 근거로 보험료를 산정하면 사고 발생 확률이 높은 사람이 보험에 가입할 가
> 능성이 크고, 따라서 평균적인 위험을 기초로 보험금과 보험료를 산정하는 보험회사는 손실을 보게 된다.

① 선별
② 역선택
③ 도덕적 해이
④ 신호 보내기
⑤ 비합리적 행동

✔해설 역 선택은 정보가 없는 쪽에서 볼 때 관찰할 수 없는 속성이 바람직하지 않게 작용하는 경향이다. 불완전
하게 감시를 받고 있는 사람이 부정직하거나 바람직하지 못한 행위를 하게 되는 도덕적 해이 문제도 불
러일으킨다.

12 동환이는 인터넷 게임과 햄버거에 자신의 용돈 10만 원을 소비함으로써 효용을 극대화하고 있다. 인터
넷 게임과 햄버거 가격은 각각 1만 원과 5천원이다. 만약 동환이의 용돈이 10% 인상되고 인터넷 게
임과 햄버거 가격도 10% 인상된다고 할 경우 동환이의 두 상품 소비량 변화는?

① 인터넷 게임의 소비량만 증가한다.
② 햄버거의 소비량만 증가한다.
③ 인터넷 게임과 햄버거 소비량 모두 증가한다.
④ 인터넷 게임과 햄버거 소비량 모두 감소한다.
⑤ 인터넷 게임과 햄버거 소비량에 변화가 없다.

✔해설 ⑤ 가격과 소득이 10%의 똑같은 비율로 변화하므로 예산선식에서 기울기와 절편이 변하지 않는다. 따라
서 예산선은 이동하지 않으며 소비자 균형점도 변화하지 않는다.

13 아래의 내용을 읽고 이들로부터 추론 가능한 공통적인 경제현상은 무엇인가?

> • 채권자보다는 채무자가 유리하다.
> • 실물 자산 보유자가 금융 자산 보유자보다 유리하다.
> • 현재 현금 5만 원은 다음 달에 받게 될 현금 5만 원보다 훨씬 가치가 있다.

① 높은 실업률
② 환율의 급속한 하락
③ 물가의 급속한 상승
④ 통화량의 급속한 감소
⑤ 이자율의 급속한 상승

✔해설 물가가 급속하게 상승하면 금융 자산의 가치는 급속도로 하락하게 되므로 실물 자산 보유자가 금융 자산 보유자보다 유리하다. 물가가 급속하게 상승하면 현재 현금 5만 원은 다음 달의 현금 5만 원보다 구매력이 크다. 그렇기 때문에 현재 현금 5만 원은 다음 달에 받게 될 현금 5만 원보다 훨씬 가치가 있다.

14 소비자잉여에 대한 다음의 서술 중 옳은 것은?

① 공급이 감소하여 가격이 상승한 경우 소비자잉여는 감소한다.
② 수요가 증가하여 가격이 상승한 경우 소비자잉여는 감소한다.
③ 수요의 탄력성이 클수록 소비자잉여도 크다.
④ 공급의 탄력성이 클수록 소비자잉여도 크다.
⑤ 소비자잉여를 늘리는 정책은 자원배분의 효율성도 제고한다.

✔해설 ② 수요가 증가하여 가격이 상승한 경우 거래량이 증가하여 소비자잉여가 증가할 가능성이 크다.
③④ 소비자잉여는 공급의 탄력성과는 직접적인 관계가 없으나 수요의 탄력성이 클수록 소비자잉여는 작아진다.
⑤ 최고가격제 또는 보조금 지급 등과 같은 소비자잉여를 늘리는 정책은 자원배분의 비효율성을 제고한다.

15 소비지출 $C = 100 + 0.8Y$, 투자지출 $I = 500$, 정부지출 $G = 200$일 때 균형국민소득은?

① 1,000

② 4,000

③ 5,000

④ 7,000

⑤ 10,000

> ✔️**해설** 총지출 $AE = C + I + G$이므로, $AE = 800 + 0.8Y$이다.
> $Y = AE$로 두면 $Y = 800 + 0.8Y$이므로 $Y = 4,000$이다.

16 두 과점기업 A, B의 전략적 행동에 따라 달라지는 보수행렬이 아래와 같다고 할 때, 첫 번째 숫자는 기업 A의 이윤, 두 번째 숫자는 기업 B의 이윤을 가리킨다. 기업 A와 B의 우월전략은 각각 무엇인가?

기업 A의 전략적 결정		기업 B의 전략적 결정	
		전략 1	전략 2
	전략 1	(300만 원, 600만 원)	(200만 원, 400만 원)
	전략 2	(50만 원, 300만 원)	(250만 원, 0원)

① 기업 A : 전략 1, 기업 B : 전략 1

② 기업 A : 전략 1, 기업 B : 전략 2

③ 기업 A : 전략 2, 기업 B : 전략 1

④ 기업 A : 전략 2, 기업 B : 우월전략이 없다

⑤ 기업 A : 우월전략이 없다, 기업 B : 전략 1

> ✔️**해설** • 기업 A : 기업 B가 전략 1을 선택한다면 기업 A는 전략 1을 선택할 때의 이윤이 더 크고, 기업 B가 전략 2를 선택한다면 기업 A도 전략 2를 선택할 때의 이윤이 더 크다. 따라서 기업 B의 선택에 따라 기업 A의 전략선택이 달라지므로 기업 A의 우월전략은 없다.
> • 기업 B : 기업 A의 전략에 관계없이 항상 전략 1을 선택할 때의 이윤이 더 크므로 기업 B의 우월전략은 전략 1이다.

17 통상적으로 인플레이션은 경제에 여러 가지 영향을 끼치게 되므로 통화당국의 경우 과도한 인플레이션이 생기지 않도록 노력하게 되는데, 다음 중 인플레이션의 해악으로 보기 어려운 것을 고르면?

① 인플레이션은 기업의 가격조정 비용을 야기시킨다.

② 기대한 인플레이션은 채무자와 채권자 사이에 부를 재분배시킨다.

③ 인플레이션은 상대가격을 혼란시켜 자원의 효율적 배분을 저해한다.

④ 인플레이션이 심하면 정상적인 거래를 방해하여 거래를 감소시킨다.

⑤ 인플레이션이 심해지면 현금 보유를 줄이기 위해 노력하는 과정에서 비용이 발생한다.

> ✔해설 인플레이션이 채권자와 채무자 간의 부를 재분배하는 경우는 예상하지 못한 인플레이션일 경우이다.

18 수요의 여러 가지 탄력성 개념과 관련된 다음의 설명 중에서 옳은 것은?

① 어느 재화의 가격이 상승하였을 때 그 재화에 대한 지출액이 변화하지 않았다면 그 재화에 대한 수요의 가격탄력성은 0이다.

② 어느 재화의 가격이 상승하였을 때 그 재화에 대한 수요량이 증가하였다면 그 재화는 열등재이다.

③ 소득이 5% 증가하였을 때 한 재화에 대한 수요가 10% 증가하였다면 그 재화는 필수재이다.

④ 재화 X의 가격이 증가하였을 때 재화 Y에 대한 수요의 교차탄력성이 음수라면 재화 Y는 재화 X의 대체재이다.

⑤ 기펜재는 열등재 중에서 가격변화로 인한 소득효과의 절댓값이 대체효과의 절댓값보다 작을 때 나타난다.

> ✔해설 ① 어느 재화의 가격이 상승하였을 때 그 재화에 대한 지출액이 변하지 않았다면 그 재화에 대한 수요의 가격탄력성은 1이다.
> ③ 소득이 5% 증가하였을 때 한 재화에 대한 수요가 10% 증가하였다면 그 재화는 사치재이다.
> ④ 두 재화 간의 교차탄력성이 0보다 작으면 두 재화는 서로 보완재이다.
> ⑤ 기펜재는 열등재의 한 종류로 가격의 하락(상승)이 오히려 수요량의 감소(증가)을 가져오는 재화이다. 소득효과의 절댓값이 대체효과의 절댓값보다 클 때 나타난다.

19 임금수준과 노동공급량에 대한 설명으로 가장 적절한 것은?

① 임금이 상승하면 시장의 노동공급량은 항상 감소한다.

② 임금수준은 상승하고 근로시간은 줄었다면, 노동공급곡선은 항상 음(−)의 기울기를 갖는다.

③ 임금의 상승은 재화와 여가 모두의 소비를 늘리는 대체효과를 갖는다.

④ 임금의 상승은 재화의 소비를 줄이고 여가의 소비를 늘리는 소득효과를 갖는다.

⑤ 임금이 상승할 때 개인의 노동공급량은 대체효과와 소득효과의 크기에 따라 증가 또는 감소한다.

> **✔해설** 임금상승으로 여가의 상대가격이 상승하면 상대적으로 비싸진 여가소비가 감소하므로 대체효과에 의해 노동공급이 증가한다. 임금상승시의 소득효과는 여가가 정상재인지 열등재인지에 따라 다르게 나타난다. 임금상승으로 실질소득이 증가하면 여가가 정상재일 때는 여가소비가 증가하므로 노동공급이 감소하나, 여가가 열등재일 때는 실질소득이 증가하여 여가소비가 감소하므로 노동공급이 증가한다.

20 B 국가는 전세계 어느 국가와도 무역을 하지 않으며, 현재 GDP는 300억 달러라고 가정하자. 매년 B 국가의 정부는 50억 달러 규모로 재화와 서비스를 구매하며, 세금수입은 70억 달러인 반면 가계로의 이전지출은 30억 달러이다. 민간저축이 50억 달러일 경우 민간소비와 투자는 각각 얼마인가?

① 180억 달러, 50억 달러

② 210억 달러, 40억 달러

③ 130억 달러, 70억 달러

④ 150억 달러, 60억 달러

⑤ 110억 달러, 90억 달러

> **✔해설** 주어진 조건을 정리하면 국민소득 $Y = 300$, 정부지출 $G = 50$, 조세수입 $T = 70$, 이전지출 $TR = 30$, 민간저축 $S = 50$이라 놓고
> 민간 소비 C를 구하면 $S = Y - C - T + TR$이므로
> $50 = 300 - C - 70 + 30$
> ∴ $C = 210$
> 민간투자 I를 구하면 $Y = C + I + G$이므로
> $300 = 210 + I + 50$
> ∴ $I = 40$

21 한국과 중국은 TV와 의류를 모두 생산하고 있다. 한국이 중국보다 두 재화 모두 더 싼 값으로 생산하고 있지만 특히 TV생산에서 상대적인 생산성이 더 높다. 두 나라가 생산하는 재화의 품질이 동일하다고 할 때, 리카도의 비교우위설을 적용한다면 다음 중 옳게 설명하고 있는 것은?

① 한국이 TV와 의류 모두 수출하는 것이 유리하다.
② 한국은 의류, 중국은 TV를 수출하는 것이 유리하다.
③ 두 나라 간의 자발적 교역은 이루어질 수 없다.
④ 교역이 일어나더라도 협상능력이 약한 국가는 교역으로 인해 손실을 본다.
⑤ 두 재화 간의 일정한 교환비율을 벗어날 경우 두 나라 간의 교역은 이루어지지 않는다.

> ✔해설 ⑤ 무역이 이루어지기 위해서는 교역조건이 두 나라의 국내가격비 사이에서 결정되어야 한다. 만약 교역조건이 두 나라의 국내가격비 사이에서 벗어나면 둘 중 한 나라는 손해를 보게 되므로 무역이 이루어지지 않는다.

22 아래의 내용을 읽고 A와 B에 각각 들어갈 경제용어를 순서대로 바르게 연결한 것을 고르면?

> 금리를 내려도 경기부양 효과가 나타나지 않는 (A)이(가) 발생했다. 그래서 정부가 확장적 재정정책을 통해 지출을 늘리면 금리가 오르게 된다. 금리 상승은 민간투자의 위축을 가져온다. 이것이 바로 (B)이다.

① 랜덤워크 – 시장실패
② 유동성 함정 – 외부효과
③ 랜덤워크 – 구축효과
④ 유동성 함정 – 구축효과
⑤ 독점적 경쟁 – 소득효과

> ✔해설 '유동성 함정'은 시장에 현금이 넘쳐 구하기 쉬운데도 기업의 생산·투자와 가계의 소비가 늘지 않아 경기가 나아지지 않고, 마치 경제가 함정에 빠진 것처럼 보이는 상태를 의미하는데, 금리를 아무리 낮추어도 유동성 함정의 경우에 낮은 금리가 실물경제에 영향을 미치지 못하게 된다. 또한, 구축효과는 늘어난 정부 지출로 인해서 민간 투자가 감소하는 현상을 의미한다.

23 어떤 경쟁적 기업이 두 개의 공장을 가지고 있다. 각 공장의 비용함수는 $C_1 = 2Q + Q^2$, $C_2 = 3Q^2$ 이다. 생산물의 가격이 12일 때 이윤극대화 총생산량은 얼마인가?

① 3

② 5

③ 7

④ 10

⑤ 12

> ✔해설 첫 번째 공장의 이윤극대화조건은 $MC_1 = P \rightarrow 2 + 2Q = 12$이다. 따라서 $Q = 5$이다. 두 번째 공장의 이윤 극대화조건은 $MC_2 = P \rightarrow 6Q = 12$이다. 따라서 $Q = 2$이므로, 이윤극대화 총생산량은 7이 된다.

24 아래의 그림과 같이 감귤 시장에서 그림과 같은 변화를 가져올 수 있는 요인을 〈보기〉에서 고른 것은?

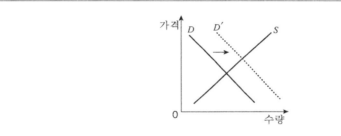

〈보기〉

가. 감귤 가격의 하락

나. 감귤이 건강에 좋다는 연구 결과 발표

다. 감귤과 대체 관계에 있는 오렌지 가격의 상승

라. 품종 개량으로 감귤 농장의 수확량 증대

① 가, 나

② 가, 다

③ 나, 다

④ 나, 라

⑤ 다, 라

> ✔해설 수요량의 변화는 가격 변동에 따라 수요량이 늘거나 줄어드는 것을 말한다. 반면 수요 자체의 변화는 가격 이외의 요인으로 인해 수요곡선이 이동하는 것이다. 문제의 그래프는 수요곡선이 왼쪽에서 오른쪽으로 이동하였다. 이는 수요의 증가를 의미한다. 〈보기〉의 감귤이 건강에 좋다는 연구 결과의 발표로 감귤에 대한 선호 증가와 대체재인 오렌지 가격 상승은 감귤 수요를 증가시켜 수요곡선이 오른쪽으로 이동한다. 감귤 가격의 하락은 감귤 수요가 아닌 수요량이 증가하고 감귤 농장 수확량의 증대는 공급량을 증가시킨다.

Answer 21.⑤ 22.④ 23.③ 24.③

25 ○○은행이 300억 원의 예금과 255억 원의 대출을 가지고 있다. 만약 지불준비율이 10%라면, 동 은행의 초과지불준비금은 얼마인가?

① 35억 원

② 30억 원

③ 25.5억 원

④ 19.5억 원

⑤ 15억 원

> ✔해설 은행의 예금이 300억 원이고 법정지불준비율이 10%이므로 법정지급준비금은 30억 원이다. 대출이 255억 원이므로 지급준비금은 300억 원에서 255억 원을 제한 45억 원이고, 법정지급준비금이 30억 원이므로 초과지급준비금은 15억 원이다.

26 다음 표는 EU와 한국의 생산을 1단위당 노동투입량으로 나타낸 것이다. 데이비드 리카도의 무역이론에 의하면 흐름은 어떻게 될까?

구분	쇠고기	자동차
한국	3	5
EU	3	1

① 한국은 EU로 자동차, 쇠고기 둘 다 수출한다.

② EU는 한국으로 자동차, 쇠고기 둘 다 수출한다.

③ 한국은 EU로 자동차를 수출하고, EU는 한국으로 쇠고기를 수출한다.

④ EU는 한국으로 자동차를 수출하고, 한국은 EU로 쇠고기를 수출한다.

⑤ 한국이 둘 다 비교우위 입장에 있기 때문에 무역이 발생하지 않는다.

> ✔해설 ④ 쇠고기 생산비에 있어서 한국과 EU가 각각 3으로 동일하나 자동차 생산비는 한국이 5, EU가 1로 한국이 5배나 높다. 그러므로 한국은 쇠고기 생산에, EU는 자동차 생산에 비교우위를 갖는다.

27 정부가 재정적자를 확대시키면서 지출을 늘릴 경우 나타나는 현상이 아닌 것은?

① 물가가 하락한다.

② 민간투자가 감소한다.

③ 자금시장에서 이자율이 상승한다.

④ 정부저축과 국민저축의 감소를 가져온다.

⑤ 자금시장에서 공급곡선이 왼쪽으로 이동한다.

> ✔해설 정부가 쓰는 돈(정부 지출)은 국민들로부터 거둬들이는 세금으로부터 나오는데 이렇게 정부의 지출이 늘어나면 가계나 기업들의 세금 부담이 커지고 소비나 투자 여력은 줄어들게 된다. 특히 정부가 세수만으로 충분하지 않아 재정적자를 확대시키면서 지출을 늘릴 경우에 시중의 여유자금을 빨아들여 민간의 투자여력을 감소시키게 된다. 정부가 국채 발행 등을 통해 재정 소요자금을 조달하게 되면 자금시장에서 이자율이 오르게 되며 이는 민간의 투자와 소비를 감소시키는 요인으로 작용하게 된다. 정부 지출의 확대는 정부저축과 국민저축의 감소를 초래하고 동시에 물가를 상승시키게 하는 요인이 되기도 한다.

28 다음 설명 중 옳은 것을 모두 고르면?

> ㉠ 한계저축성향을 알면 정부지출승수를 알 수 있다.
> ㉡ 밀어내기효과(crowding – out effect)는 확대재정정책이 이자율을 하락시켜 투자를 증가시키는 현상이다.
> ㉢ 승수효과란 정부구입이 1원 증가하면 총수요는 1원보다 큰 폭으로 증가하는 현상이다.
> ㉣ 정부가 세금을 인하하여 소비지출을 촉진하면 승수효과가 발생할 수 있다.

① ㉠, ㉡   ② ㉠, ㉢, ㉣

③ ㉡, ㉢, ㉣   ④ ㉢, ㉣

⑤ ㉠, ㉡, ㉢, ㉣

> ✔해설 ㉡ 밀어내기효과(crowding – out effect)는 확대정책의 결과 이자율을 상승시킴에 따라 민간투자가 감소하는 효과를 뜻한다.

29 국내 원화의 대미 달러화 환율이 2019년 말 현재 달러당 1,000원이라고 가정하였을 때 2020년에 한국의 물가상승률이 5%이고 미국의 물가상승률은 2%라고 할 때 구매력 평가설에 따르면 원화의 환율은 대략 어떻게 변화하는가?

① 940원　　　　　　　　　　　　　② 970원

③ 1,000원　　　　　　　　　　　　④ 1,030원

⑤ 1,070원

✔해설 한국의 물가상승률이 미국보다 3%포인트 더 높기 때문에 원화 가치가 장기적으로는 3% 더 감소해야 한다. 그러므로 환율은 3%(30원) 더 올라야 한다.

30 광수는 소득에 대해 다음의 누진세율을 적용받고 있다고 가정하자. 처음 1,000만 원에 대해서는 면세이고, 다음 1,000만 원에 대해서는 10%, 그 다음 1,000만 원에 대해서는 15%, 그 다음 1,000만 원에 대해서는 25%, 그 이상 초과 소득에 대해서는 50%의 소득세율이 누진적으로 부과된다. 광수의 소득이 7,500만 원일 경우 광수의 평균 세율은 얼마인가?

① 20%　　　　　　　　　　　　　② 25%

③ 28%　　　　　　　　　　　　　④ 30%

⑤ 36.67%

✔해설 광수의 납부세액은
$(1,000 \times 0\%) + (1,000 \times 10\%) + (1,000 \times 15\%) + (1,000 \times 25\%) + (3,500 \times 50\%)$
$= 0 + 100 + 150 + 250 + 1,750$
$= 2,250$만 원이다.

④ 광수의 총 소득이 7,500만 원이므로 광수의 평균세율은 $\frac{2,250}{7,500} \times 100 = 30\%$이다.

31 2017년에 A국에서 생산되어 재고로 있던 제품을 2018년 초에 B국에서 수입해 자국에서 판매했다고 할 때 이것의 효과에 대한 설명으로 옳은 것은?

① A국의 2018년 GDP와 GNP가 모두 증가한다.

② A국의 2018년 수출은 증가하고 GDP는 불변이다.

③ B국의 2018년 GNP는 증가하고 GDP는 불변이다.

④ B국의 2017년 GDP와 2014년 투자가 증가한다.

⑤ B국의 2017년 수입은 증가하고 2018년 수입은 불변이다.

> ✔해설 2017년에 A국에서 생산되어 재고로 있던 제품들은 2017년에 이미 A국의 GDP에 집계되었으므로 A국의 2018년 GDP는 불변이다. 그러나 GDP의 구성항목인 수출은 증가하게 된다.

32 완전경쟁시장에서 어느 기업의 비용구조가 다음과 같다고 할 때, 시장가격이 4,000원일 경우 이 기업의 장단기 행태는?

생산량	0	1	2	3	4	5
총비용(원)	5,000	10,000	12,000	15,000	24,000	40,000

① 단기에 1단위 생산하고 장기에는 시장에서 퇴출한다.

② 단기에 2단위 생산하고 장기에는 시장에서 퇴출한다.

③ 단기에 3단위 생산하고 장기에는 시장에서 퇴출한다.

④ 단기에 4단위 생산하고 장기에는 시장에서 퇴출한다.

⑤ 단기에 공장을 닫고 장기에는 시장에서 퇴출한다.

> ✔해설
>
> | 생산량 | 0 | 1 | 2 | 3 | 4 | 5 |
> |---|---|---|---|---|---|---|
> | 총비용 | 5,000 | 10,000 | 12,000 | 15,000 | 24,000 | 40,000 |
> | 총수입 | 0 | 4,000 | 8,000 | 12,000 | 16,000 | 20,000 |
> | 이윤 | −5,000 | −6,000 | −4,000 | −3,000 | −8,000 | −20,000 |
>
> 모든 생산량에서 이윤이 마이너스로 손실상태이므로 장기적으로 퇴출해야 하며 단기적으로는 손실이 최소인 3단위 생산이 적합하다.

33 외부효과를 내부화하는 사례로 가장 거리가 먼 것은?

① 독감예방주사를 맞는 사람에게 보조금을 지급한다.

② 배출허가권의 거래를 허용한다.

③ 환경기준을 어기는 생산자에게 벌금을 부과하는 법안을 제정한다.

④ 초 · 중등 교육에서 국어 및 국사 교육에 국정교과서 사용을 의무화한다.

⑤ 담배소비에 건강세를 부과한다.

> ✔해설 외부효과를 내부화하는 것은 시장에 의해 적정수준만큼 생산 및 소비가 이루어지도록 하는 것이다.
> ④ 사용을 의무화하는 것은 외부효과를 내부화하는 것과 거리가 멀다.

34 건설업체 (주) 한방 기업 주식의 주가수익비율(PER)은 6.15배로 코스닥시장 상장사 평균 PER(약 20배)을 크게 밑돌고 있다. 이에 대한 설명으로 적절한 것은?

① PER은 당기순이익을 발행 주식수로 나눠 구한다.

② A기업의 주가는 자산 가치를 잘 반영하지 못하고 있다.

③ 주가가 올라가면 A주식의 PER은 더 하락할 가능성이 크다.

④ A주식은 벌어들이는 이익에 비해 주가가 저평가된 것으로 볼 수 있다.

⑤ A주식은 현재 코스닥시장에서 다른 주식에 비해 인기가 높다고 할 수 있다.

> ✔해설 PER는 주가를 당기순이익으로 나눈 것을 의미하는데, PER가 낮다면 회사의 수익가치에 비해 주가가 낮다는 것을 의미한다. 주가가 상승하면 PER 또한 상승할 가능성이 크다. PBR(주가순자산비율)은 주가를 주당순자산으로 나눈 것인데 이러한 PBR이 낮으면 회사가 가진 순자산가치에 비해 주가가 낮다는 의미가 된다.

35 어떤 나라의 법정 지급준비율이 20%라고 한다면 이 나라 경제의 통화승수는 본원통화의 최대 몇 배까지 가능한가?

① 0.05

② 0.2

③ 5

④ 20

⑤ 100

> ✔해설 통화승수는 중앙은행이 공급하는 본원통화가 1단위 증가했을 때 통화량이 몇 단위 증가했는지를 나타내는 지표를 말한다. 이러한 통화승수는 통화량을 본원통화로 나눠 산출하며 지급준비율의 역수와 같다. 문제에서 1/0.2=5가 된다.

36 아래의 총수요–총공급모형에 대한 설명 중에서 옳지 않은 것은?

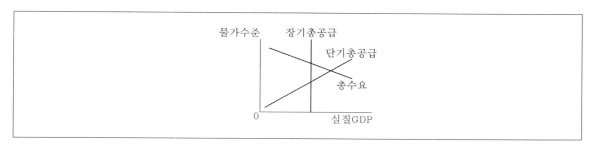

① 경기안정화를 위해 공개시장매도를 하는 통화정책이 필요하다.

② 경기안정화를 위해 정부지출을 감소시키는 재정정책이 필요하다.

③ 시간이 지남에 따라 단기 총공급곡선은 좌측으로 이동하여 장기균형에 도달한다.

④ 시간이 지남에 따라 총수요곡선은 좌측으로 이동하여 장기균형에 도달한다.

⑤ 시간이 지남에 따라 기대 물가수준은 높아진다.

> **해설** 총수요곡선과 단기총공급곡선이 교차하는 단기균형에서는 실제GDP가 잠재GDP를 초과하므로 경기 과열 상태이다. 이 경우 정책당국이 개입하지 않으면 노동력 부족으로 임금이 상승하게 되므로 점차 단기총공급곡선이 왼쪽으로 이동하며, 실제물가와 기대물가가 상승한다.
> 결국 장기균형은 장기총공급곡선 상에서 이루어진다.
> 경기가 과열된 상태에 있더라도 총수요곡선은 이동하지 않는다.

37 외환시장에서 원·달러 환율이 현재 1,100원이다. 수출업체인 (주)가나는 앞으로 환율이 하락할 것으로 보고 행사가격이 1,100원인 달러 풋옵션 1,000계약을 계약 당 30원에 매수했다. 옵션 만기일에 원·달러 환율이 1000원이 됐다고 가정할 경우 옵션거래에 따른 (주)가나의 손익은?

① 이익 3만 원

② 이익 7만 원

③ 이익 10만 원

④ 손실 7만 원

⑤ 손실 1만 원

> **해설** 1,000 계약을 계약 당 30원에 구입하면 3만 원이 든다. 옵션 행사 일에 환율이 하락한 까닭에 풋옵션을 행사하는 게 이익이다. 풋옵션을 행사해 달러당 1,100원에 1,000 계약을 매각하면 달러당 100원씩 10만 원이 이익이다. 여기에서 옵션 매수비용 3만 원을 차감하면 7만 원의 이익이 남게 된다.

38 아래의 내용은 세계 각국의 경기와 관련한 신문기사의 제목을 나타낸 것인데 다음 중 이와 관련한 추론 중 옳지 않은 것은?

> • 한국 8월 BSI 74로 전월보다 3포인트 상승
> • 미국 8월 ISM 제조업 지수 전달보다 하락한 49.4 기록
> • 중국 8월 PMI 지수 51.8로 전월에 비해 0.1포인트 하락

① BSI(기업경기실사지수)는 0과 200 사이의 값을 가진다.
② BSI나 ISM, PMI 등은 경제 주체들을 대상으로 설문조사를 통해 작성한다.
③ 한국의 경우 경기를 좋게 보고 있는 기업들이 나쁘게 보고 있는 기업들보다 많다.
④ 미국의 경우 경기를 나쁘게 보고 있는 제조업체들이 좋게 보고 있는 제조업체들보다 많다.
⑤ 중국은 경기를 나쁘게 보는 기업들이 전달보다는 늘었지만 경기를 좋게 보고 있는 기업들이 여전히 더 많다.

> ✔해설 BSI, CSI, PMI, ISM 지수는 기업인이나 가계를 대상으로 설문조사를 통해 경기를 측정하는 지수를 의미한다. BSI와 CSI는 100이 기준점으로 100을 초과하면 경기를 좋게 보고 있는 경제주체들이 많다는 것을 의미한다. 100을 밑돌면 경기를 비관하는 경제주체들이 많다. 반면에 PMI와 ISM 지수는 50이 기준점이다. 한국의 경우에는 BSI가 74로 전달보다는 상승했지만 100을 밑돌고 있으므로 기본적으로 경기를 좋게 보고 있지 않은 기업인들이 더 많다는 의미가 된다.

39 다음 중 시장실패(market failure)의 요인을 모두 고르면 몇 개인가?

> ㉠ 독과점　　　　　　　　　　　㉡ 공공재
> ㉢ 외부경제　　　　　　　　　　㉣ 외부불경제

① 1개　　　　　　　　　　　② 2개
③ 3개　　　　　　　　　　　④ 4개
⑤ 없다

> ✔해설 시장실패의 원인
> 　㉠ 외부성
> 　㉡ 공공재
> 　㉢ 불완전경쟁
> 　㉣ 불확실성 등

40 대부분의 나라에서 구직 단념자는 비경제활동인구로 분류하고 있다. 만약 구직 단념자를 실업자로 간주한다면 경제활동참가율, 실업률, 고용률은 각각 어떻게 되겠는가?

① 경제활동참가율 – 상승, 실업률 – 상승, 고용률 – 불변

② 경제활동참가율 – 상승, 실업률 – 하락, 고용률 – 상승

③ 경제활동참가율 – 불변, 실업률 – 상승, 고용률 – 상승

④ 경제활동참가율 – 불변, 실업률 – 하락, 고용률 – 하락

⑤ 경제활동참가율 – 상승, 실업률 – 불변, 고용률 – 상승

- 경제활동참가율 $= \dfrac{\text{경제활동인구}}{\text{노동가능인구}} \times 100 = \dfrac{\text{경제활동인구}}{\text{경제활동인구} + \text{비경제활동인구}} \times 100$

  → 구직단념자가 실업자가 되면 경제활동인구가 커지므로 경제활동참가율은 상승한다.

- 실업률 $= \dfrac{\text{실업자수}}{\text{경제활동인구}} \times 100 = \dfrac{\text{실업자수}}{\text{취업자수} + \text{실업자수}} \times 100$

  → 구직단념자가 실업자가 되면 실업자수가 커지므로 실업률은 상승한다.

- 고용률 $= \dfrac{\text{취업자수}}{\text{15세 이상의 인구}} \times 100$

  → 구직단념자가 실업자가 되는 경우 비경제활동인구가 경제활동인구가 될 뿐 고용률은 불변한다.

CHAPTER 03

법학

1 법의 형식적 효력에 관한 내용으로 가장 부적절한 것은?

① 효력 : 공포일부터 폐지일까지 계속된다.

② 명시적 폐지 : 목적사항의 소멸, 신법에서 구법의 일부, 전부를 폐지한다고 명시할 경우

③ 경과법 : 구법 사항이 신법과 같이 진행될 경우 어떤 것을 적용할 것인가에 대하여 그 법령의 부칙 또는 시행법령의 특별한 경과규정을 두는 것

④ 한시법 : 법령에 시행기간이 정해진 경우 그 기간의 종료로 폐지되는 법

⑤ 법률불소급의 원칙 : 법률시행 이전 발생한 사건에 대하여 소급하여 적용치 아니한다.

> ✔ 해설 효력은 시행일부터 폐지일까지 계속된다.

2 사업주가 도산을 하여 임금 및 퇴직금을 전혀 지급할 능력이 없는 경우에 국가가 사업주를 대신해서 근로자에게 최종 3개월분의 임금과 3년분의 퇴직금을 먼저 지급해 주는데 이를 「임금채권보장법」에 의한 무엇이라 하는가?

① 지체상금

② 법정 퇴직금

③ 체당금

④ 손해배상금

⑤ 과징금

> ✔ 해설 사업주가 도산을 하여 임금 및 퇴직금을 전혀 지급할 능력이 없는 경우에 고용노동부장관이 사업주를 대신하여 체당금(替當金)을 지급한다.

3 다음은 헌법 제53조에 관한 설명이다. 이 중 바르지 항목은?

① 국회에서 의결된 법률안은 정부에 이송되어 7일 이내에 대통령이 공포한다.

② 대통령은 법률안의 일부에 대하여 또는 법률안을 수정하여 재의를 요구할 수 없다.

③ 재의의 요구가 있을 때에는 국회는 재의에 붙이고, 재적의원과반수의 출석과 출석의원 3분의 2 이상의 찬성으로 전과 같은 의결을 하면 그 법률안은 법률로서 확정된다.

④ 법률은 특별한 규정이 없는 한 공포한 날로부터 20일을 경과함으로써 효력을 발생한다.

⑤ 대통령은 규정에 의하여 확정된 법률을 지체 없이 공포하여야 한다.

> ✔ 해설 국회에서 의결된 법률안은 정부에 이송되어 15일 이내에 대통령이 공포한다. 헌법〈제53조 1항〉

4 다음 중 통치기구의 구성원리에 관한 기술로 옳은 것은?

① 대의제는 동일성의 원리의 요청에 부합하며, 국민의 의사와 국가의 의사가 항상 일치한다는 것을 전제로 하는 통치 원리이다.

② 현대 대의제의 위기를 극복하는 방안의 하나로 국민의 직접입법제를 전면적으로 도입하는 것은 허용되지 아니한다.

③ 자유위임의 원리가 정당국가의 원리보다 우선된다고 볼 때에는, 위헌정당해산결정으로 해산정당 소속의원은 의원의 신분을 상실하게 된다.

④ 권력분립의 원리에 충실하려면 입법부작위에 관한 헌법재판소의 관할권이 폭넓게 인정되어야 한다.

⑤ 우리 헌법은 권력분립주의에 입각하여 국회로 하여금 국민의 권리와 의무에 관한 모든 사항을 법률의 형식으로 규정하도록 하고 있다.

> ✔ 해설 ① 대의제는 치자와 피치자의 구분을 전제로 하는 통치 원리이다.
> ③ 자유위임의 원리가 정당국가의 원리보다 우선된다고 볼 때에는, 위헌정당해산결정으로 해산정당소속의원은 의원의 신분을 상실하지 않으며 무소속 의원으로 남게 된다.
> ④ 권력분립의 원리에 충실하려면 입법권은 국회의 권한이므로 입법부작위에 관한 헌법재판소의 관할권이 폭넓게 인정되어서는 안 된다.
> ⑤ 우리 헌법은 대통령령, 총리령, 부령을 인정하고 있다.

Answer 1.① 2.③ 3.① 4.②

5 다음 중 법치국가의 원리와 관계가 가장 먼 것은?

① 국가권력의 민주적 정당성　　　② 소급입법금지의 원칙
③ 신뢰보호의 원칙　　　　　　　　④ 법률의 명확성의 원칙
⑤ 형법상의 책임원칙

> ✔해설　① 법치국가의 원리는 국가권력의 남용으로부터 국민의 기본권을 보호하려는 것이다.

6 다음은 대한민국 헌법에 관한 내용이다. 이 중 가장 옳지 않은 것은?

① 헌법〈제14조〉 모든 국민은 거주·이전의 자유를 가진다.
② 헌법〈제15조〉 일부 국민은 직업선택의 자유를 가진다.
③ 헌법〈제16조〉 모든 국민은 주거의 자유를 침해받지 아니한다.
④ 헌법〈제17조〉 모든 국민은 사생활의 비밀과 자유를 침해받지 아니한다.
⑤ 헌법〈제18조〉 모든 국민은 통신의 비밀을 침해받지 아니한다.

> ✔해설　② 헌법〈제15조〉 모든 국민은 직업선택의 자유를 가진다.

7 다음 괄호에 들어갈 법원(法源)이 바르게 연결된 것은?

> (㉠) – 국회의 의결을 거치지 않고 행정기관에 의해 제정되는 성문법규
> (㉡) – 국가기관이 그 소관 사무에 관하여 법률에 저촉되지 않는 범위 내에서 정하는 내부규율
> (㉢) – 지방자치단체의 장이 법령의 범위 내에서 제정한 법규

① ㉠ 명령, ㉡ 조례, ㉢ 규칙　　　② ㉠ 명령, ㉡ 규칙, ㉢ 규칙
③ ㉠ 조례, ㉡ 명령, ㉢ 조례　　　④ ㉠ 규칙, ㉡ 규칙, ㉢ 명령
⑤ ㉠ 규칙, ㉡ 명령, ㉢ 조례

> ✔해설　㉠ **명령**: 국회의 의결 없이 행정기관이 단독으로 정하는 성문법을 말하며, 법률보다 하위의 효력을 가진다.
> ㉡ **규칙**: 국가기관이 그 소관 사무에 관하여 법률에 저촉되지 않는 범위 내에서 정하는 내부규율로 대법원규칙이나 헌법재판소규칙 등이 이에 해당한다.
> ㉢ **규칙**: 지방자치단체가 법률에 의해 인정되는 자치권의 범위 안에서 제정하는 것으로는 조례와 규칙이 있는데 규칙은 지방자치단체의 장이 위임 범위 내에서 제정하는 것이다.

8 다음 사례에서 법원이 피고 행정청의 처분이 재량을 남용하였다고 판단하면서 인용한 행정법의 일반원칙을 가장 잘 묶은 것은?

> 원판결이유에 의하면 원심은 원고가 원판시와 같이 부산시 영도구청의 당직 근무 대기 중 약 25분간 같은 근무조원 3명과 함께 시민과장실에서 심심풀이로 돈을 걸지 않고 점수따기 화투놀이를 한 사실을 확정한 다음 이것이 「국가공무원법」 제78조 1, 3호 규정의 징계사유에 해당한다 할지라도 당직근무시간이 아닌 그 대기중에 불과 약 25분간 심심풀이로 한 것이고 또 돈을 걸지 아니하고 점수따기를 한 데 불과하며 원고와 함께 화투놀이를 한 3명(지방공무원)은 부산시 소청 심사위원회에서 견책에 처하기로 의결된 사실이 인정되는 점 등 제반 사정을 고려하면 피고가 원고에 대한 징계처분으로 파면을 택한 것은 재량의 범위를 벗어난 위법한 것이다.

① 평등의 원칙, 신뢰보호의 원칙
② 행정의 자기구속의 법리, 법률적합성의 원칙
③ 비례의 원칙, 평등의 원칙
④ 신뢰보호의 원칙, 부당결부금지의 원칙
⑤ 부당결부금지의 원칙, 비례의 원칙

> ✔해설 제시된 판례는 평등의 원칙에 위반되는 대표적인 판례이다. 또한 위반 정도에 비해 처분이 가혹하다는 면에서 비례의 원칙과도 연결된다.

9 다음은 행정부에 관련한 사항들이다. 이 중 옳지 않은 설명은?

① 국무총리는 국회의 동의를 얻어 대통령이 임명한다.
② 국무위원은 각 부처 장관들의 만장일치 제청으로 대통령이 임명한다.
③ 국무총리는 국무위원의 해임을 대통령에게 건의할 수 있다.
④ 국무위원은 국정에 관하여 대통령을 보좌하며, 국무회의의 구성원으로서 국정을 심의한다.
⑤ 군인은 현역을 면한 후가 아니면 국무총리로 임명될 수 없다.

> ✔해설 국무위원은 국무총리의 제청으로 대통령이 임명한다. 헌법〈제87조 1항〉

Answer 5.① 6.② 7.② 8.③ 9.②

10 검사가 재량에 의해 불기소처분을 할 수 있다는 원칙은?

① 국가소추주의

② 기소독점주의

③ 기소편의주의

④ 기소변경주의

⑤ 기소지연주의

> ✔해설 **기소편의주의** … 공소를 제기할 만한 충분한 범죄의 혐의가 있고 소송조건도 구비되어 있다 하더라도 검사가 양형의 조건을 참작하여 공소를 제기하지 아니할 수 있다는 원칙으로 검사의 재량을 인정한다.

11 다음 〈보기〉에서 각 용어에 관한 설명으로 옳은 것을 모두 고르면 몇 개인가?

〈보기〉
㉠ 권능이란 권리의 내용을 이루는 각개의 법률상의 작용을 말한다.
㉡ 권원이란 일정한 법률상 또는 사실상 행위의 결과로 나타나는 효과를 말한다.
㉢ 반사적 이익이란 특정인이 법률규정에 따라 일정한 행위를 하였을 때 그 법률상 이익을 직접 누릴 수 있는 권리를 말한다.
㉣ 법인의 대표이사가 정관 규정에 의하여 일정한 행위를 할 수 있는 힘을 권리라 한다.

① 1개   ② 2개

③ 3개   ④ 4개

⑤ 없다

> ✔해설 ㉡ 권원이란 법률상 또는 사실상의 행위에 대한 정당성을 부여해 주는 근거를 말한다.
> ㉢ 반사적 이익이란 특정인 또는 일반인에 대하여 법률이 일정한 행위를 강제함으로써 다른 특정인 또는 일반인이 반사적으로 얻게 되는 이익을 말한다.
> ㉣ 법인의 대표이사가 정관 규정에 의하여 일정한 행위를 할 수 있는 힘을 권한이라 한다.

12 다음 중 현행 헌법 전문에 규정된 사항은?

① 전통문화의 계승 발전
② 자유민주적 기본질서에 입각한 평화통일
③ 복수정당제의 보장
④ 5 · 16 혁명이념 계승
⑤ 대한민국임시정부의 법통 계승

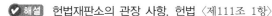 대한민국헌법 전문 … 유구한 역사와 전통에 빛나는 우리 대한국민은 3 · 1운동으로 건립된 대한민국임시 정부의 법통과 불의에 항거한 4 · 19민주이념을 계승하고, 조국의 민주개혁과 평화적 통일의 사명에 입각 하여 정의 · 인도와 동포애로써 민족의 단결을 공고히 하고, 모든 사회적 폐습과 불의를 타파하며, 자율과 조화를 바탕으로 자유민주적 기본질서를 더욱 확고히 하여 정치 · 경제 · 사회 · 문화의 모든 영역에 있어 서 각인의 기회를 균등히 하고, 능력을 최고도로 발휘하게 하며, 자유와 권리에 따르는 책임과 의무를 완 수하게 하여, 안으로는 국민생활의 균등한 향상을 기하고 밖으로는 항구적인 세계평화와 인류공영에 이바 지함으로써 우리들과 우리들의 자손의 안전과 자유와 행복을 영원히 확보할 것을 다짐하면서 1948년 7월 12일에 제정되고 8차에 걸쳐 개정된 헌법을 이제 국회의 의결을 거쳐 국민투표에 의하여 개정한다.

13 다음 중 헌법재판소가 관장하는 사항이 아닌 것은?

① 국가기관 상호간, 국가기관과 지방자치단체간 및 지방자치단체 상호간의 권한쟁의에 관한 심판
② 정당의 해산 심판
③ 법원의 제청에 의한 법률의 위헌여부 심판
④ 탄핵의 심판
⑤ 기초자치단체장의 탄핵 심판

✔ 해설 헌법재판소의 관장 사항. 헌법 〈제111조 1항〉
  1. 법원의 제청에 의한 법률의 위헌여부 심판
  2. 탄핵의 심판
  3. 정당의 해산 심판
  4. 국가기관 상호간, 국가기관과 지방자치단체간 및 지방자치단체 상호간의 권한쟁의에 관한 심판
  5. 법률이 정하는 헌법소원에 관한 심판

Answer 10.③ 11.① 12.⑤ 13.⑤

14 다음 중 공법상의 의무가 아닌 것은?

① 납세의무   ② 부양의무
③ 교육의무   ④ 국방의무
⑤ 근로의무

> ✔해설 ② 납세의무, 교육의무, 국방의무는 헌법에 명시된 의무로 공법상의 의무이고, 부양의무는 민법에 명시된 사법상의 의무이다.

15 법과 도덕의 차이점에 관한 설명으로 옳지 않은 것은?

① 법은 강제성이 있지만 도덕은 강제성이 없다.
② 법은 타율성을 갖지만 도덕은 자율성을 갖는다.
③ 법은 내면성을 갖지만 도덕은 외면성을 갖는다.
④ 법은 양면성을 갖지만 도덕은 일면성을 갖는다.
⑤ 법은 현실성을 갖지만 도덕은 이상성을 갖는다.

> ✔해설 법과 도덕의 차이점
> ㉠ 법은 외면성을 갖지만 도덕은 내면성을 갖는다.
> ㉡ 법은 타율성을 갖기만 도덕은 자율성을 갖는다.
> ㉢ 법은 현실성을 갖지만 도덕은 이상성을 갖는다.
> ㉣ 법은 양면성을 갖지만 도덕은 일면성을 갖는다.
> ㉤ 법은 강제성을 갖지만 도덕은 비강제성을 갖는다.

16 다음 중 헌법재판소가 비례의 원칙의 심사요건으로 직접 채용하고 있지 않은 것은?

① 사안의 직접 관련성   ② 피해의 최소성
③ 법익 형량성   ④ 방법의 적정성
⑤ 목적의 정당성

> ✔해설 ① 비례의 원칙 또는 과잉금지의 원칙으로 제시한 것은 법익 형량성(법익 균형성), 방법의 적정성, 피해의 최소성, 목적의 정당성이다.

17 민법상 전형계약이 아닌 것은?

① 화해   ② 경개

③ 현상광고   ④ 종신정기금

⑤ 소비대차

> ✔ 해설   전형계약은 유명계약이라고도 하며, 민법에 이름이 없는 계약인 무명계약 또는 비전형계약과 대립되는 개
> 념이다. 민법 제3편(채권) 제2장(계약)에 열거된 유명계약은 증여·매매·환매·교환·소비대차·사용대
> 차·임대차·고용·도급·여행계약·현상광고·위임·임치·조합·종신정기금·화해 등이다.

18 다음 〈보기〉에서 상법상 손해보험에 해당하는 것을 모두 고르면 몇 개인가?

〈보기〉	
㉠ 책임보험	㉡ 화재보험
㉢ 해상보험	㉣ 생명보험
㉤ 상해보험	

① 1개   ② 2개

③ 3개   ④ 4개

⑤ 5개

> ✔ 해설   상법상 손해보험의 종류
> ㉠ 화재보험
> ㉡ 운송보험
> ㉢ 해상보험
> ㉣ 책임보험
> ㉤ 자동차보험
> ㉥ 보증보험

19 물건을 배달하러 온 택배기사를 강도로 착각하여 폭행을 가한 경비원의 행위에 해당하는 것은?

① 정당방위   ② 우연방위
③ 오상방위   ④ 과잉방위
⑤ 과도방위

> ✔해설 **오상방위** … 정당방위의 객관적 전제사실이 존재하지 않음에도 불구하고 행위자는 그것이 존재하는 것으로 오신하고 방위행위로 나아간 경우이다. 오상방위는 위법성조각사유의 전제사실에 대한 착오(허용구성요건, 허용상황의 착오)에 해당되는 문제이다. 이 경우 다수설인 법효과제한책임설에 의하면 책임고의가 조각되나, 과실범으로의 처벌이 가능하다.
> ※ **법효과제한책임설** … 위법성조각사유 전제사실의 착오인 오상방위의 경우 행위자에게 구성요건적 고의는 인정되지만 주관적 정당화 요소인 방위의사를 가지고 행위한 경우이기 때문에 법적대적인 태도(책임고의)가 발현된 것이 아니라 오히려 범수호적인 태도가 발현된 것이다.

20 다음 중 통치행위에 대한 설명 중 옳지 않은 것은?

① 통치행위는 고도의 정치적 결단에 의한 국가의 행위로 사법심사의 대상으로 할 수 있는가에 대하여 논란이 있다.
② 통치행위의 주체는 통상 정부가 거론되나 국회와 사법부에 의한 통치행위를 인정하는 것이 일반적이다.
③ 헌법재판소는 이라크파병결정과 관련하여 외국에의 국군 파병결정은 국방 및 외교에 관련된 고도의 정치적 결단을 요하는 문제로, 헌법재판소가 이에 대하여 사법적 기준만으로 이를 심판하는 것은 자제되어야 한다고 판시하였다.
④ 통치행위가 국민의 기본권 침해와 직접 관련이 있는 경우는 헌법소원의 대상이 될 수 있다.
⑤ 통치행위에 관한 사법자제설은 사법심사가 가능함에도 사법의 정치화를 방지하기 위하여 법원 스스로 자제한다는 견해이다.

> ✔해설 ② 통치행위의 주체는 통상 정부이나 국회의원의 징계, 제명 등 예외적으로 국회도 가능하다. 그러나 사법부에 의한 통치행위는 예상하기 어렵다.

21 선거관리에 대한 내용으로 가장 부적절한 것은?

① 선거와 국민투표의 공정한 관리 및 정당에 관한 사무를 처리하기 위하여 선거관리위원회를 둔다.

② 위원은 탄핵 또는 금고 이상의 형의 선고에 의하지 아니하고는 파면되지 아니한다.

③ 위원의 임기는 5년으로 한다.

④ 위원은 정당에 가입하거나 정치에 관여할 수 없다.

⑤ 중앙 선거 관리위원회는 대통령이 임명하는 3인, 국회에서 선출하는 3인과 대법원장이 지명하는 3인의 위원으로 구성한다.

✔해설 위원의 임기는 6년으로 한다. 헌법 〈제114조 3항〉

22 불명확한 사실에 대하여 공익 또는 기타 법정책상의 이유로 사실의 진실성 여부와는 관계없이 확정된 사실로 의제하여 일정한 법률효과를 부여하고 반증을 허용하지 않는 것은?

① 간주   ② 추정
③ 준용   ④ 입증
⑤ 공증

✔해설 간주 … 간주는 추정과는 다르게 분쟁의 방지와 법률적용의 명확성을 위해 일정한 법률관계에 대하여 법령으로 '~한 것으로 본다'라고 의제하는 것을 말한다. 추정이 반증에 번복될 수 있는 것에 비하여 간주의 경우에는 법령에 의하여 의제되는 것이므로 반증에 의하여서도 번복될 수 없다.

② 추정 : 입증의 곤란을 피하기 위해 사실을 일단 확정한 후 법적 효과를 부여하는 것을 말한다. 따라서 추정을 한 경우에는 사실이 확정되지 않았기 때문에 추정된 사실과 다른 사실을 주장하는 자는 반증을 들어 추정을 번복시킬 수 있다.

③ 준용 : 어떤 사항을 규율하기 위하여 만들어진 법규를 그것과 유사하나 성질이 다른 사항에 대하여 필요한 약간의 수정을 가하여 적용시키는 것을 말한다.

④ 입증 : 사실의 확정을 위하여 객관적 자료를 제출하는 것을 말한다.

⑤ 공증 : 국가나 공공 단체가 직권으로 어떤 사실을 공적으로 증명하는 것을 말한다.

23 고대 그리스의 대표적인 철학자 소크라테스가 한 말로 알려진 "악법도 법이다."라는 말이 강조하고 있는 법의 목적은?

① 법적 안정성　　　　　　　　　　② 타당성

③ 형평성　　　　　　　　　　　　　④ 합목적성

⑤ 정의

> ✔해설　'악법도 법이다'는 아무리 불합리한 법이라도 법체계를 지켜야 한다는 말로 법적 안정성을 나타내는 말이다. 법적 안정성은 법의 이념이며, 법의 명확성 또는 부동성을 의미하고 이는 사회의 질서로 나타난다. 법적 안정성이 보장된다는 것은 현재 시행되고 있는 법이 안정되어 있어서 사회의 구성원들이 법의 규정을 믿고 행동할 수 있다는 것을 말한다.

24 다음 중 대통령에 관한 기술로 옳은 것은?

① 헌법은 대통령의 피선거권의 요건으로 선거일 현재 5년 이상 국내거주를 규정하고 있다.

② 대통령은 정부에 이송된 법률안에 대하여 수정하여 거부할 수는 없으나 그 일부를 거부할 수는 있다.

③ 헌법은 임의적 자문기구로, 국가과학기술자문회의와 국가원로자문회의를 명시하고 있다.

④ 일반사면은 대통령이 국회의 동의를 얻어 대통령령으로 행하지만, 특별사면은 국회의 동의를 요하지 않고 대통령이 행한다.

⑤ 대통령은 비상계엄이 선포된 때에는 국회나 법원의 권한에 대하여 특별한 조치를 할 수 있다.

> ✔해설　① 선거일 현재 5년 이상 국내에 거주하고 있는 40세 이상의 국민은 대통령의 피선거권이 있다. 이 경우 공무로 외국에 파견된 기간과 국내에 주소를 두고 일정기간 외국에 체류한 기간은 국내거주기간으로 본다(공직선거법 제16조 제1항).
> ② 대통령은 법률안의 일부에 대하여 또는 법률안을 수정하여 재의를 요구할 수 없다(헌법 제53조 제3항).
> ③ 국가원로자문회의는 헌법상 임의적 자문기구이지만, 국가과학기술자문회의는 헌법 제127조 제3항[대통령은 제1항(국가는 과학기술의 혁신과 정보 및 인력의 개발을 통하여 국민경제의 발전에 노력하여야 한다.)의 목적을 달성하기 위하여 필요한 자문기구를 둘 수 있다.]에 따른 것이다.
> ⑤ 비상계엄이 선포된 때에는 법률이 정하는 바에 의하여 영장제도, 언론·출판·집회·결사의 자유, 정부나 법원의 권한에 관하여 특별한 조치를 할 수 있다(헌법 제77조 제3항).

25 「개인정보 보호법」에 따른 개인정보 보호 원칙에 대한 설명으로 옳지 않은 것은?

① 개인정보처리자는 개인정보의 처리 목적을 명확하게 하여야 하고 그 목적에 필요한 범위에서 최대한의 개인정보를 적법하고 정당하게 수집하여야 한다.

② 개인정보처리자는 개인정보의 처리 목적에 필요한 범위에서 적합하게 개인정보를 처리하여야 하며, 그 목적 외의 용도로 활용하여서는 아니 된다.

③ 개인정보처리자는 개인정보의 처리 목적에 필요한 범위에서 개인정보의 정확성, 완전성 및 최신성이 보장되도록 하여야 한다.

④ 개인정보처리자는 개인정보 처리방침 등 개인정보의 처리에 관한 사항을 공개하여야 하며, 열람청구권 등 정보주체의 권리를 보장하여야 한다.

⑤ 개인정보처리자는 개인정보의 익명처리가 가능한 경우에는 익명에 의하여 처리될 수 있도록 하여야 한다.

> ✔ **해설** 개인정보 보호 원칙〈개인정보 보호법 제3조〉
> ㉠ 개인정보처리자는 개인정보의 처리 목적을 명확하게 하여야 하고 그 목적에 필요한 범위에서 최소한의 개인정보만을 적법하고 정당하게 수집하여야 한다.
> ㉡ 개인정보처리자는 개인정보의 처리 목적에 필요한 범위에서 적합하게 개인정보를 처리하여야 하며, 그 목적 외의 용도로 활용하여서는 아니 된다.
> ㉢ 개인정보처리자는 개인정보의 처리 목적에 필요한 범위에서 개인정보의 정확성, 완전성 및 최신성이 보장되도록 하여야 한다.
> ㉣ 개인정보처리자는 개인정보의 처리 방법 및 종류 등에 따라 정보주체의 권리가 침해받을 가능성과 그 위험 정도를 고려하여 개인정보를 안전하게 관리하여야 한다.
> ㉤ 개인정보처리자는 개인정보 처리방침 등 개인정보의 처리에 관한 사항을 공개하여야 하며, 열람청구권 등 정보주체의 권리를 보장하여야 한다.
> ㉥ 개인정보처리자는 정보주체의 사생활 침해를 최소화하는 방법으로 개인정보를 처리하여야 한다.
> ㉦ 개인정보처리자는 개인정보를 익명 또는 가명으로 처리하여도 개인정보 수집목적을 달성할 수 있는 경우 익명처리가 가능한 경우에는 익명에 의하여, 익명처리로 목적을 달성할 수 없는 경우에는 가명에 의하여 처리될 수 있도록 하여야 한다.
> ㉧ 개인정보처리자는 이 법 및 관계 법령에서 규정하고 있는 책임과 의무를 준수하고 실천함으로써 정보주체의 신뢰를 얻기 위하여 노력하여야 한다.

Answer 23.① 24.④ 25.①

26 다음 〈보기〉에서 헌법재판소의 결정내용 중 옳지 않은 것을 모두 고르면 몇 개인가?

〈보기〉

㉠ 교사 신규채용 시 국공립대학 졸업자에게 사립대학 졸업자보다 우선권을 주는 것은 위헌이다.

㉡ 누범에 대한 형의 가중은 전과자의 경우와 같이 사회적 신분에 따른 차별적 사유에 해당된다.

㉢ 「공직자윤리법 시행령」에 경찰공무원 중 경사 이상의 계급에 해당하는 자를 재산등록의무자로 규정한 것은 평등권을 침해한다.

㉣ 선거기간 동안 언론기관이 입후보자를 선별적으로 초청하여 대담토론회를 개최하고 보도하는 것은 자의적인 차별이 아니다.

㉤ 제3자 개입금지에 관한 「노동쟁의조정법」 제13조의2는 실제로 조력을 구하기 위한 능력의 차이를 무시한 것으로, 근로자와 사용자를 실질적으로 차별하는 불합리한 규정이다.

---

① 1개　　　　　　　　　　　　　② 2개

③ 3개　　　　　　　　　　　　　④ 4개

⑤ 5개

✔해설 ㉡ 헌법소원심판을 청구한 후 그에 대한 결정이 있기 전에 불기소처분의 대상(對象)이 된 피의사실에 대한 공소시효가 완성된 경우에도 불기소처분의 취소를 구하는 헌법소원심판청구는 권리보호의 이익이 없다(헌재 1995. 2. 23. 93헌마43).

㉢ 경찰공무원은 그 직무 범위와 권한이 포괄적인 점, 특히 경사 계급은 현장수사의 핵심인력으로서 직무수행과 관련하여 많은 대민접촉이 이루어지므로 민사 분쟁에 개입하거나 금품을 수수하는 등의 비리 개연성이 높다는 점 등을 종합하여 보면, 대민접촉이 거의 전무한 교육공무원이나 군인 등과 달리 경찰업무의 특수성을 고려하여 경사 계급까지 등록의무를 부과한 것은 합리적인 이유가 있는 것이므로 이 사건 시행령조항이 청구인의 평등권을 침해한다고 볼 수 없다(헌재 2010. 10. 28. 2009헌마544).

㉤ 제삼자개입금지조항은 노동자 측으로의 개입뿐만 아니라 사용자 측으로의 개입에 대하여서도 마찬가지로 규정하고 있고, 노동자들이 변호사나 공인노무사 등의 조력을 받는 것과 같이 노동삼권을 행사함에 있어 자주적 의사결정을 침해받지 아니하는 범위 안에서 필요한 제삼자의 조력을 받는 것을 금지하는 것이 아니므로 근로자와 사용자를 실질적으로 차별하는 불합리한 규정이라고 볼 수 없다(헌재 1990. 1. 15. 89헌가103).

㉠ 헌재 1990. 10. 8. 89헌마89

㉣ 헌재 2009. 3. 26. 2007헌마1327

27 자기 이름으로 자기 책임 아래 집회나 시위를 여는 사람이나 단체인 주최자는 이것을 따로 두어 집회 또는 시위의 실행을 맡아 관리하도록 위임할 수 있다. 「집회 및 시위에 관한 법률」에 따른 이것은 무엇이라 하는가?

① 주관자

② 주무관

③ 질서유지인

④ 질서관리자

⑤ 참가자

> **해설** 주최자란 자기 이름으로 자기 책임 아래 집회나 시위를 여는 사람이나 단체를 말한다. 주최자는 주관자를 따로 두어 집회 또는 시위의 실행을 맡아 관리하도록 위임할 수 있다. 이 경우 주관자는 그 위임의 범위 안에서 주최자로 본다.

28 정부는 농어업인 등의 복지증진과 농어촌의 지역개발에 관한 시책을 효과적으로 추진하기 위하여 5년 마다 실태조사를 실시하여야 한다. 다음 〈보기〉에서 실태조사에 포함되어야 하는 내용을 모두 고르면 몇 개인가?

〈보기〉
㉠ 농어업인등의 복지실태 ㉡ 농어업인등에 대한 사회안전망 확충 현황 ㉢ 고령 농어업인 소득 및 작업환경 현황 ㉣ 농어촌의 교육여건 ㉤ 농어촌의 교통 · 통신 · 환경 · 기초생활 여건

① 1개

② 2개

③ 3개

④ 4개

⑤ 5개

> **해설** 농어업인 등에 대한 복지실태 등 조사에 포함되어야 하는 사항
> ㉠ 농어업인 등의 복지실태
> ㉡ 농어업인 등에 대한 사회안전망 확충 현황
> ㉢ 고령 농어업인 소득 및 작업환경 현황
> ㉣ 농어촌의 교육여건
> ㉤ 농어촌의 교통 · 통신 · 환경 · 기초생활 여건
> ㉥ 그 밖에 농어업인 등의 복지증진과 농어촌의 지역개발을 위하여 필요한 사항

Answer 26.③ 27.① 28.⑤

29 「국민연금법」상 국민연금의 특성으로 옳지 않은 것은?

① 사회보험

② 공적연금

③ 단일연금체계

④ 전부적립방식

⑤ 소득재분배

> ✔해설 **국민연금의 특징**
> ㉠ 전 국민 단일연금체계
> ㉡ 본인 기여 전제의 사회보험방식
> ㉢ 미래 세대의 부담 완화를 위한 부분적립방식
> ㉣ 물가상승을 반영한 급여의 실질가치 보장
> ㉤ 세대 내·세대 간 소득재분배
> ㉥ 공적연금

30 정당제도에 관한 설명으로 타당하지 않은 것은?

① 정당의 설립은 자유이며, 복수정당제는 보장된다.

② 정당은 그 목적·조직과 활동이 민주적이어야 한다.

③ 정당은 국민의 정치적 의사형성에 참여하는데 필요한 조직을 가져야 한다.

④ 정당은 법률이 정하는 바에 의하여 국가의 보호를 받으며, 국가는 법률이 정하는 바에 의하여 정당운영에 필요한 자금을 보조할 수 있다.

⑤ 정당의 목적이나 조직이 민주적 기본질서에 위배될 때에는 정부는 헌법재판소에 그 해산을 제소할 수 있고, 정당은 헌법재판소의 심판에 의하여 해산된다.

> ✔해설 ⑤ 정당의 목적이나 활동이 민주적 기본질서에 위배될 때에는 정부는 헌법재판소에 그 해산을 제소할 수 있고, 정당은 헌법재판소의 심판에 의하여 해산된다(헌법 제8조 제4항).

31 법률불소급원칙에 대한 헌법재판소의 입장으로 옳은 것만을 모두 고른 것은?

> ㈎ 기존의 법에 의하여 형성되어 이미 굳어진 개인의 법적 지위를 사후입법을 통하여 박탈하는 것 등을 내용으로 하는 진정소급입법은 헌법적으로 허용되지 아니하는 것이 원칙이다. 허용되는 예외적인 경우로는 일반적으로 국민이 소급입법을 예상할 수 있었거나 법적상태가 불확실하고 혼란스러웠거나 하여 보호할 만한 신뢰의 이익이 적은 경우 등을 들 수 있다
>
> ㈏ 개정된 신법이 피적용자에게 유리한 경우에 이른바 시혜적인 소급입법을 하여야 한다는 입법자의 의무가 헌법상의 원칙들로부터 도출되지는 아니한다. 이러한 소급입법을 할 것인가를 결정함에 있어서 입법자의 입법재량범위는 국민의 권리를 제한하거나 새로운 의무를 부과하는 경우와 달리 판단할 것은 아니다.
>
> ㈐ 현재 진행중인 사실관계 또는 법률관계에 작용케 하는 부진정소급입법은 원칙적으로 허용되지만, 소급효를 요구하는 공익상의 사유와 신뢰보호의 요청 사이의 교량과정에서 신뢰보호의 관점이 입법자의 형성권에 제한을 가하게 된다.

① ㈎, ㈏   ② ㈎, ㈐
③ ㈏, ㈐   ④ ㈎, ㈏, ㈐
⑤ 없다

✔해설 ㈏ 신법이 피적용자에게 유리한 경우에는 이른바 시혜적인 소급입법이 가능하지만 이를 입법자의 의무라고는 할 수 없고, 그러한 소급입법을 할 것인지의 여부는 입법재량의 문제로서 그 판단은 일차적으로 입법기관에 맡겨져 있으며, 이와 같은 시혜적 조치를 할 것인가 하는 문제는 국민의 권리를 제한하거나 새로운 의무를 부과하는 경우와는 달리 입법자에게 보다 광범위한 입법형성의 자유가 인정된다(헌재 1995. 12. 28. 95헌마196).
㈎ 헌재 1999. 7. 22. 97헌바76
㈐ 헌재 1995. 10. 26. 94헌바12

Answer 29.④ 30.⑤ 31.②

32 탄핵소추에 관한 설명으로 옳지 않은 것은?

① 대통령이 그 직무집행에 있어서 헌법이나 법률을 위배한 때에는 탄핵소추의 대상이 된다.

② 대통령에 대한 탄핵소추는 국회 재적의원 3분의 2 이상의 찬성이 있어야 의결된다.

③ 대통령이 탄핵소추의 의결을 받은 때에는 국무총리, 법률이 정한 국무위원의 순서로 그 권한을 대행한다.

④ 탄핵결정으로 공직으로부터 파면되면 민사상의 책임은 져야 하나, 형사상의 책임은 면제된다.

⑤ 탄핵소추의 대상으로는 고위공무원, 법관, 선거관리위원회위원, 감사원장 등이 있다.

> ✔ 해설 탄핵은 일반적인 사법절차나 징계절차에 따라서 소추하거나 징계하기 곤란한 행정부의 고위공무원이나 신분이 보장된 공무원인 법관, 선거관리위원회위원, 감사원장 등이 직무상 중대한 비위를 범한 경우 국회가 소추하고 헌법재판소가 심판하여 처벌 또는 파면하는 제도이며, 민형사상의 책임을 물을 수 있다.

33 죄형법정주의의 원칙과 가장 거리가 먼 것은?

① 형법불소급의 원칙

② 관습형법 금지의 원칙

③ 유추해석 금지의 원칙

④ 상대적 부정기형 금지의 원칙

⑤ 명확성·적정성의 원칙

> ✔ 해설 **죄형법정주의의 파생원칙**
> ㉠ 관습형법의 배제
> ㉡ 유추해석 금지의 원칙
> ㉢ 형벌불소급의 원칙
> ㉣ 절대적 부정기형의 금지의 원칙
> ㉤ 적정성의 원칙
> ㉥ 명확성의 원칙

34 다음 〈보기〉에서 형법상 재산에 대한 죄를 모두 고르면 몇 개인가?

〈보기〉

ㄱ 뇌물죄   ㄴ 배임죄
ㄷ 손괴죄   ㄹ 신용훼손죄
ㅁ 장물죄

① 1개   ② 2개
③ 3개   ④ 4개
⑤ 5개

✔해설 형법상 재산에 대한 죄로는 절도죄, 강도죄, 사기·공갈죄, 횡령·배임죄, 장물죄, 손괴죄 등이 있다.

35 다음 중 법인의 등기사항에 해당하지 않는 것은?

① 설립허가의 연월일
② 명칭
③ 목적
④ 이사의 가족 수
⑤ 출자의 방법을 정한 때에는 그 방법

✔해설 법인의 등기사항. 민법〈제49조 2항〉
1. 목적
2. 명칭
3. 사무소
4. 설립허가의 연월일
5. 존립 시기나 해산이유를 정한 때에는 그 시기 또는 사유
6. 자산의 총액
7. 출자의 방법을 정한 때에는 그 방법
8. 이사의 성명, 주소
9. 이사의 대표권을 제한한 때에는 그 제한

Answer 32.④ 33.④ 34.③ 35.④

36 다음 조서 작성 시 형식적 기재사항에 대한 내용이 아닌 것은?

① 법관과 법원사무관 등의 성명
② 변론의 날짜와 장소
③ 사건의 표시
④ 출석한 검사의 성명
⑤ 증인 · 감정인의 선서와 진술

> ✔ 해설 ⑤번은 실질적 기재사항에 해당한다. 민사소송법〈제154조〉

37 다음 괄호에 들어갈 용어는?

> (   )은 법문에 일정한 사항을 정하고 있을 때 그 이외의 사항에 관해서도 사물의 성질상 당연히 그 규정에 포함되는 것으로 해석하는 것이다.

① 물론해석
② 유추해석
③ 확장해석
④ 변경해석
⑤ 임의해석

> ✔ 해설 물론해석(勿論解釋)은 법문에 일정한 사항이 규정되어 있는 경우 법문으로써 명기되어 있지 않은 사항이라 할지라도 사물의 성질상 또는 입법정신 등에 비추어 보아 당연히 그 규정에 포함된 것이라고 해석하는 방법을 의미한다.

38 다음 문서제출신청에서 밝혀야 하는 사항으로 바르지 않은 것은?

① 문서를 제출하여야 하는 의무의 원인
② 증명할 사실
③ 문서의 취지
④ 문서의 표시
⑤ 문서를 버린 사람

> ✔ 해설 문서제출신청에서 밝혀야 하는 사항. 민사소송법〈제345조 1~5호〉
> 1. 문서의 표시
> 2. 문서의 취지
> 3. 문서를 가진 사람
> 4. 증명할 사실
> 5. 문서를 제출하여야 하는 의무의 원인

39 사용자는 취업규칙(취업규칙에 준하는 것을 포함한다)에서 정하는 바에 따라 2주 이내의 일정한 단위기간을 평균하여 1주 간의 근로시간이 제50조제1항의 근로시간을 초과하지 아니하는 범위에서 특정한 주에 제50조제1항의 근로시간을, 특정한 날에 제50조제2항의 근로시간을 초과하여 근로하게 할 수 있다. 다만, 특정한 주의 근로시간은 48시간을 초과할 수 없다. 「근로기준법」상 사용자는 취업규칙에서 정하는 바에 따라 2주 이내의 일정한 단위기간을 평균하여 1주 간의 근로시간이 법정근로시간을 초과하지 아니하는 범위에서 특정한 주에 근로시간을, 특정한 날에 근로시간을 초과하여 근로하게 할 수 있도록 운영하는 제도는?

① 선택적 근로시간제
② 탄력적 근로시간제
③ 연장근로제
④ 유급휴가대체제도
⑤ 보상휴가제

✔해설 탄력적 근로시간제는 일정한 기간 내에서 어느 주 또는 어느 날의 근로시간을 탄력적으로 배치해 운용하는 근로시간제를 의미한다. 다시 말해 일정한 기간을 단위로, 총근로시간이 기준근로시간 이내인 경우 해당 기간 내 어느 주 또는 어느 날의 근로시간이 기준근로시간을 초과하더라도 연장근로가 되지 않는 근로시간제를 의미한다.

40 다음 중 법관이 직무집행에서 제척되는 사항으로써 가장 바르지 않은 것은?

① 법관이 사건에 관하여 증언이나 감정을 하였을 때
② 법관이 당사자와 친족의 관계에 있지 않거나 그러한 관계에 있지 않을 때
③ 법관이 사건당사자의 대리인이었거나 대리인이 된 때
④ 법관이 불복사건의 이전심급의 재판에 관여하였을 때
⑤ 법관 또는 그 배우자나 배우자이었던 사람이 사건의 당사자가 되거나, 사건의 당사자와 공동권리자·공동의무자 또는 상환의무자의 관계에 있는 때

✔해설 법관이 직무집행에서 제척되는 이유. 민사소송법〈제41조〉
1. 법관 또는 그 배우자나 배우자이었던 사람이 사건의 당사자가 되거나, 사건의 당사자와 공동권리자·공동의무자 또는 상환의무자의 관계에 있는 때
2. 법관이 당사자와 친족의 관계에 있거나 그러한 관계에 있었을 때
3. 법관이 사건에 관하여 증언이나 감정을 하였을 때
4. 법관이 사건당사자의 대리인이었거나 대리인이 된 때
5. 법관이 불복사건의 이전심급의 재판에 관여하였을 때

Answer 36.⑤ 37.① 38.⑤ 39.② 40.②

CHAPTER 04

행정학

1 다음 중 Max Weber의 관료제 이론의 평가 중 비판적 측면의 내용으로 옳지 않은 것은?

① 규칙, 선례에 집착하는 비능률적 조직
② 환경에의 적응력 취약
③ 조직의 권력화현상(자기이익 추구) 무시
④ 인간을 법이나 지시에 굴복하는 수동적인 존재로만 파악
⑤ 조직의 공식 측면을 도외시

> ✔해설 조직의 비공식적인 측면을 도외시하였다.

2 동기부여 이론에 대한 설명 중 옳은 것은?

① 허즈버그(Herzberg)의 욕구충족요인 이원론에 따르면 보수는 매우 중요한 동기요인이다.
② 내용이론에는 형평성이론과 기대이론이 있다.
③ 동기부여란 개인과 조직이 욕구의 결핍을 충족하기 위한 수단을 탐색하는 과정지향적 행동을 의미한다.
④ 포터(L. Porter)와 롤러(E. Lawler)는 보상의 공정성에 대한 개인의 만족감을 주요 변수로 삼아 기대이론을 보완하였다.
⑤ 매슬로우(A. H. Maslow)에 따르면 자기실현 욕구는 사람마다 큰 차이가 없다.

> ✔해설 ① 허즈버그의 욕구충족요인 이원론에 따르면 보수는 위생요인에 해당한다.
> ② 형평성이론과 기대이론은 욕구이론이다.
> ③ 동기부여란 개인과 조직이 욕구의 결핍을 충족하기 위한 수단을 탐색하는 목적지향적 행동을 의미한다.
> ⑤ 매슬로우에 따르면 자기실현 욕구는 사람마다 큰 차이가 있다.

3 정책평가에 관한 다음의 설명 중 옳은 것은?

① 구성적 타당성은 정책결과의 측정을 위해 충분히 정밀한 연구설계가 이루어졌는지를 의미한다.

② 외적 타당성은 정책효과가 오직 정책에 기인한 것인지를 의미한다.

③ 질적 평가는 주로 연역적 방법을 활용한다.

④ 프로그램 논리모형은 평가의 신뢰성을 제고한다.

⑤ 재정사업 자율평가의 대상은 전체 성과목표 중 1/3에 해당하는 성과목표 내 전체 관리과제가 대상이 된다.

> ✔해설 ① 통계적 타당성에 대한 설명이다.
> ② 내적 타당성에 대한 설명이다.
> ③ 양적 평가는 주로 연역적 방법을 활용하고, 질적 평가는 주로 귀납적 방법을 활용한다.
> ④ 프로그램 논리모형이란 프로그램의 인과경로를 구축하여 프로그램의 핵심적 목표와 연계된 평가이슈, 평가지표를 인식하고, 이론실패와 실행실패를 구분할 수 있게 함으로써 평가의 타당성을 제고할 수 있게 해준다.

4 시민의 행정참여로 인한 역기능이라고 볼 수 없는 것은?

① 행정에 참여하는 시민의 대표성과 공정성 확보의 어려움

② 행정에 참여하는 시민의 전문성 결여로 인한 의사결정의 지연과 부실

③ 공동체 전체 이익보다는 지엽적인 특수이익에 집착할 가능성

④ 시민참여에 따른 시간과 비용의 과다 소요로 인한 행정의 지체와 비능률 초래

⑤ 시민의 행정참여로 인한 시민의 정책순응 약화

> ✔해설 ⑤ 시민의 행정참여는 주민참여를 통해 수립된 정책의 집행 시 시민의 정책순응과 협조가 촉진되어 효율성을 제고시킨다.

Answer 1.⑤ 2.④ 3.⑤ 4.⑤

5 직위분류제 분류 구조와 관련된 개념을 바르게 연결한 것은?

> ⊙ 한 사람의 공무원에게 부여할 수 있는 직무와 책임
> ⓒ 직무의 종류는 다르지만, 그 곤란성·책임수준 및 자격수준이 상당히 유사하여 동일한 보수를 지급할 수 있는 모든 직위를 포함하는 것
> ⓒ 직렬 내에서 담당분야가 동일한 직무의 군
> ⓔ 직무의 종류가 유사한 직렬의 군

	⊙	ⓒ	ⓒ	ⓔ
①	직위	등급	직류	직군
②	직렬	등급	직군	직류
③	직위	직급	직류	직군
④	직렬	직급	직군	직류
⑤	직위	직군	직류	직렬

> ✔해설 **직위분류제의 구성요소**
> ⊙ **직위** : 1명의 공무원에게 부여할 수 있는 직무와 책임
> ⓒ **직급** : 직무의 종류·곤란성과 책임도가 상당히 유사한 직위의 군
> ⓒ **직렬** : 직무의 종류가 유사하고 그 책임과 곤란성의 정도가 서로 다른 직급의 군
> ⓔ **직군** : 직무와 성질이 유사한 직렬의 군
> ⓜ **직류** : 같은 직렬 내에서 담당 분야가 같은 직무의 군
> ⓗ **등급** : 직무의 종류는 다르지만, 직무의 곤란도·책임도나 자격요건이 유사한 직위의 군

6 정책결정 참여자로서의 관료의 역할에 대한 설명으로 옳지 않은 것은?

① 조합주의는 관료의 적극적 역할을 옹호한다.
② 엘리트주의에서는 관료의 적극적 역할보다는 지배계층의 역할에 주목한다.
③ 철의 삼각에서 관료는 특수 이익집단의 이익에 종속되는 경향이 있다.
④ 다원주의에서는 외부집단이나 지배계층보다 관료의 역할을 더욱 중요시한다.
⑤ 이슈네트워크에서는 이슈에 따라 관료가 방관자가 되거나 주도적 역할을 하기도 한다.

> ✔해설 ④ 다원주의에서는 지배계층이나 관료의 역할보다는 외부집단의 역할을 더욱 중요시한다.

7 딜레마(dilemma)이론에서 딜레마 상황이란, 정책결정자가 선택을 하지 못하고 있는 곤란한 상황에서 무엇인가를 선택해야 하는 상황에 처해 있는 상태를 의미한다. 이런 딜레마상황을 예방하고 관리하는 데 바람직한 방법으로 보기 어려운 것은?

① 정책결정자가 개인적 이익이나 판단으로 시스템 전체가 딜레마에 빠지지 않도록 한다.

② 이해관계자가 정책결정자에게 직접적인 영향력을 행사할 수 있도록 장치를 설계하거나 마련할 필요가 있다.

③ 딜레마를 예방하기 위한 궁극적 방법은 제도를 정비하는 것이다.

④ 딜레마를 예방하기 위한 방법으로 토론 장치를 마련해야 한다.

⑤ 행위자들이 가지고 있는 이익으로 인해 문제 상황이 영향을 받지 않도록 해야 한다.

> ✔해설 ② 딜레마 상황을 예방하고 관리하기 위해서는 이해관계자가 정책결정자에게 직접적인 영향력을 행사할 수 없도록 장치를 설계하거나 마련할 필요가 있다.

8 다음 중 적극적 인사행정이 대두된 배경으로 바르지 않은 것은?

① 신공공관리론에 의한 개방형 인사

② 직위분류제와 계급제의 비조화

③ 대표관료제 가미

④ 엽관주의에 대한 재평가

⑤ 실적주의에 대한 반성

> ✔해설 적극적 인사행정의 등장 배경
> • 실적주의에 대한 반성
> • 엽관주의에 대한 재평가
> • 대표관료제 가미
> • 후기 인간관계론(1960)
> • 신공공관리론에 의한 개방형 인사
> • 직위분류제와 계급제의 조화

Answer 5.① 6.④ 7.② 8.②

9 효과성 평가모형 중 퀸과 로보그(Quinne & Rohrbaugh)의 경합가치모형에 관한 다음의 설명 중 적절하지 못한 것은?

① 조직이 내부·외부 중 어디에 초점을 두고 있는지와 조직 구조가 통제와 융통성 중 어떤 것을 강조하는지를 기준으로 조직효과성에 관한 네 가지 경쟁모형을 도출하였다.

② 조직의 내부에 초점을 두고 융통성을 강조하는 경우의 효과성 평가유형은 인간관계모형이다.

③ 개방체제모형은 조직의 외부에 초점을 두며 융통성을 강조하는 경우의 평가유형이다.

④ 조직의 외부에 초점을 두고 통제를 강조하는 경우 성장 및 자원 확보를 목표로 하게 된다.

⑤ 조직의 내부에 초점을 두고 통제를 강조하는 경우 안정성 및 균형을 목표로 하게 된다.

> ✔ 해설 ④ 조직의 외부에 초점을 두고 통제를 강조하는 경우는 합리목표모형으로 생산성과 능률성을 목표로 하게 된다.
>
> ※ **경합가치모형**(Quinn & Rohrbaugh)
> - ㉠ **합리목표모형**(합리문화) : 조직의 외부, 즉 조직 자체에서의 통제를 강조하는 모형으로 기획과 목표 설정, 합리적인 통제 등을 통해 생산성과 능률성을 목표로 한다.
> - ㉡ **내부과정모형**(위계문화) : 조직 자체보다 인간을 강조하고 조직구조의 통제를 강조하는 모형으로 정보관리와 의사소통 등을 통해 안정성과 통제·감독을 추구한다.
> - ㉢ **개방체제모형**(발전문화) : 조직 자체와 조직구조의 유연성을 강조하는 모형으로 조직의 유연성과 신속성을 유지하는 것을 통해 자원획득과 환경적응 등을 목표로 한다.
> - ㉣ **인간관계모형**(집단문화) : 인간과 유연성을 강조하는 모형으로 구성원의 사기와 응집력이 효과성을 높인다고 보고 조직 내 인적자원의 가치를 인정하고 개발하는 것에 중점을 둔다.

10 행정에 대한 정치적 통제와 관료제의 자율성에 대한 설명으로 가장 적절한 것은?

① 직업공무원이 선출직 공무원에게 책임을 지도록 조직화된 이유는 정부의 대응성을 제고하기 위함이다.

② 행정에 대한 정치적 통제의 강화는 행정의 안정성과 능률성을 제고할 수 있다.

③ 사회문제가 복잡해짐에 따라 직업공무원들의 행정적 재량행위에 대한 더욱 엄격한 통제가 요구된다.

④ 정부의 대응성과 능률성은 상호 보완적 관계를 가진다.

⑤ 행정의 능률성 제고를 위해서는 관료제에 대한 적절한 통제가 필요하다.

> ✔ 해설 ②⑤ 행정에 대한 정치적 통제의 강화는 행정의 민주성과 대응성을 제고할 수 있다.
> ③ 사회문제가 복잡해짐에 따라 직업공무원들의 행정적 재량을 확대할 필요가 있다.
> ④ 정부의 대응성과 능률성은 상충 관계를 가진다.

11 다음 〈보기〉에서 대표관료제 이론이 상정하는 효과를 모두 고르면 몇 개인가?

〈보기〉
㉠ 다양한 집단을 참여시킴으로써 정부관료제를 민주화하는 데 기여한다.
㉡ 공무원 신분보장을 통해 행정의 안정성과 계속성을 확보한다.
㉢ 기회균등 원칙을 보장함으로써 사회적 형평성을 제고한다.
㉣ 정당의 대중화와 정당정치 발달에 기여한다.
㉤ 국민의 다양한 요구에 대한 대응성을 제고한다.

① 1개   ② 2개
③ 3개   ④ 4개
⑤ 5개

 해설 ㉡ 직업공무원제
㉣ 염관주의

12 성과주의 예산제도에 대한 설명으로 옳은 것은?

① 운영관리를 위한 지침으로 효과적이다.
② 기획기능을 상대적으로 강조한다.
③ 회계책임을 명확하게 한다.
④ 예산비목의 증가를 통제하기 쉽다.
⑤ 입법부에 의한 예산 통제에 효과적이다.

해설 ② PPBS의 특징이다.
③ 품목별 예산의 특징이다.
④ 성과주의 예산은 예산의 증가를 통제하기 어렵다.
⑤ 입법부에 의한 예산 통제가 곤란하다.

13 규제영향분석에 관한 다음의 설명 중 적합하지 않은 것은?

① 규제영향분석은 규제의 경제·사회적 영향을 과학적으로 분석하여 그 타당성을 평가한다.

② 규제영향분석은 정치적 이해관계의 조정과 수렴의 기회를 제공한다.

③ 불필요한 정부규제를 완화하고자 할 때 현존하는 규제의 사회적 편익과 비용을 점검하고 측정하는 체계적인 의사결정도구이다.

④ 1970년대 이후 세계의 여러 국가에서 도입하여 왔으며, OECD에서도 회원국들에게 규제영향분석의 채택을 권고하고 있다.

⑤ 규제 외의 대체수단 존재여부, 비용-편익분석, 경쟁 제한적 요소의 포함 여부 등을 고려하여야 한다.

> ✔ 해설 ③ 규제영향분석은 규제를 신설 또는 강화하고자 할 때 사용하는 도구이다.

14 다음 중 계급제의 특징이 아닌 것은?

① 폐쇄적 충원체제

② 조직몰입의 제고

③ 비탄력적인 인사 운영

④ 환경변화에의 경직성

⑤ 강력한 신분보장과 직업공무원제

> ✔ 해설 계급제의 특징
> • 일반행정가 육성
> • 탄력적인 인사 운영
> • 폐쇄적 충원체제
> • 조직몰입의 제고
> • 강력한 신분보장과 직업공무원제
> • 환경변화에의 경직성

15 다음 〈보기〉에서 정책결정모형에 대한 설명으로 옳은 것만을 모두 고르면 몇 개인가?

〈보기〉

㉠ 점증모형은 기존 정책을 토대로 하여 그보다 약간 개선된 정책을 추구하는 방식으로 결정하는 것이다.
㉡ 만족모형은 모든 대안을 탐색한 후 만족할 만한 결과를 도출하는 것이다.
㉢ 사이버네틱스모형은 설정된 목표달성을 위해 정보제어와 환류과정을 통해 자신의 행동을 스스로 조정해 나간다고 가정하는 것이다.
㉣ 엘리슨모형은 정책문제, 해결책, 선택기회, 참여자의 네 요소가 독자적으로 흘러 다니다가 어떤 계기로 교차하여 만나게 될 때 의사결정이 이루어진다고 보는 것이다.

① 1개   ② 2개
③ 3개   ④ 4개
⑤ 없다

✔해설 ㉡ 전체 대안을 탐색하는 것을 합리모형이라고 한다. 만족모형의 경우 무작위적이면서 순서적으로 만족할 만한 대안이 나타날 때까지 탐색하는 것을 말한다.
㉣ 정책문제, 해결책, 선택의 기회, 참여자 등의 4가지 요소가 서로 독자적으로 흘러 다니다가 어떠한 계기로 인해 서로 교차해서 만나게 될 때 의사결정이 이루어진다고 보는 개념은 쓰레기통 모형이다.

16 합리모형에서 설명하는 합리성의 가정과 가장 거리가 먼 것은?

① 문제 상황에 대한 명확성
② 각 대안간의 우선순위의 명확성
③ 목표달성에 대한 만족 기준의 명확성
④ 각 대안의 비용과 편익의 명확성
⑤ 달성하고자 하는 목표의 명확성

✔해설 ③ 만족모형에 대한 설명이다.

17 정부는 지속가능한 사회를 구축하기 위해 사회자본(social capital)을 형성해야 하는 중요한 역할을 담당한다. 이와 같이 정부가 사회자본을 형성하기 위한 전략으로 적절하지 않은 것은?

① 시민참여가 보다 수평적으로 이루어져야 한다.

② 정부에 대한 시민의 신뢰를 회복시키려는 노력을 해야 한다.

③ 법적 제도의 공정성과 효율성을 확립시켜야 한다.

④ 자발적 조직들 간의 연계망을 확대하기 위한 지원을 강화해야 한다.

⑤ 집단행동의 딜레마를 해결하려면 수직적 네트워크를 강화해야 한다.

✔ 해설 ⑤ 집단행동의 딜레마를 해결하려면 수평적 네트워크를 강화해야 한다.

18 공공서비스에 대한 설명으로 옳지 않은 것만을 모두 고른 것은?

> ㉠ 무임승차자 문제가 발생하는 근본 원인으로는 비배제성을 들 수 있다.
> ㉡ 정부가 공공서비스의 생산부문까지 반드시 책임져야 할 필요성은 약해지고 있다.
> ㉢ 전형적인 지방공공서비스에는 상하수도, 교통관리, 건강보험 등이 있다.
> ㉣ 공공서비스 공급을 정부가 담당해야 하는 이유로는 공공재의 존재 및 정보의 비대칭성 등이 있다.
> ㉤ 전기와 고속도로는 공유재의 성격을 가지는 공공서비스이다.

① ㉠, ㉢

② ㉠, ㉤

③ ㉡, ㉣

④ ㉢, ㉤

⑤ ㉣, ㉤

✔ 해설 ㉢ 건강보험의 경우 전국적인 형평성 및 통일성이 요구되는 관계로 국가 또는 국가 소속의 공기업이 담당하는 것이 바람직하다고 할 수 있다.

㉤ 고속도로 및 전기 등은 규모의 경제가 발생하게 되는 일종의 요금재라 할 수 있다. 공유재의 경우에는 경합성은 존재하지만 배제는 불능한 재화로써 희귀 동식물 및 천연자원, 어장, 연안, 하천, 국립공원 등의 산림자원, 정부 예산 등의 제한된 공유자원들이 이에 해당한다.

19 다음 중 엽관주의의 발전요인으로 보기 가장 어려운 것은?

① 정당정치의 발달

② 민주정치의 발전

③ 시민들의 관직에 대한 관심

④ 정치적 보상

⑤ 행정의 단순성

> ✔ 해설 엽관주의의 발전요인
> • 민주정치의 발전
> • 정당정치의 발달
> • 행정의 단순성
> • 정치적 보상
> • 시민들의 관직에 대한 무관심

20 신공공관리 이론과 뉴거버넌스 이론과의 비교로 적절하지 않은 것은?

① 두 이론 모두 투입보다는 산출에 대한 통제를 강조한다.

② 신공공관리는 공공부문과 민간부문을 명확하게 구분하는데 비해서 뉴거버넌스는 명확하게 구분하지 않는다.

③ 신공공관리는 조직내부 문제, 뉴거버넌스는 조직간 문제를 다룬다.

④ 신공공관리는 부문간 경쟁을, 뉴거버넌스는 부문간 협력을 강조한다.

⑤ 두 이론 모두 정부실패를 이념적 토대로 설정하여 그 대응책을 마련하고자 한다.

> ✔ 해설 ② 신공공관리 이론과 뉴거버넌스 이론은 모두 공공부문과 민간부문을 명확하게 구분하지 않는다.

21 직무분석에 대한 설명으로 옳지 않은 사항은?

① 직무에 관한 정보를 체계적으로 수집 · 처리하는 활동이다.

② 직무분석은 논리적 사고과정이며 공식적 절차는 아니다.

③ 유사한 직위를 모아 직류를 만들고, 직류를 모아 직렬을, 직렬을 모아 다시 직군을 만드는 수직적 분류 구조를 형성하는 것이다

④ 우리나라 직무분석규정에서는 직무분석을 '해당 직위의 성과책임 규명, 직무평가 및 직무수행요건 규명 등 각종 직무정보를 체계적으로 수집 · 분석하는 제반활동'으로 정의한다.

⑤ 직무자체의 상대적 평가이고 인간의 등급화 작업은 아니므로 수평적 분류구조에 해당한다.

✔ 해설 ⑤번은 직무평가에 관한 내용이다.

22 지식정보사회의 도래는 사회의 모든 곳에 지대한 영향을 미치고 있다. 다음 중 지식정보사회가 행정조직에 미칠 영향에 대한 설명으로 적절하지 않은 것은?

① 정보화의 진전에 따라 오히려 정부관료제의 계층제적 구조가 강화될 수도 있다는 우려도 있다.

② 환경에 신속하게 적응하기 위해 조직구조를 보다 경직화할 필요가 있다.

③ 조직의 신축성이 더욱 요구되고 있다.

④ 수평적인 형태로 연결된 네트워크 구조가 증가할 것이다.

⑤ 조직의 신축성을 보장하는 조직이론의 탄생을 강요하고 있다.

✔ 해설 ② 환경에 신속하게 적응하기 위해 조직구조를 보다 유연화 할 필요가 있다.

23 예산에 대한 종류 중 예산의 성립시기에 따른 구분에 해당하는 것은?

① 일반회계   ② 잠정예산

③ 특별회계   ④ 수정예산

⑤ 준예산

✔ 해설 예산의 성립시기에 따른 구분에는 본예산, 수정예산, 추경예산 등이 있다.

24 다음 중 직위분류제의 특징으로 가장 옳지 않은 것은?

① 보상의 공정성 제고　　　　　　② 직무몰입의 일성화

③ 폐쇄적 충원체제　　　　　　　　④ 배치전환의 제한

⑤ 미약한 신분보장

 해설 직위분류제의 특징
- 배치전환의 제한(경직성)
- 개방적 충원체제
- 직무몰입의 일성화
- 미약한 신분보장
- 보상의 공정성 제고
- 합리적 · 체계적 관리

25 다음 〈보기〉에서 정책집행과 그 연구방법에 대한 설명으로 옳은 것만을 모두 고르면 몇 개인가?

〈보기〉
㉠ 정책을 성공적으로 설계하기 위해서는 적절한 인과모형이 필요하다.
㉡ 프레스만(J. Pressman)과 윌다브스키(A. Wildavsky)는 정책집행연구의 초기 학자들로서 집행을 정책결정과 분리하지 않고 연속적인 과정으로 정의한다.
㉢ 정책 대상 집단 중 수혜집단의 조직화가 강할수록 정책집행이 용이하다.
㉣ 립스키(M. Lipsky)는 상향적 접근 방법을 주장한 학자로서 분명한 정책목표의 가능성을 부인하고 집행문제 해결에 초점을 맞춘다.

① 1개　　　　　　　　　　　　② 2개

③ 3개　　　　　　　　　　　　④ 4개

⑤ 없다

해설　㉠ 정책을 성공적으로 설계하기 위해서는 문제를 야기한 원인과 그 원인의 제거를 위한 수단을 설명하는 적절한 인과모형이 필요하다.
㉡ 현대적 정책집행론의 1세대인 프레스만과 윌다브스키는 고전적 정책집행론이 정책결정과 집행을 이질인 것으로 본 것에 반해 정책결정과 집행은 본질적인 차이가 없으며 연속적인 과정으로 이해하였다.
㉢ 정책 대상 집단 중 수혜집단의 규모 및 조직화의 정도가 클수록 정책집행이 용이하다.
㉣ 립스키의 일선관료제론은 정책집행의 상향적 접근법을 주장하는 것으로 업무환경에서의 일선공무원의 집행문제 해결에 초점을 맞춘다.

Answer　21.⑤　22.②　23.④　24.③　25.④

26 커와 저미어(S. Kerr & J. Jermier)가 주장한 '리더십 대체물 접근법'에 대한 설명으로 옳은 것만을 모두 고른 것은?

> ㉠ 구조화되고, 일상적이며, 애매하지 않은 과업은 리더십의 대체물이다.
> ㉡ 조직이 제공하는 보상에 대한 무관심은 리더십의 대체물이다.
> ㉢ 부하의 경험, 능력, 훈련 수준이 높은 것은 리더십의 중화물이다.
> ㉣ 수행하는 과업의 결과에 대한 환류(feedback)가 빈번한 것은 리더십의 대체물이다.

① ㉠, ㉢ 　　　　　　　　　　　② ㉠, ㉣

③ ㉡, ㉢ 　　　　　　　　　　　④ ㉡, ㉣

⑤ ㉢, ㉣

> ✔해설 ㉡ 조직이 제공하는 보상에 대한 무관심은 리더십의 중화물이다.
> ㉢ 부하의 전문지식, 능력, 훈련 수준이 높은 것은 리더십의 대체물이다.
> ※ **리더십의 대체물과 중화물**
> ㉠ **대체물** : 리더의 행동이 필요 없게 하는 부하의 특성으로 과업 및 조직의 특성과 같은 상황요인을 의미한다.
> ㉡ **중화물** : 리더가 취한 행동의 효과를 약화 내지 중화시키는 상황요인을 의미한다.

27 라이트(D. S. Wright)의 정부 간 관계모형에 대한 설명으로 옳은 것은?

① 대립형은 정책을 둘러싸고 정부 간 경쟁 관계를 유지한다.

② 포함형은 정부 간 관계의 이상적 모형으로 간주된다.

③ 포함형은 정치적 타협과 협상에 의한 정부 간 상호 의존관계이다.

④ 중첩형은 지방정부가 중앙정부에 종속된 경우이다.

⑤ 분리형은 재정과 인사 등의 독립적 기능이 있다.

> ✔해설 ① 대립형은 라이트가 제시한 정부 간 관계모형이 아니다.
> ②③ 중첩형에 대한 설명이다.
> ④ 포함형에 대한 설명이다.

28 다음 〈보기〉에서 윌슨(J. Wilson)의 규제정치 이론에 대한 설명으로 옳은 것만을 모두 고르면 몇 개인가?

〈보기〉

㉠ 감지된 비용(costs)과 편익(benefits)이 모두 좁게 집중되어 있는 규제정치를 이익집단정치라 한다.

㉡ 기업가적 정치는 환경오염규제 사례처럼 오염업체에게는 비용이 좁게 집중되지만 일반 시민들에게는 편익이 넓게 분산된다.

㉢ 대중정치는 한약분쟁의 경우처럼 쌍방이 모두 조직적인 힘을 바탕으로 이익확보를 위해 첨예하게 대립하는 정치상황이다.

㉣ 환경규제 완화 상황인 경우에는 비용이 넓게 분산되고 감지된 편익이 좁게 집중되는 고객정치의 상황이 된다.

① 1개   ② 2개

③ 3개   ④ 4개

⑤ 없다

> ✔해설 ㉢ 한약분쟁은 이익집단정치의 대표적인 사례이다. 이익집단정치는 쌍방이 모두 조직적인 힘을 바탕으로 이익확보를 위해 첨예하게 대립하는 정치상황이다.

29 공무원이 일정기간 동안 승진하지 못하고 동일계급에 정체되어 있으면 자동적으로 퇴직시키는 정년 제도를 계급 정년제라 하는데 이에 대한 내용으로 가장 거리가 먼 것을 고르면?

① 공직의 유동률 제고로 인한 전통적 관료문화 타파

② 유동률 적정화로 신진대사 촉진

③ 숙련공무원의 비인위적 배제로 인한 공직 기강의 확립

④ 무능력자의 도태

⑤ 퇴직률 제고로 인한 공직참여기회의 확대

> ✔해설 숙련공무원의 인위적 배제로 인한 공직 손실이다.

30 다음과 같은 근무성적평정 방법은 무엇인가?

일자, 장소	내용
(　　)	일하면서 불쾌감을 표시하거나 화를 낸다.
(　　)	동료직원 돕기를 거부한다.
(　　)	작업방법의 개선을 제안한다.
(　　)	훈련받는 것을 거부한다.
(　　)	동료직원이 상부지시를 받아들이도록 설득한다.

① 중요사건기록법　　　　　　　　　② 행태기준 평정척도법

③ 체크리스트 평정법　　　　　　　　④ 서열법

⑤ 강제배분법

✔ 해설　중요사건기록법은 평정대상자의 직무수행과 관련된 중요사건을 관찰해 평정기간 동안 일시적으로 기록해 놓았다가 누적된 사건기록을 중심으로 평정하는 방법을 말한다. 때로는 미리 중요사건을 열거하여 놓고 그 중에서 해당하는 항목을 선정하도록 하는 방법도 활용한다.

31 공유재(common pool resource)에 관한 설명 중 옳지 않은 것은?

① 공유재는 잠재적 사용자의 배제가 불가능 또는 곤란한 자원이다.

② 공유지의 비극(tragedy of commons)은 개인의 합리성과 집단의 합리성이 충돌하는 딜레마 현상이다.

③ 공유지의 비극(tragedy of commons)은 개인의 합리성 추구로 인해 공유재가 고갈되는 현상을 일컫는다.

④ 하딘(Hardin)은 공유지의 비극을 방지하기 위하여 국가 규제의 강화를 주장하였다.

⑤ 공유재는 개인의 사용량이 증가함에 따라 나머지 사람들이 사용할 수 있는 양이 감소하는 특성을 가진 자원이다.

✔ 해설　**공유지의 비극** … 개인과 공공의 이익이 서로 맞지 않을 때 개인주의적 사리사욕에 의해 개인의 이익만을 극대화한 결과 경제 주체 모두가 파국에 이르게 된다는 이론으로, 미국의 생물학자 Garrett Hardin의 논문에 나오는 개념이다.

　　※ **공유지의 비극을 방지하기 위한 대안**(Garrett Hardin)

　　　㉠ 근본적인 공유 상태의 제거(사유화)

　　　㉡ 정부의 적절한 개입과 규제

　　　㉢ 스스로의 양심에 따른 공유지의 운영

32 조직문화의 접근방법에 대한 설명으로 옳지 않은 것은?

① 특성론적 접근방법은 조직효과성을 향상시킬 수 있는 특정한 문화 특성이 존재한다고 여긴다.

② 문화강도적 접근방법은 조직효과성을 향상시키기 위해서는 강한 문화가 필요하다는 견해이다.

③ 특성론적 접근방법은 긍정적인 문화를 가진 조직이 그렇지 못한 조직보다 효과성이 높다고 간주한다.

④ 상황론적 접근방법은 구성원들이 가치를 강하게 공유하고 있는 조직의 효과성이 높다고 전제한다.

⑤ 문화유형론적 접근방법은 문화 유형의 특성에 따라 조직효과성이 각각 달라진다고 여긴다.

> ✔해설 ④ 조직 구성원들이 가치를 강하게 공유하고 있는 조직의 효과성이 높다고 전제하는 것은 문화강도적 접근 방법이다.
> ※ 조직문화와 조직효과성의 관계에 대한 접근 방법
> ㉠ **특성론적 접근 방법**: 조직효과성을 향상시킬 수 있는 특정한 문화 특성이 존재한다는 것으로, 긍정적인 문화 특성을 가지고 있는 조직이 그렇지 못한 조직에 비하여 효과성이 높다는 것이다.
> ㉡ **문화강도적 접근 방법**: 조직효과성을 향상시키기 위해서는 강한 문화가 필요하다는 견해이다. 즉, 조직 구성원들이 가치를 강하게 공유하고 있는 조직의 효과성이 높다는 것이다.
> ㉢ **상황론적 접근 방법**: 조직문화 특성과 상황요인들 간의 적합성에 따라 조직효과성이 달라질 수 있다는 입장으로, 조직 내·외의 다양한 모순된 요소들을 동시에 추구하지 못하고, 마치 무질서보다 질서가 더 가치 있다는 생각을 갖게 한다는 점에서 문제가 되고 있다.
> ㉣ **문화유형론적 접근 방법**: 각각의 문화 유형의 특성에 따라 조직효과성이 달라진다는 것으로, 문화 유형에 따라 다른 접근 방법들의 내용을 용이하게 접목할 수 있도록 해주기 때문에 매우 포괄적인 분석 방법이며, 아주 유용한 연구 방법으로 평가받고 있다. 특히 문화유형론적 접근의 대표적인 방식인 경쟁가치모형은 그 타당성과 신뢰성이 이미 많은 연구자들에 의하여 검증되어 유용하게 활용되고 있다.

33 사회자본의 특징에 대한 설명으로 옳지 않은 것은?

① 사회자본은 행위자들 간의 관계 속에 존재하는 자본이다.

② 사회자본의 사회적 교환관계는 동등한 가치의 등가교환이다.

③ 사회자본은 지속적인 교환과정을 거쳐서 유지되고 재생산 된다.

④ 사회자본은 거시적 차원에서 공공재의 속성을 가지고 있다.

⑤ 사회자본의 교환은 시간적으로 동시성을 전제로 하지 않는다.

> ✔해설 ② 물적자원에 대한 설명이다. 사회자원은 등가물의 교환이 아니며, 사회자본은 사용할수록 총량이 늘어나는 선순환과 사용하지 않을수록 줄어드는 악순환의 양면성을 지닌다.

Answer 30.① 31.④ 32.④ 33.②

34 현대조직이론의 하나인 거래비용이론에 대한 설명으로 옳은 것은?

① 거래비용의 최소화를 위해서는 거래를 외부화(outsourcing)하는 것이 효율적이다.
② 생산보다는 비용에 관심을 가지며 조직을 거래비용 감소를 위한 장치로 파악한다.
③ 조직통합이나 내부 조직화는 조정비용이 거래비용보다 클 때 효과적이다.
④ 거래비용에는 거래 상대방의 기회주의적 행동에 대한 탐색 비용은 포함되지 않는다.
⑤ 거래비용이론은 민간조직보다는 공공조직에서 적용가능성이 높다.

> ✔ 해설　① 거래비용의 최소화를 위해서는 시장의 거래를 조직 내부로 끌어오는 거래의 내부화가 효율적이다.
> 　　　③ 조직통합이나 내부 조직화는 조정비용이 거래비용보다 작을 때 효과적이다. 즉 거래비용을 발생시키는 외부요
> 　　　　소들을 조직 내로 통합하여 거래비용을 감소시키는 것이 중요하다.
> 　　　④ 거래비용에는 탐색비용, 정보이용 비용 등이 포함된다.
> 　　　⑤ 거래비용이론은 효율성만을 고려하므로 공공성이나 형평성을 고려해야 하는 공공부문에서는 적합하지
> 　　　　않다.

35 조직구조의 유형 중에서 기능별 구조(functional structure)와 비교하여 사업별 구조(divisional structure)가 가지는
장점으로 보기 어려운 것은?

① 사업부서 내의 기능 간 조정이 용이하고 변화하는 환경에 신속하게 대응할 수 있다.
② 성과책임의 소재가 분명해 성과관리 체제에 유리하다.
③ 특정 산출물별로 운영되기 때문에 고객만족도를 제고할 수 있다.
④ 중복과 낭비를 예방하고 기능 내에서 규모의 경제를 구현할 수 있다.
⑤ 최고결정자는 전략적 업무에 집중할 수 있다.

> ✔ 해설　④ 기능별 구조의 장점에 해당한다.
> 　　※ **사업별 구조의 장점**
> 　　　㉠ 부서 내에서는 기능 간 조정이 유리하므로 환경변화에 신축적으로 대응할 수 있다.
> 　　　㉡ 산출물별로 운영되기 때문에 다양한 고객만족도를 제고할 수 있다.
> 　　　㉢ 사업부별 성과에 따라 자원이 배분되고 성과에 대한 책임소재가 분명하며 상호 간 경쟁을 유도할
> 　　　　수 있기 때문에 성과관리에 유리하다.
> 　　　㉣ 조직구성원으로 하여금 기능구조보다 더 포괄적인 목표관과 동기를 갖게 해 준다.
> 　　　㉤ 사업부별 분권화가 용이하기 때문에 최고결정자는 전략적 업무에 집중할 수 있다.

36 다음 〈보기〉 중 딜레마 이론에서 논의되는 딜레마 상황이 갖는 논리적 구성요건을 모두 고르면 몇 개인가?

〈보기〉

㉠ 분절성(discreteness) ㉡ 안정성(stability)
㉢ 상충성(trade-off) ㉣ 적시성(timeliness)
㉤ 균등성(equality) ㉥ 선택불가피성(unavoidability)

① 2개 ② 3개
③ 4개 ④ 5개
⑤ 6개

> **✔해설** ㉠ **분절성**(discreteness) : 두 대안이 충돌, 상충되는 등 분명하게 단절적이어서 상호절충이 불가능하다.
> ㉢ **상충성**(trade-off) : 두 대안이 지니는 가치는 서로 충돌되므로 하나를 선택하면 다른 하나를 포기할 수밖에 없다.
> ㉤ **균등성**(equality) : 두 대안이 가져올 가치는 균등하므로 어떤 대안도 쉽게 결정하지 못한다.
> ㉥ **선택불가피성**(unavoidability) : 두 대안 중 반드시 하나의 대안을 선택해야 한다.

37 갈등관리에 대한 설명으로 옳지 않은 것은?

① 조직의 분업구조 관련 갈등예방을 위해서는 직급교육과 인사교류가 효과적이다.
② 자원의 희소성 관련 갈등예방을 위해서는 자원배분의 기준을 명확히 하는 것이 필요하다.
③ 조직침체 극복을 위한 갈등조장을 위해서는 불확실성을 높이는 전략이 유효하다.
④ 개인의 특성 관련 갈등예방을 위해서는 다른 사람과의 공감대 형성 능력 개발을 위한 교육이 바람직하다.
⑤ 업무의 상호의존성에 따른 갈등예방을 위해서는 부서 간 접촉의 필요성을 늘려주는 전략이 유효하다.

> **✔해설** ⑤ 업무의 상호의존성에 따른 갈등예방을 위해서는 업무 의존성을 근본적으로 완화시켜 부서 간 접촉의 필요성을 줄이는 전략이 유효하다.

Answer 34.② 35.④ 36.③ 37.⑤

38 계급제에 관한 설명으로 옳지 않은 것은?

① 개별 공무원의 자격과 능력을 기준으로 계급을 설정하고 이에 따라 공직을 분류하는 제도이다.

② 계급 간 승진이 어려워 한정된 계급범위에서만 승진이 가능하다.

③ 공무원 간의 협력이 원활하게 이루어지기 어렵다.

④ 해당 직무에 적임자의 임용이 보장되지 않는다.

⑤ 공무원의 신분보장과 경력발전이 강조된다.

> ✔ **해설** ③ 계급제는 순환근무를 통해 신축적인 인사정책이 가능하며, 다른 부서의 공무원과의 협조가 원활하게 이루어질 수 있다.

39 다음 중 전통적 예산원칙에 해당하지 않는 것은?

① 예산은 국민에게 공개되고 누구나 알 수 있어야 한다.

② 예산집행 전 입법부의 의결을 거쳐야 한다.

③ 예산은 회계연도 내에 집행되어야 한다.

④ 사업 계획과 예산편성이 연계되어야 한다.

⑤ 예산은 주어진 목적 범위 내에서 집행되어야 한다.

> ✔ **해설** 전통적 · 현대적 예산원칙
> ㉠ **전통적 예산원칙**
> • 모든 예산은 공개되어야 한다(공개성).
> • 예산구조나 과목은 국민들이 이해하기 쉽게 단순해야 한다(명확성).
> • 예산은 미리 결정되어 회계연도가 시작되면 바로 집행될 수 있도록 해야 한다(사전의결의 원칙).
> • 정부는 국민들에게 필요이상의 돈을 거두어서는 안 되며 계획대로 정확히 지출하여야 한다(정확성).
> • 예산은 주어진 목적, 규모, 시간에 따라 집행되어야 한다(한계성).
> • 특정 수입과 특정 지출이 연계되어서는 안 된다(통일성).
> • 예산은 가능한 단일의 회계 내에서 정리되어야 한다(단일성).
> • 모든 세입과 세출은 예산에 명시적으로 나열되어 있어야 한다(완전성).
> ㉡ **현대적 예산원칙**
> • 사업예산과 예산편성은 유기적으로 이루어져야 하며 계획된 예산은 경제적으로 집행해야 할 책임이 강조된다.
> • 예산의 편성 · 심의 · 집행은 공식적인 형식을 가진 재정보고 및 업무보고에 기초를 두어야 한다.
> • 정부는 예산을 효율적으로 운영하기 위해 중앙예산기관, 적절한 예산제도 등을 구비해야 한다.
> • 다원적 절차, 재량 원칙, 시기 신축성 원칙
> • 예산과정에서 관련 부서들 간의 상호학습과 결과지향적인 구체적 성과에 대한 책임이 강조된다.

40 직무평가 방법 중 직위의 직무구성요소를 구분하여 정의하고 각 요소별로 과학적이고 체계적인 직무평가 기준표에 의하여 평가한 점수를 총합하는 방식은?

① 분류법   ② 요소비교법
③ 무작위법   ④ 서열법
⑤ 점수법

    ✔**해설** 점수법은 일반적으로 가장 많이 활용되고 있으며 신뢰도 및 타당도가 높다.

PART

05

면접

면접의 기본

1 면접준비

(1) 면접의 기본 원칙

① **면접의 의미** … 다양한 면접기법을 활용하여 지원한 직무에 필요한 능력을 지원자가 보유하고 있는지를 확인하는 절차라고 할 수 있다. 즉, 지원자의 입장에서는 채용 직무수행에 필요한 요건들과 관련하여 자신의 환경, 경험, 관심사, 성취 등에 대해 기업에 직접 어필할 수 있는 기회를 제공받는 것이며, 기업의 입장에서는 서류전형만으로 알 수 없는 지원자에 대한 정보를 직접적으로 수집하고 평가하는 것이다.

② **면접의 특징** … 면접은 기업의 입장에서 서류전형이나 필기전형에서 드러나지 않는 지원자의 능력이나 성향을 볼 수 있는 기회로, 면대면으로 이루어지며 즉흥적인 질문들이 포함될 수 있기 때문에 지원자가 완벽하게 준비하기 어려운 부분이 있다. 하지만 지원자 입장에서도 서류전형이나 필기전형에서 모두 보여주지 못한 자신의 능력 등을 기업의 인사담당자에게 어필할 수 있는 추가적인 기회가 될 수도 있다.

[서류·필기전형과 차별화되는 면접의 특징]

- 직무수행과 관련된 다양한 지원자 행동에 대한 관찰이 가능하다.
- 면접관이 알고자 하는 정보를 심층적으로 파악할 수 있다.
- 서류상의 미비한 사항과 의심스러운 부분을 확인할 수 있다.
- 커뮤니케이션 능력, 대인관계 능력 등 행동·언어적 정보도 얻을 수 있다.

③ 면접의 유형

　ⓐ **구조화 면접** : 사전에 계획을 세워 질문의 내용과 방법, 지원자의 답변 유형에 따른 추가 질문과 그에 대한 평가 역량이 정해져 있는 면접 방식으로 표준화 면접이라고도 한다.

- 표준화된 질문이나 평가요소가 면접 전 확정되며, 지원자는 편성된 조나 면접관에 영향을 받지 않고 동일한 질문과 시간을 부여받을 수 있다.
- 조직 또는 직무별로 주요하게 도출된 역량을 기반으로 평가요소가 구성되어, 조직 또는 직무에서 필요한 역량을 가진 지원자를 선발할 수 있다.
- 표준화된 형식을 사용하는 특성 때문에 비구조화 면접에 비해 신뢰성과 타당성, 객관성이 높다.

　ⓑ **비구조화 면접** : 면접 계획을 세울 때 면접 목적만을 명시하고 내용이나 방법은 면접관에게 전적으로 일임하는 방식으로 비표준화 면접이라고도 한다.

- 표준화된 질문이나 평가요소 없이 면접이 진행되며, 편성된 조나 면접관에 따라 지원자에게 주어지는 질문이나 시간이 다르다.
- 면접관의 주관적인 판단에 따라 평가가 이루어져 평가 오류가 빈번히 일어난다.
- 상황 대처나 언변이 뛰어난 지원자에게 유리한 면접이 될 수 있다.

④ **경쟁력 있는 면접 요령**

　ⓐ **면접 전에 준비하고 유념할 사항**

- 예상 질문과 답변을 미리 작성한다.
- 작성한 내용을 문장으로 외우지 않고 키워드로 기억한다.
- 지원한 회사의 최근 기사를 검색하여 기억한다.
- 지원한 회사가 속한 산업군의 최근 기사를 검색하여 기억한다.
- 면접 전 1주일간 이슈가 되는 뉴스를 기억하고 자신의 생각을 반영하여 정리한다.
- 찬반토론에 대비한 주제를 목록으로 정리하여 자신의 논리를 내세운 예상답변을 작성한다.

　ⓑ **면접장에서 유념할 사항**

- 질문의 의도 파악 : 답변을 할 때에는 질문 의도를 파악하고 그에 충실한 답변이 될 수 있도록 질문 사항을 유념해야 한다. 많은 지원자가 하는 실수 중 하나로 답변을 하는 도중 자기 말에 심취되어 질문의 의도와 다른 답변을 하거나 자신이 알고 있는 지식만을 나열하는 경우가 있는데, 이럴 경우 의사소통능력이 부족한 사람으로 인식될 수 있으므로 주의하도록 한다.

- 답변은 두괄식 : 답변을 할 때에는 두괄식으로 결론을 먼저 말하고 그 이유를 설명하는 것이 좋다. 미괄식으로 답변을 할 경우 용두사미의 답변이 될 가능성이 높으며, 결론을 이끌어 내는 과정에서 논리성이 결여될 우려가 있다. 또한 면접관이 결론을 듣기 전에 말을 끊고 다른 질문을 추가하는 예상치 못한 상황이 발생될 수 있으므로 답변은 자신이 전달하고자 하는 바를 먼저 밝히고 그에 대한 설명을 하는 것이 좋다.
- 지원한 회사의 기업정신과 인재상을 기억 : 답변을 할 때에는 회사가 원하는 인재라는 인상을 심어주기 위해 지원한 회사의 기업정신과 인재상 등을 염두에 두고 답변을 하는 것이 좋다. 모든 회사에 해당되는 두루뭉술한 답변보다는 지원한 회사에 맞는 맞춤형 답변을 하는 것이 좋다.
- 나보다는 회사와 사회적 관점에서 답변 : 답변을 할 때에는 자기중심적인 관점을 피하고 좀 더 넓은 시각으로 회사와 국가, 사회적 입장까지 고려하는 인재임을 어필하는 것이 좋다. 자기중심적 시각을 바탕으로 자신의 출세만을 위해 회사에 입사하려는 인상을 심어줄 경우 면접에서 불이익을 받을 가능성이 높다.
- 난처한 질문은 정직한 답변 : 난처한 질문에 답변을 해야 할 때에는 피하기보다는 정면 돌파로 정직하고 솔직하게 답변하는 것이 좋다. 난처한 부분을 감추고 드러내지 않으려 회피하는 지원자의 모습은 인사담당자에게 입사 후에도 비슷한 상황에 처했을 때 회피할 수도 있다는 우려를 심어줄 수 있다. 따라서 직장생활에 있어 중요한 덕목 중 하나인 정직을 바탕으로 솔직하게 답변을 하도록 한다.

(2) 면접의 종류 및 준비 전략

① 인성면접

㉠ 면접 방식 및 판단기준

- 면접 방식 : 인성면접은 면접관이 가지고 있는 개인적 면접 노하우나 관심사에 의해 질문을 실시한다. 주로 입사지원서나 자기소개서의 내용을 토대로 지원동기, 과거의 경험, 미래 포부 등을 이야기하도록 하는 방식이다.
- 판단기준 : 면접관의 개인적 가치관과 경험, 해당 역량의 수준, 경험의 구체성·진실성 등

㉡ 특징 : 인성면접은 그 방식으로 인해 역량과 무관한 질문들이 많고 지원자에게 주어지는 면접질문, 시간 등이 다를 수 있다. 또한 입사지원서나 자기소개서의 내용을 토대로 하기 때문에 지원자별 질문이 달라질 수 있다.

ⓒ 예시 문항 및 준비전략

• 예시 문항

  • 3분 동안 자기소개를 해 보십시오.
  • 자신의 장점과 단점을 말해 보십시오.
  • 학점이 좋지 않은데 그 이유가 무엇입니까?
  • 최근에 인상 깊게 읽은 책은 무엇입니까?
  • 회사를 선택할 때 중요시하는 것은 무엇입니까?
  • 일과 개인생활 중 어느 쪽을 중시합니까?
  • 10년 후 자신은 어떤 모습일 것이라고 생각합니까?
  • 휴학 기간 동안에는 무엇을 했습니까?

• 준비전략 : 인성면접은 입사지원서나 자기소개서의 내용을 바탕으로 하는 경우가 많으므로 자신이 작성
한 입사지원서와 자기소개서의 내용을 충분히 숙지하도록 한다. 또한 최근 사회적으로 이슈가 되고 있
는 뉴스에 대한 견해를 묻거나 시사상식 등에 대한 질문을 받을 수 있으므로 이에 대한 대비도 필요하
다. 자칫 부담스러워 보이지 않는 질문으로 가볍게 대답하지 않도록 주의하고 모든 질문에 입사 의지
를 담아 성실하게 답변하는 것이 중요하다.

② 발표면접

ⓐ 면접 방식 및 판단기준
• 면접 방식 : 지원자가 특정 주제와 관련된 자료를 검토하고 그에 대한 자신의 생각을 면접관 앞에서
주어진 시간 동안 발표하고 추가 질의를 받는 방식으로 진행된다.
• 판단기준 : 지원자의 사고력, 논리력, 문제해결력 등

ⓑ 특징 : 발표면접은 지원자에게 과제를 부여한 후, 과제를 수행하는 과정과 결과를 관찰·평가한다. 따
라서 과제수행 결과뿐 아니라 수행과정에서의 행동을 모두 평가할 수 있다.

ⓒ 예시 문항 및 준비전략

• 예시 문항

[신입사원 조기 이직 문제]

※ 지원자는 아래에 제시된 자료를 검토한 뒤, 신입사원 조기 이직의 원인을 크게 3가지로 정리하고 이에 대한 구체적인 개선안을 도출하여 발표해 주시기 바랍니다.

※ 본 과제에 정해진 정답은 없으나 논리적 근거를 들어 개선안을 작성해 주십시오.

• A기업은 동종업계 유사기업들과 비교해 볼 때, 비교적 높은 재무안정성을 유지하고 있으며 업무강도가 그리 높지 않은 것으로 외부에 알려져 있음.

• 최근 조사결과, 동종업계 유사기업들과 연봉을 비교해 보았을 때 연봉 수준도 그리 나쁘지 않은 편이라는 것이 확인되었음.

• 그러나 지난 3년간 1~2년차 직원들의 이직률이 계속해서 증가하고 있는 추세이며, 경영진 회의에서 최우선 해결과제 중 하나로 거론되었음.

• 이에 따라 인사팀에서 현재 1~2년차 사원들을 대상으로 개선되어야 하는 A기업의 조직문화에 대한 설문조사를 실시한 결과, '상명하복식의 의사소통'이 36.7%로 1위를 차지했음.

• 이러한 설문조사와 함께, 신입사원 조기 이직에 대한 원인을 분석한 결과 파랑새 증후군, 셀프홀릭 증후군, 피터팬 증후군 등 3가지로 분류할 수 있었음.

〈동종업계 유사기업들과의 연봉 비교〉

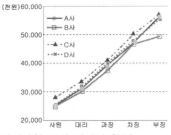

〈우리 회사 조직문화 중 개선되었으면 하는 것〉

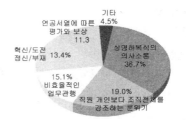

〈신입사원 조기 이직의 원인〉

• 파랑새 증후군
 –현재의 직장보다 더 좋은 직장이 있을 것이라는 막연한 기대감으로 끊임없이 새로운 직장을 탐색함.
 –학력 수준과 맞지 않는 '하향지원', 전공과 적성을 고려하지 않고 일단 취업하고 보자는 '묻지마 지원'이 파랑새 증후군을 초래함.

• 셀프홀릭 증후군
 –본인의 역량에 비해 가치가 낮은 일을 주로 하면서 갈등을 느낌.

• 피터팬 증후군
 –기성세대의 문화를 무조건 수용하기보다는 자유로움과 변화를 추구함.
 –상명하복, 엄격한 규율 등 기성세대가 당연시하는 관행에 거부감을 가지며 직장에 답답함을 느낌.

- 준비전략 : 발표면접의 시작은 과제 안내문과 과제 상황, 과제 자료 등을 정확하게 이해하는 것에서 출발한다. 과제 안내문을 침착하게 읽고 제시된 주제 및 문제와 관련된 상황의 맥락을 파악한 후 과제를 검토한다. 제시된 기사나 그래프 등을 충분히 활용하여 주어진 문제를 해결할 수 있는 해결책이나 대안을 제시하며, 발표를 할 때에는 명확하고 자신 있는 태도로 전달할 수 있도록 한다.

③ 토론면접

　㉠ 면접 방식 및 판단기준
- 면접 방식 : 상호갈등적 요소를 가진 과제 또는 공통의 과제를 해결하는 내용의 토론 과제를 제시하고, 그 과정에서 개인 간의 상호작용 행동을 관찰하는 방식으로 면접이 진행된다.
- 판단기준 : 팀워크, 적극성, 갈등 조정, 의사소통능력, 문제해결능력 등

　㉡ 특징 : 토론을 통해 도출해 낸 최종안의 타당성도 중요하지만, 결론을 도출해 내는 과정에서의 의사소통능력이나 갈등상황에서 의견을 조정하는 능력 등이 중요하게 평가되는 특징이 있다.

　㉢ 예시 문항 및 준비전략
- 예시 문항

> - 군 가산점제 부활에 대한 찬반토론
> - 담뱃값 인상에 대한 찬반토론
> - 비정규직 철폐에 대한 찬반토론
> - 대학의 영어 강의 확대 찬반토론
> - 워크숍 장소 선정을 위한 토론

- 준비전략 : 토론면접은 무엇보다 팀워크와 적극성이 강조된다. 따라서 토론과정에 적극적으로 참여하며 자신의 의사를 분명하게 전달하며, 갈등상황에서 자신의 의견만 내세울 것이 아니라 다른 지원자의 의견을 경청하고 배려하는 모습도 중요하다. 갈등상황을 일목요연하게 정리하여 조정하는 등의 의사소통능력을 발휘하는 것도 좋은 전략이 될 수 있다.

④ 상황면접

　㉠ 면접 방식 및 판단기준
- 면접 방식 : 상황면접은 직무 수행 시 접할 수 있는 상황들을 제시하고, 그러한 상황에서 어떻게 행동할 것인지를 이야기하는 방식으로 진행된다.
- 판단기준 : 해당 상황에 적절한 역량의 구현과 구체적 행동지표

　㉡ 특징 : 실제 직무 수행 시 접할 수 있는 상황들을 제시하므로 입사 이후 지원자의 업무수행능력을 평가하는 데 적절한 면접 방식이다. 또한 지원자의 가치관, 태도, 사고방식 등의 요소를 통합적으로 평가하는 데 용이하다.

ⓒ 예시 문항 및 준비전략

• 예시 문항

> 당신은 생산관리팀의 팀원으로, 생산팀이 기한에 맞춰 효율적으로 제품을 생산할 수 있도록 관리하는
> 역할을 맡고 있습니다. 3개월 뒤에 제품A를 정상적으로 출시하기 위해 생산팀의 생산 계획을 수립한
> 상황입니다. 그러나 원가가 곧 실적으로 이어지는 구매팀에서는 최대한 원가를 줄여 전반적 단가를
> 낮추려고 원가절감을 위한 제안을 하였으나, 연구개발팀에서는 구매팀이 제안한 방식으로 제품을 생
> 산할 경우 대부분이 구매팀의 실적으로 산정될 것이므로 제대로 확인도 해보지 않은 채 적합하지 않
> 은 방식이라고 판단하고 있습니다. 당신은 어떻게 하겠습니까?

• 준비전략 : 상황면접은 먼저 주어진 상황에서 핵심이 되는 문제가 무엇인지를 파악하는 것에서 시작한
다. 주질문과 세부질문을 통하여 질문의 의도를 파악하였다면, 그에 대한 구체적인 행동이나 생각 등
에 대해 응답할수록 높은 점수를 얻을 수 있다.

⑤ 역할면접

㉠ 면접 방식 및 판단기준

• 면접 방식 : 역할면접 또는 역할연기 면접은 기업 내 발생 가능한 상황에서 부딪히게 되는 문제와 역
할을 가상적으로 설정하여 특정 역할을 맡은 사람과 상호작용하고 문제를 해결해 나가도록 하는 방식
으로 진행된다. 역할연기 면접에서는 면접관이 직접 역할연기를 하면서 지원자를 관찰하기도 하지만,
역할연기 수행만 전문적으로 하는 사람을 투입할 수도 있다.

• 판단기준 : 대처능력, 대인관계능력, 의사소통능력 등

㉡ 특징 : 역할면접은 실제 상황과 유사한 가상 상황에서의 행동을 관찰함으로서 지원자의 성격이나 대처
행동 등을 관찰할 수 있다.

㉢ 예시 문항 및 준비전략

• 예시 문항

> [금융권 역할면접의 예]
> 당신은 ○○은행의 신입 텔러이다. 사람이 많은 월말 오전 한 할아버지(면접관 또는 역할담당자)께서 ○
> ○은행을 사칭한 보이스피싱으로 인해 500만 원을 피해 보았다며 소란을 일으키고 있다. 실제 업무상황
> 이라고 생각하고 상황에 대처해 보시오.

• 준비전략 : 역할연기 면접에서 측정하는 역량은 주로 갈등의 원인이 되는 문제를 해결 하고 제시된 해결방안을 상대방에게 설득하는 것이다. 따라서 갈등해결, 문제해결, 조정·통합, 설득력과 같은 역량이 중요시된다. 또한 갈등을 해결하기 위해서 상대방에 대한 이해도 필수적인 요소이므로 고객 지향을 염두에 두고 상황에 맞게 대처해야 한다.
역할면접에서는 변별력을 높이기 위해 면접관이 압박적인 분위기를 조성하는 경우가 많기 때문에 스트레스 상황에서 불안해하지 않고 유연하게 대처할 수 있도록 시간과 노력을 들여 충분히 연습하는 것이 좋다.

② 면접 이미지 메이킹

(1) 성공적인 이미지 메이킹 포인트

① 복장 및 스타일

㉠ 남성

• 양복 : 양복은 단색으로 하며 넥타이나 셔츠로 포인트를 주는 것이 효과적이다. 짙은 회색이나 감청색이 가장 단정하고 품위 있는 인상을 준다.
• 셔츠 : 흰색이 가장 선호되나 자신의 피부색에 맞추는 것이 좋다. 푸른색이나 베이지색은 산뜻한 느낌을 줄 수 있다. 양복과의 배색도 고려하도록 한다.
• 넥타이 : 의상에 포인트를 줄 수 있는 아이템이지만 너무 화려한 것은 피한다. 지원자의 피부색은 물론, 정장과 셔츠의 색을 고려하며, 체격에 따라 넥타이 폭을 조절하는 것이 좋다.
• 구두&양말 : 구두는 검정색이나 짙은 갈색이 어느 양복에나 무난하게 어울리며 깔끔하게 닦아 준비한다. 양말은 정장과 동일한 색상이나 검정색을 착용한다.
• 헤어스타일 : 머리스타일은 단정한 느낌을 주는 짧은 헤어스타일이 좋으며 앞머리가 있다면 이마나 눈썹을 가리지 않는 선에서 정리하는 것이 좋다.

ⓛ 여성

- 의상 : 단정한 스커트 투피스 정장이나 슬랙스 슈트가 무난하다. 블랙이나 그레이, 네이비, 브라운 등 차분해 보이는 색상을 선택하는 것이 좋다.
- 소품 : 구두, 핸드백 등은 같은 계열로 코디하는 것이 좋으며 구두는 너무 화려한 디자인이나 굽이 높은 것을 피한다. 스타킹은 의상과 구두에 맞춰 단정한 것으로 선택한다.
- 액세서리 : 액세서리는 너무 크거나 화려한 것은 좋지 않으며 과하게 많이 하는 것도 좋은 인상을 주지 못한다. 착용하지 않거나 작고 깔끔한 디자인으로 포인트를 주는 정도가 적당하다.
- 메이크업 : 화장은 자연스럽고 밝은 이미지를 표현하는 것이 좋으며 진한 색조는 인상이 강해 보일 수 있으므로 피한다.
- 헤어스타일 : 커트나 단발처럼 짧은 머리는 활동적이면서도 단정한 이미지를 줄 수 있도록 정리한다. 긴 머리의 경우 하나로 묶거나 단정한 머리망으로 정리하는 것이 좋으며, 짙은 염색이나 화려한 웨이브는 피한다.

② 인사

ⓣ 인사의 의미 : 인사는 예의범절의 기본이며 상대방의 마음을 여는 기본적인 행동이라고 할 수 있다. 인사는 처음 만나는 면접관에게 호감을 살 수 있는 가장 쉬운 방법이 될 수 있기도 하지만 제대로 예의를 지키지 않으면 지원자의 인성 전반에 대한 평가로 이어질 수 있으므로 각별히 주의해야 한다.

ⓛ 인사의 핵심 포인트

- 인사말 : 인사말을 할 때에는 밝고 친근감 있는 목소리로 하며, 자신의 이름과 수험번호 등을 간략하게 소개한다.
- 시선 : 인사는 상대방의 눈을 보며 하는 것이 중요하며 너무 빤히 쳐다본다는 느낌이 들지 않도록 주의한다.
- 표정 : 인사는 마음에서 우러나오는 존경이나 반가움을 표현하고 예의를 차리는 것이므로 살짝 미소를 지으며 하는 것이 좋다.
- 자세 : 인사를 할 때에는 가볍게 목만 숙인다거나 흐트러진 상태에서 인사를 하지 않도록 주의하며 절도 있고 확실하게 하는 것이 좋다.

③ 시선처리와 표정, 목소리

  ㉠ **시선처리와 표정** : 표정은 면접에서 지원자의 첫인상을 결정하는 중요한 요소이다. 얼굴표정은 사람의 감정을 가장 잘 표현할 수 있는 의사소통 도구로 표정 하나로 상대방에게 호감을 주거나, 비호감을 사기도 한다. 호감이 가는 인상의 특징은 부드러운 눈썹, 자연스러운 미간, 적당히 볼록한 광대, 올라간 입 꼬리 등으로 가볍게 미소를 지을 때의 표정과 일치한다. 따라서 면접 중에는 밝은 표정으로 미소를 지어 호감을 형성할 수 있도록 한다. 시선은 면접관과 고르게 맞추되 생기 있는 눈빛을 띄도록 하며, 너무 빤히 쳐다본다는 인상을 주지 않도록 한다.

  ㉡ **목소리** : 면접은 주로 면접관과 지원자의 대화로 이루어지므로 목소리가 미치는 영향이 상당하다. 답변을 할 때에는 부드러우면서도 활기차고 생동감 있는 목소리로 하는 것이 면접관에게 호감을 줄 수 있으며 적당한 제스처가 더해진다면 상승효과를 얻을 수 있다. 그러나 적절한 답변을 하였음에도 불구하고 콧소리나 날카로운 목소리, 자신감 없는 작은 목소리는 답변의 신뢰성을 떨어뜨릴 수 있으므로 주의하도록 한다.

④ 자세

  ㉠ **걷는 자세**
   • 면접장에 입실할 때에는 상체를 곧게 유지하고 발끝은 평행이 되게 하며 무릎을 스치듯 11자로 걷는다.
   • 시선은 정면을 향하고 턱은 가볍게 당기며 어깨나 엉덩이가 흔들리지 않도록 주의한다.
   • 발바닥 전체가 닿는 느낌으로 안정감 있게 걸으며 발소리가 나지 않도록 주의한다.
   • 보폭은 어깨넓이만큼이 적당하지만, 스커트를 착용했을 경우 보폭을 줄인다.
   • 걸을 때도 미소를 유지한다.

  ㉡ **서있는 자세**
   • 몸 전체를 곧게 펴고 가슴을 자연스럽게 내민 후 등과 어깨에 힘을 주지 않는다.
   • 정면을 바라본 상태에서 턱을 약간 당기고 아랫배에 힘을 주어 당기며 바르게 선다.
   • 양 무릎과 발뒤꿈치는 붙이고 발끝은 11자 또는 V형을 취한다.
   • 남성의 경우 팔을 자연스럽게 내리고 양손을 가볍게 쥐어 바지 옆선에 붙이고, 여성의 경우 공수자세를 유지한다.

ⓒ 앉은 자세

• 남성

> • 의자 깊숙이 앉고 등받이와 등 사이에 주먹 1개 정도의 간격을 두며 기대듯 앉지 않도록 주의한다.
> (남녀 공통 사항)
> • 무릎 사이에 주먹 2개 정도의 간격을 유지하고 발끝은 11자를 취한다.
> • 시선은 정면을 바라보며 턱은 가볍게 당기고 미소를 짓는다. (남녀 공통 사항)
> • 양손은 가볍게 주먹을 쥐고 무릎 위에 올려놓는다.
> • 앉고 일어날 때에는 자세가 흐트러지지 않도록 주의한다. (남녀 공통 사항)

• 여성

> • 스커트를 입었을 경우 왼손으로 뒤쪽 스커트 자락을 누르고 오른손으로 앞쪽 자락을 누르며 의자에 앉
> 는다.
> • 무릎은 붙이고 발끝을 가지런히 한다.
> • 양손을 모아 무릎 위에 모아 놓으며 스커트를 입었을 경우 스커트 위를 가볍게 누르듯이 올려놓는다.

(2) 면접 예절

① 행동 관련 예절

ⓒ **지각은 절대금물** : 시간을 지키는 것은 예절의 기본이다. 지각을 할 경우 면접에 응시할 수 없거나,
면접 기회가 주어지더라도 불이익을 받을 가능성이 높아진다. 따라서 면접장소가 결정되면 교통편과
소요시간을 확인하고 가능하다면 사전에 미리 방문해 보는 것도 좋다. 면접 당일에는 서둘러 출발하
여 면접 시간 20~30분 전에 도착하여 회사를 둘러보고 환경에 익숙해지는 것도 성공적인 면접을
위한 요령이 될 수 있다.

ⓒ **면접 대기 시간** : 지원자들은 대부분 면접장에서의 행동과 답변 등으로만 평가를 받는다고 생각하지만
그렇지 않다. 면접관이 아닌 면접진행자 역시 대부분 인사실무자이며 면접관이 면접 후 지원자에 대
한 평가에 있어 확신을 위해 면접진행자의 의견을 구한다면 면접진행자의 의견이 당락에 영향을 줄
수 있다. 따라서 면접 대기 시간에도 행동과 말을 조심해야 하며, 면접을 마치고 돌아가는 순간까지
도 긴장을 늦춰서는 안 된다. 면접 중 압박적인 질문에 답변을 잘 했지만, 면접장을 나와 흐트러진
모습을 보이거나 욕설을 한다면 면접 탈락의 요인이 될 수 있으므로 주의해야 한다.

ⓒ 입실 후 태도 : 본인의 차례가 되어 호명되면 또렷하게 대답하고 들어간다. 만약 면접장 문이 닫혀 있다면 상대에게 소리가 들릴 수 있을 정도로 노크를 두세 번 한 후 대답을 듣고 나서 들어가야 한다. 문을 여닫을 때에는 소리가 나지 않게 조용히 하며 공손한 자세로 인사한 후 성명과 수험번호를 말하고 면접관의 지시에 따라 자리에 앉는다. 이 경우 착석하라는 말이 없는데 먼저 의자에 앉으면 무례한 사람으로 보일 수 있으므로 주의한다. 의자에 앉을 때에는 끝에 앉지 말고 무릎 위에 양손을 가지런히 얹는 것이 예절이라고 할 수 있다.

ⓓ 옷매무새를 자주 고치지 마라. : 일부 지원자의 경우 옷매무새 또는 헤어스타일을 자주 고치거나 확인하기도 하는데 이러한 모습은 과도하게 긴장한 것 같아 보이거나 면접에 집중하지 못하는 것으로 보일 수 있다. 남성 지원자의 경우 넥타이를 자꾸 고쳐 맨다거나 정장 상의 끝을 너무 자주 만지작거리지 않는다. 여성 지원자는 머리를 계속 쓸어 올리지 않고, 특히 짧은 치마를 입고서 신경이 쓰여 치마를 끌어 내리는 행동은 좋지 않다.

ⓔ 다리를 떨거나 산만한 시선은 면접 탈락의 지름길 : 자신도 모르게 다리를 떨거나 손가락을 만지는 등의 행동을 하는 지원자가 있는데, 이는 면접관의 주의를 끌 뿐만 아니라 불안하고 산만한 사람이라는 느낌을 주게 된다. 따라서 가능한 한 바른 자세로 앉아 있는 것이 좋다. 또한 면접관과 시선을 맞추지 못하고 여기저기 둘러보는 듯한 산만한 시선은 지원자가 거짓말을 하고 있다고 여겨지거나 신뢰할 수 없는 사람이라고 생각될 수 있다.

② 답변 관련 예절

ⓐ 면접관이나 다른 지원자와 가치 논쟁을 하지 않는다. : 질문을 받고 답변하는 과정에서 면접관 또는 다른 지원자의 의견과 다른 의견이 있을 수 있다. 특히 평소 지원자가 관심이 많은 문제이거나 잘 알고 있는 문제인 경우 자신과 다른 의견에 대해 이의가 있을 수 있다. 하지만 주의할 것은 면접에서 면접관이나 다른 지원자와 가치 논쟁을 할 필요는 없다는 것이며 오히려 불이익을 당할 수도 있다. 정답이 정해져 있지 않은 경우에는 가치관이나 성장배경에 따라 문제를 받아들이는 태도에서 답변까지 충분히 차이가 있을 수 있으므로 굳이 면접관이나 다른 지원자의 가치관을 지적하고 고치려 드는 것은 좋지 않다.

ⓑ 답변은 항상 정직해야 한다. : 면접이라는 것이 아무리 지원자의 장점을 부각시키고 단점을 축소시키는 것이라고 해도 절대로 거짓말을 해서는 안 된다. 거짓말을 하게 되면 지원자는 불안하거나 꺼림칙한 마음이 들게 되어 면접에 집중을 하지 못하게 되고 수많은 지원자를 상대하는 면접관은 그것을 놓치지 않는다. 거짓말은 그 지원자에 대한 신뢰성을 떨어뜨리며 이로 인해 다른 스펙이 아무리 훌륭하다고 해도 채용에서 탈락하게 될 수 있음을 명심하도록 한다.

ⓒ 경력직인 경우 전 직장에 대해 험담하지 않는다. : 지원자가 전 직장에서 무슨 업무를 담당했고 어떤 성과를 올렸는지는 면접관이 관심을 둘 사항일 수 있지만, 이전 직장의 기업문화나 상사들이 어땠는지는 그다지 궁금해 하는 사항이 아니다. 전 직장에 대해 험담을 늘어놓는다든가, 동료와 상사에 대한 악담을 하게 된다면 오히려 지원자에 대한 부정적인 이미지만 심어줄 수 있다. 만약 전 직장에 대한 말을 해야 할 경우가 생긴다면 가능한 한 객관적으로 이야기하는 것이 좋다.

ⓔ 자기 자신이나 배경에 대해 자랑하지 않는다. : 자신의 성취나 부모 형제 등 집안사람들이 사회·경제적으로 어떠한 위치에 있는지에 대한 자랑은 면접관으로 하여금 지원자에 대해 오만한 사람이거나 배경에 의존하려는 나약한 사람이라는 이미지를 갖게 할 수 있다. 따라서 자기 자신이나 배경에 대해 자랑하지 않도록 하고, 자신이 한 일에 대해서 너무 자세하게 얘기하지 않도록 주의해야 한다.

❸ 면접 질문 및 답변 포인트

(1) 가족 및 대인관계에 관한 질문

① 당신의 가정은 어떤 가정입니까?

면접관들은 지원자의 가정환경과 성장과정을 통해 지원자의 성향을 알고 싶어 이와 같은 질문을 한다. 비록 가정 일과 사회의 일이 완전히 일치하는 것은 아니지만 '가화만사성'이라는 말이 있듯이 가정이 화목해야 사회에서도 화목하게 지낼 수 있기 때문이다. 그러므로 답변 시에는 가족사항을 정확하게 설명하고 집안의 분위기와 특징에 대해 이야기하는 것이 좋다.

② 친구 관계에 대해 말해 보십시오.

지원자의 인간성을 판단하는 질문으로 교우관계를 통해 답변자의 성격과 대인관계능력을 파악할 수 있다. 새로운 환경에 적응을 잘하여 새로운 친구들이 많은 것도 좋지만, 깊고 오래 지속되어온 인간관계를 말하는 것이 더욱 바람직하다.

(2) 성격 및 가치관에 관한 질문

① 당신의 PR포인트를 말해 주십시오.

PR포인트를 말할 때에는 지나치게 겸손한 태도는 좋지 않으며 적극적으로 자기를 주장하는 것이 좋다. 앞으로 입사 후 하게 될 업무와 관련된 자기의 특성을 구체적인 일화를 더하여 이야기하도록 한다.

② 당신의 장·단점을 말해 보십시오.

지원자의 구체적인 장·단점을 알고자 하기 보다는 지원자가 자기 자신에 대해 얼마나 알고 있으며 어느 정도의 객관적인 분석을 하고 있나, 그리고 개선의 노력 등을 시도하는지를 파악하고자 하는 것이다. 따라서 장점을 말할 때는 업무와 관련된 장점을 뒷받침할 수 있는 근거와 함께 제시하며, 단점을 이야기할 때에는 극복을 위한 노력을 반드시 포함해야 한다.

③ 가장 존경하는 사람은 누구입니까?

존경하는 사람을 말하기 위해서는 우선 그 인물에 대해 알아야 한다. 잘 모르는 인물에 대해 존경한다고 말하는 것은 면접관에게 바로 지적당할 수 있으므로, 추상적이라도 좋으니 평소에 존경스럽다고 생각했던 사람에 대해 그 사람의 어떤 점이 좋고 존경스러운지 대답하도록 한다. 또한 자신에게 어떤 영향을 미쳤는지도 언급하면 좋다.

(3) 학교생활에 관한 질문

① 지금까지의 학교생활 중 가장 기억에 남는 일은 무엇입니까?

가급적 직장생활에 도움이 되는 경험을 이야기하는 것이 좋다. 또한 경험만을 간단하게 말하지 말고 그 경험을 통해서 얻을 수 있었던 교훈 등을 예시와 함께 이야기하는 것이 좋으나 너무 상투적인 답변이 되지 않도록 주의해야 한다.

② 성적은 좋은 편이었습니까?

면접관은 이미 서류심사를 통해 지원자의 성적을 알고 있다. 그럼에도 불구하고 이 질문을 하는 것은 지원자가 성적에 대해서 어떻게 인식하느냐를 알고자 하는 것이다. 성적이 나빴던 이유에 대해서 변명하려 하지 말고 담백하게 받아들이고 그것에 대한 개선노력을 했음을 밝히는 것이 적절하다.

③ 학창시절에 시위나 집회 등에 참여한 경험이 있습니까?

기업에서는 노사분규를 기업의 사활이 걸린 중대한 문제로 인식하고 거시적인 차원에서 접근한다. 이러한 기업문화를 제대로 인식하지 못하여 학창시절의 시위나 집회 참여 경험을 자랑스럽게 답변할 경우 감점요인이 되거나 심지어는 탈락할 수 있다는 사실에 주의한다. 시위나 집회에 참가한 경험을 말할 때에는 타당성과 정도에 유의하여 답변해야 한다.

(4) 지원동기 및 직업의식에 관한 질문

① 왜 우리 회사를 지원했습니까?

이 질문은 어느 회사나 가장 먼저 물어보고 싶은 것으로 지원자들은 기업의 이념, 대표의 경영능력, 재무구조, 복리후생 등 외적인 부분을 설명하는 경우가 많다. 이러한 답변도 적절하지만 지원 회사의 주력 상품에 관한 소비자의 인지도, 경쟁사 제품과의 시장점유율을 비교하면서 입사동기를 설명한다면 상당히 주목 받을 수 있을 것이다.

② 만약 이번 채용에 불합격하면 어떻게 하겠습니까?

불합격할 것을 가정하고 회사에 응시하는 지원자는 거의 없을 것이다. 이는 지원자를 궁지로 몰아넣고 어떻게 대응하는지를 살펴보며 입사 의지를 알아보려고 하는 것이다. 이 질문은 너무 깊이 들어가지 말고 침착하게 답변하는 것이 좋다.

③ 당신이 생각하는 바람직한 사원상은 무엇입니까?

직장인으로서 또는 조직의 일원으로서의 자세를 묻는 질문으로 지원하는 회사에서 어떤 인재상을 요구하는가를 알아두는 것이 좋으며, 평소에 자신의 생각을 미리 정리해 두어 당황하지 않도록 한다.

④ 직무상의 적성과 보수의 많음 중 어느 것을 택하겠습니까?

이런 질문에서 회사 측에서 원하는 답변은 당연히 직무상의 적성에 비중을 둔다는 것이다. 그러나 적성만을 너무 강조하다 보면 오히려 솔직하지 못하다는 인상을 줄 수 있으므로 어느 한 쪽을 너무 강조하거나 경시하는 태도는 바람직하지 못하다.

⑤ 상사와 의견이 다를 때 어떻게 하겠습니까?

과거와 다르게 최근에는 상사의 명령에 무조건 따르겠다는 수동적인 자세는 바람직하지 않다. 회사에서는 때에 따라 자신이 판단하고 행동할 수 있는 직원을 원하기 때문이다. 그러나 지나치게 자신의 의견만을 고집한다면 이는 팀원 간의 불화를 야기할 수 있으며 팀 체제에 악영향을 미칠 수 있으므로 선호하지 않는다는 것에 유념하여 답해야 한다.

⑥ 근무지가 지방인데 근무가 가능합니까?

근무지가 지방 중에서도 특정 지역은 되고 다른 지역은 안 된다는 답변은 바람직하지 않다. 직장에서는 순환 근무라는 것이 있으므로 처음에 지방에서 근무를 시작했다고 해서 계속 지방에만 있는 것은 아님을 유의하고 답변하도록 한다.

(5) 여가 활용에 관한 질문

취미가 무엇입니까?

기초적인 질문이지만 특별한 취미가 없는 지원자의 경우 대답이 애매할 수밖에 없다. 그래서 가장 많이 대답하게 되는 것이 독서, 영화감상, 혹은 음악감상 등과 같은 흔한 취미를 말하게 되는데 이런 취미는 면접관의 주의를 끌기 어려우며 설사 정말 위와 같은 취미를 가지고 있다하더라도 제대로 답변하기는 힘든 것이 사실이다. 가능하면 독특한 취미를 말하는 것이 좋으며 이제 막 시작한 것이라도 열의를 가지고 있음을 설명할 수 있으면 그것을 취미로 답변하는 것도 좋다.

(6) 지원자를 당황하게 하는 질문

① **성적이 좋지 않은데 이 정도의 성적으로 우리 회사에 입사할 수 있다고 생각합니까?**

비록 자신의 성적이 좋지 않더라도 이미 서류심사에 통과하여 면접에 참여하였다면 기업에서는 지원자의 성적보다 성적 이외의 요소, 즉 성격·열정 등을 높이 평가했다는 것이라고 할 수 있다. 그러나 이런 질문을 받게 되면 지원자는 당황할 수 있으나 주눅 들지 말고 침착하게 대처하는 면모를 보인다면 더 좋은 인상을 남길 수 있다.

② **우리 회사 회장님 함자를 알고 있습니까?**

회장이나 사장의 이름을 조사하는 것은 면접일을 통고받았을 때 이미 사전 조사되었어야 하는 사항이다. 단답형으로 이름만 말하기보다는 그 기업에 입사를 희망하는 지원자의 입장에서 답변하는 것이 좋다.

③ **당신은 이 회사에 적합하지 않은 것 같군요.**

이 질문은 지원자의 입장에서 상당히 곤혹스러울 수밖에 없다. 질문을 듣는 순간 그렇다면 면접은 왜 참가시킨 것인가 하는 생각이 들 수도 있다. 하지만 당황하거나 흥분하지 말고 침착하게 자신의 어떤 면이 회사에 적당하지 않는지 겸손하게 물어보고 지적당한 부분에 대해서 고치겠다는 의지를 보인다면 오히려 자신의 능력을 어필할 수 있는 기회로 사용할 수도 있다.

④ **다시 공부할 계획이 있습니까?**

이 질문은 지원자가 합격하여 직장을 다니다가 공부를 더 하기 위해 회사를 그만 두거나 학습에 더 관심을 두어 일에 대한 능률이 저하될 것을 우려하여 묻는 것이다. 이때에는 당연히 학습보다는 일을 강조해야 하며, 업무 수행에 필요한 학습이라면 업무에 지장이 없는 범위에서 야간학교를 다니거나 회사에서 제공하는 연수 프로그램 등을 활용하겠다고 답변하는 것이 적당하다.

⑤ **지원한 분야가 전공한 분야와 다른데 여기 일을 할 수 있겠습니까?**

수험생의 입장에서 본다면 지원한 분야와 전공이 다르지만 서류전형과 필기전형에 합격하여 면접을 보게 된 경우라고 할 수 있다. 이는 결국 해당 회사의 채용 방침상 전공에 크게 영향을 받지 않는다는 것이므로 무엇보다 자신이 전공하지는 않았지만 어떤 업무도 적극적으로 임할 수 있다는 자신감과 능동적인 자세를 보여주도록 노력하는 것이 좋다.

면접기출

① 인성면접

• 1분 동안 자기소개를 해 보시오.

• 한국농어촌공사에 지원하게 된 동기는 무엇인가?

• 한국농어촌공사가 어떠한 일을 하는 회사인지 알고 지원했는가?

• 지원자를 표현할 수 있는 단어가 있다면 무엇인지 말해보시오.

• 지원자의 강점은 무엇인지 말해보시오.

• 지원자 성격의 장단점은 무엇인지 말해보시오.

• 우리공사가 가장 잘한 사업이 무엇이라고 생각하며 그 이유에 대해 말해보시오.

• ESG가 무엇인기 이야기하고 우리공사에서 가각에 대해 하는 일에 대해 말해보시오.

• 창의력을 발휘한 경험이 있다면 말해보시오.

• 한국농어촌공사의 조직이 어떻게 이루어져 있는지 아는가?

• 한국농어촌공사가 하고 있는 사업 중 관심있는 사업이 있다면 무엇인지, 이유를 말해 보시오.

• 어릴 적부터 지금까지 농촌과 관련된 경험은 무엇이 있는가?

• 농어촌공사의 비전에 대해 말해보시오.

• 입사 후 규정을 지키지 않는 동료가 있다면 어떻게 할 것인가?

• 만약 상사와 갈등이 생긴다면 어떻게 해결할 것인가?

• 기존의 기성세대와 화합할 수 있는 방안에 대해 말해보시오.

• 팀 활동중에 가장 어려웠던 점은 무엇이었는지 말해보시오.

• 조직을 위해 희생했던 경험에 대해 말해보시오.

• 업무에 있어 지원자의 강점은 무엇인가?

• 조직과 본인의 가치관이 충돌했던 경험이 있다면 어떻게 해결해 나갔는지 말해보시오.

• 입사 후 어떤 부서에서 근무하고 싶은지 말해보시오.

• 순환근무에 상관없이 원활히 근무할 수 있는가?

• 지원자의 리더십에 대해 말해보시오.

• 빠른 조직 적응을 위해 어떠한 가치가 가장 필요하다고 생각하는가?

• 공과 사를 구분하는 본인만의 기준은 무엇인지 말해보시오.

• 획기적인 나만의 아이디어를 제시한 적이 있다면 말해보시오.

• 주변에서 보는 나의 이미지는 어떠한지 말해보시오.

• 평소 스트레스를 해소하기 위한 방법이 있다면 말해보시오.

• 직무 전문성을 기르기 위해서 노력한 것이 있다면 말해보시오.

• 살면서 이겨내기 힘들었던 순간이 있었다면 언제이었는지, 극복 방법은 무엇이었는지 말해보시오.

• 실패했거나 성공한 경험이 있다면 무엇인지 말해보시오.

• 비연고 근무에 대한 생각은 어떠하며, 비연고 발령 시 대응 방안은 무엇인가?

• 새로운 것을 받아들이는 지원자의 태도는 어떠한가?

• 지원자의 생활신조는 무엇이며, 그것이 형성된 배경은 무엇인가?

• 지역 개발에 있어 가장 중요한 것은 어떠한 것이라고 생각하는가?

• 양, 배수장의 개념에 대해 설명해보시오.

2 PT 면접

• 농촌을 활성화하기 위한 방안에 대해 발표해 보시오.

• 신재생에너지를 개발할 수 있는 방안에 대해 발표해 보시오.

• 농지은행 사업의 장단점 및 개선점에 대해 말해보시오.

• 농지 은행 사업 관련하여 개선할 점이 있다면 말해보시오.

• 태양광 패널 설치를 위한 지역주민 설득 방안에 대해 말해보시오.

• 지방 농어촌에 가장 필요한 인프라와 시설은 무엇인지 말해보시오.

• 30년 후의 농업은 어떠한 형태로 진행될 것인지 발표해 보시오.

• 한중 FTA의 장단점과 대책에 대해 말해보시오.

• 환태평양경제동반자협정으로 예상되는 농촌의 문제점과 그에 대한 대응방안에 대해 말해보시오.

• 농업인구가 계속 줄고 있는데 극복할 수 있는 방안에 대해 말해보시오.

• 농가의 수익증대를 위해 할 수 있는 일은 무엇이 있는가?

• IOT를 어떻게 농촌에 적용시킬 수 있을지 말해보시오.

• 농업기반시설 설계 시 개선할 수 있는 방법이 있다면 말해보시오.

• 주민들의 삶의 질 향상 위해 사업 진행 시 생태복원사업의 대안에 대해 말해 보시오.

• 자동화에 따른 일자리 감소의 위험요인과 해결방안에 대해 말해보시오.

• 스마트 오피스에 대해 말해보시오.

상식은 "용어사전"

용어사전으로 중요한 용어만 한눈에 보자

시사용어사전 1200

매일 접하는 각종 기사와 정보 속에서 현대인이 놓치기 쉬운, 그러나 꼭 알아야 할 최신 시사상식을 쏙쏙 뽑아 이해하기 쉽도록 정리했다!

경제용어사전 1030

주요 경제용어는 거의 다 실었다! 경제가 쉬워지는 책, 경제용어사전!

부동산용어사전 1300

부동산에 대한 이해를 높이고 부동산의 개발과 활용, 투자 및 부동산 용어 학습에도 적극적으로 이용할 수 있는 부동산용어사전!

중요한 용어만 공부하자!

- 최신 관련 기사 수록
- 다양한 용어를 수록하여 1000개 이상의 용어 한눈에 파악
- 용어별 중요도 표시 및 꼼꼼한 용어 설명
- 파트별 TEST를 통해 실력점검